민족의 혼 아리랑
바이칼에서 한라까지

민족의 혼 아리랑
바이칼에서 한라까지

초판 1쇄 인쇄 ∣ 2018년 9월 10일
초판 1쇄 발행 ∣ 2018년 9월 15일

글 ∣ 지승 스님

대   표 ∣ 김남석
펴낸이 ∣ 김정옥
발행처 ∣ 우리책
주   소 ∣ 06342 서울시 강남구 양재대로 55길 37, 302
전   화 ∣ (02)2236-5982
팩시밀리 ∣ (02)2232-5982
등록번호 ∣ 제2-36119호

ISBN ∣ 978-89-90392-60-2

민족의 혼 아리랑
바이칼에서 한라까지

우리책

머리말

　지금부터 20여 년 전 그러니까 단기 4325년(서기 1992년) 9월, 북만주의 대흥안령에서 노래를 해야 할 자리가 생겼었다. 그곳 소수민족들의 풍속 습관을 취재하러 갔다가 그들 어원커족(鄂溫克族)과 처음 어울린 술자리에서였다. 평소에 노래라면 되도록 자리를 피하는 음치라서 그 자리가 난감했는데 피할 수도 없었다. 그러나 그들이 내 노래를 어차피 모르는데 사양하고 움치고 할 것은 없다 싶어서 용기를 내었다. 그때 불렀던 노래가 아리랑이었다.

　"아리랑 아리랑 아라리요 아리랑 고개를 넘어간다. 나를 버리고 가시는 님은 십리도 못 가서 발병난다."

　그런데 이변이 생겼다. 내가 그렇게 노래를 잘 할 수가 없었다.

　그 후로 나는 노래를 겁내지 않았다. 소흥안령 쪽에서는 허절족(赫哲族)을 만나 진도 아리랑도 부르고 정선아리랑도 불렀다. 그렇게 한 동안은 아리랑을 십팔 번으로 삼아서 대흥안령과 소흥안령에 사는 만주족, 몽골족, 어룬춘족, 어원커족, 허절족, 시바족, 다굴족을 누벼 뒤지면서 그들에게 한국의 아리랑을 부르고 가르쳤다. 5년 동안 그들의 풍속 습관을 취재 하던 기간은 내내 아리랑만을 부른 것이다. 그 후 국내에 돌아와서는 그럴 기회가 없어졌다. 그러던 어느 날 문득 아리랑에 대해서 생각해보고 싶었다.

아리랑은 우리 조선민족만의 독특한 혼이 깃든 노래다. 그 옛적 파미르고원을 출발하여 천산산맥을 타고 알타이 산맥을 밟은 다음 다시 한가이 산맥을 넘어 바이칼에 도착했던 우리의 조상들은, 그 험산을 넘을 때에 이미 아리랑을 불렀을 것 같다는 생각 때문이었다. 그리고 그것이 그대로 민족의 혈관 밑을 흐르는 노래로 자리가 잡혔을 것이다. 그 노랫가락이 시절 따라서 각기 한을 머금었고, 때로는 생동하는 기분을 타면서 굽이굽이 흘러왔을지도 모르지 않은가. 그 가설이 옳다면 그것을 일단 정리해보자 싶었다.

그러나 자신의 무딘 재주가 한스러웠다. 일찍이 동서로 2만여 리요 남북으로 5만 리였던 국토를 호령하고 살았다는 민족이다. 배달나라 시절만 해도 중원이라는 저 서토대

류이 모두 우리의 국토였다. 그러던 민족이 여기 아시아의 물가에 새우등으로 꼬부려 붙은 반도에 갇혀서 열강의 눈치를 보면서 살고 있는 오늘이다. 김춘추의 어리석은 외교가 잘못된 신라통일을 이루었고, 거기서 유교가 묻어왔고, 안향의 주자학이 들어왔고, 그 주자학으로 나라를 경영하다가 붕당을 만들어서 섬나라 왜놈에게 국토를 내주는 데에 이르렀다. 거기에 빌붙어 민족을 배신한 친일파가 생기더니, 마침내 그 친일파들이 연합하여 보수를 자처하는 오늘을 만든 것이다.

민족이 이렇게 흘러온 굽이돌이마다 어쩔 수 없이 애환은 있었을 것이다. 그리고 그 굽이마다 그때그때의 애환을 엮어서 부른 아리랑이 있었을 것이다. 그것을 오늘에 와서 되새겨 보는 것도 조금은 의미가 있는 일이 아닐까? 그러나 그것을 되새겨 낼 수 없는 한계에 부딪히면서 내 아리랑은 씨름꾼처럼 억지를 썼다. 하긴 역사의 고비마다 이런 아리랑을 끼워 넣은 것은 내가 처음일지도 모른다. 나의 아리랑은 원천적으로 풍자와 해학이 주가 되고는 있지만, 재주가 너무 모자랐다는 것을 쉽게 인정한다. 그러면서 기대하고 부탁한다. 이 설익은 것을 읽는 이들이 나와 같은 생각을 가진다면 민족본래의 기상을 아리랑으로 불러주기를 바란다는 점이다.

본래로 우리는 재주가 많은 민족이니, 이 부족한 것을 시작으로 연이어 훌륭한 노래가사가 나올 수도 있을 것이다. 누군가가 그런 생각을 낸다면 말이다. 나는 그것을 기대한다. 가을 하늘을 나는 소리개처럼 거칠 것 없는 창조의 기상들이 동참한다면 마침내는 본래의 아리랑을 복원할 수 있지 않을까? 아니면 얼음 밑을 흐르는 여울소리처럼 참신한 애환으로 복원할 수도 있을 것이다.

무술년 정월
채운산 우거에서 지승

차 례

대흥안령에서 불렀던 아리랑

여기 한반도의 남단에서 대흥안령을 이야기한다면 얼핏 생소하다는 느낌이 앞설 것이다. 아직까지는 삼팔선 넘어 국토를 가장 닿을 수 없는 먼 나라로 인식하는 것이 우리 현실이니까. 그러나 상고사에 뜻을 둔 사람이라면 이야기가 달라진다. 그곳이 고구려 적만 해도 우리 터전이었고, 단군임검들의 조선나라는 흑룡강을 넘어서는 러시아의 일부까지가 조선의 국토였다는 것을 알고 있어서다.

단기 4325년(서기 1992년)에 들어서 한국과 중국 사이에 한·중수교(韓中修交)가 맺어지자 나는 우선 흥안령(興安嶺) 지역으로 상고사자료를 찾아 나설 채비를 했다. 중국이라면 폐쇄된 국가이고, 외래문명에 오염되지 않았을 것이라는 기대가 있어서였다. 더욱이 그런 깊은 오지라면 옛 시절의 흔적이나 자취가 아직 남았을 것 같은 막연한 기대감은 더욱 컸다. 56개의 민족이 섞여 사는 데가 중국이라면, 그리고 비교적 사람의 왕래가 적고 자기들 사회에서도 단절된 지역이 흥안령이라면, 옛날의 하늘, 옛적의 산천에 기대어서, 그 산천의 물 떠 마시고 그 골짜기 바람으로 숨을 쉬는 곳이라면, 틀림없이 내가 기대하는 이상의 무엇이 있을 것 같았다.

그리고 어떤 비늘조각의 자료라도 찾아내기만 하면 그것이 붕어의 비늘인지 잉어의 비늘인지 명징(明澄)하게 구별해야 하고, 뱀의 비늘인지 용의 비늘인지를 확실하게 증명해야 하리라. 그것이 어렵다면 처음부터 그 일에 나서지 말아야 한다는 게 당시의 내 생각이었다. 공연히 시끄러움에 시끄러움을 더하는 여느 학자들처럼 요령이 트이는 논리보다 편협하고 옹색한 주관(主觀)으로 부질없는 갑론을박을 할 요량이라면, 차라리 비켜서는 것이 후일의 눈 밝은 사람을 위하여 옳다 여겼다.

그러나 그 대목에서는 자신이 있었다. 그렇기 때문에 아직 아무도 가지 않은 그곳을 내가 먼저 찾아가자 싶은 욕심도 있었다. 자격 없는 학자들이 한 번 오염을 시키고 나면 그 회복이 매우 어렵다는 것을 잘 알고 있었으니까.

마침내 그 해 9월, 인천에서 배를 타고 스물일곱 시간을 지나서 천진(天津)에 닿았다. 그리고 연길(延吉)로 가는 기차에 올랐다. 생전 처음 스물여덟 시간의 기차를 타 본 것이다. 나중에 홍안령을 본격적으로 다닐 적에는 그까짓 28시간은 예고편에 지나지 않는 것이었지만, 첫 경험이어서 그것이 그렇게 긴 시간으로 여겨졌을 것이다. 그리고 그때 본 대륙의 밭이랑―. 가도 가도 끝이 없이 이어지던 긴 수수밭 이랑을 잊을 수가 없다. 그런 것이 다 처음 듣고, 처음 보는 것이, 깊이 남는 까닭이요 이유가 될 터이다.

기왕에 기차 타던 이야기를 꺼냈으니 마저 잇기로 하자. 이 원고를 읽는 사람이 혹 그쪽으로 여행을 한다면 정보를 주는 것도 괜찮지 않은

가. 연길에서 흥안령을 직통으로 가는 기차는 없다. 이른 아침을 먹고 연길에서 심양으로 가는 특급열차를 타면 대개 장춘(長春)에서 내려 그 밤을 여관에서 지내고 다시 새벽에 하얼빈 가는 기차에 얹힌다. 아니면 하얼빈에서 자고 새벽기차를 탈 수도 있다. 그리고 하얼빈에서 뭐허(漠河)행을 타면, 거기서부터는 바꾸어 타는 일이 없이 종착역에 닿는다. 달리는 기차에서 하루 밤을 고스란히 새우고 나서 이튿날 오후 해거름에야 기차에서 내릴 수가 있다.

그런데 그 특급열차라는 것이 석탄을 때면서 달리는 저속이라 우리의 새마을이나 무궁화에 비교 될 수가 없다는 점에 유의하라. 화장실을 이용하는 것도 기차가 달릴 때라야지, 역에서 서게 되면 열쇠를 가진 공안(公安)이 화장실 문을 어김없이 잠그는 것도 그들만의 기차운행 풍속이다. 몇 해를 다니는 사이에 많이 좋아지기는 했지만, 자욱하게 뿜어내는 담배연기 하며, 쉴 새 없이 뱉어내는 해바라기 씨, 그리고 끊임없이 먹어대는 술과, 훈제된 닭다리, 훈제 된 오리고기에서 나오는 뼈다귀들로 열차 바닥은 된통 지저분하다. 그래서 빗자루와 쓰레받이를 든 여성 공안이 자주 나선다. 기세 좋게 달리는 출입문 밖으로 쓸어온 것을 밀어내면 그뿐이라, 공해니 환경오염이니 하는 말과는 애초부터 상관이 없어 보인다.

그러나 이런 것들은 후진국의 한 풍속으로 치부하면 넘어갈 수가 있다. 지금은 많이 달라지고 개변이 되었지만 등소평(鄧少平)의 개방 초기만 해도 여권을 가지고 여행을 하는 사람은 기차를 타도, 박물관의 문표(門標)를 사도 반드시 곱절씩을 받는 것이 아예 법령으로 정해져 있었다. 여관이나 호텔도 마찬가지였다. 그러다 보니 이발소에서도 당연히 곱을 받았고, 택시도 곱으로 쳤고, 시장에서 산 물건을 실어다 주는 삼륜차도 곱을 내라고 시비였다. 그런 일이 일상으로 벌어지다 보니 기분을 잡치고 돌아서는 한국의 여행객들이 하나 둘이 아니던 것이다. 내 경험으로도 백두산까지 갔다가 백두산 관광을 포기한 한국인의 경우가 한 번 있었다. 문표 값도 그렇지만 검은 안경을 쓰고 사람을 위아래로 마슬러 보면서 함부로 패대는 반말과 안하무인적인 태도에 비위가 상한 것이다. 그러나 그것 정도는 나로서는 참을 수가 있었다. 내 여행의 목적은 선택의 여지가 없었으므로 부득이한 노릇이기도 했지만.

정작 애를 먹는 것은 차표를 구하는 일이었다. 이것은 지금까지도 그 흔적이 남아서 표를 구하는 것이 어느 정도 어려운 일에 속하지만, 20여 년 전의 그때는 가히 전쟁을 방불케 했다. 첫째 대합실의 수표처(售標處 : 차표를 파는 창구)는 차표가 없다. 차표는 대합실 밖의 암표상들이 가지게 마련이어서다. 두 곱으로 치는 차표는 언제나 암표상들이 한 주먹씩 가지고 나 같은 외국손님에게 팔기 때문에 그들의 횡포를 고스란히 견뎌야 했다. 물론 그 암표는 대합실의 수표처에서 흘러나올 밖에 다른 방법이 없다. 문제는 그들 사이에 어떤 암묵이 있어서겠지만, 당시의 암표상들 말을 들으면, 중국인들은 개인의 관계를 중시하지 그까짓 공공질서는 서로에게 직접상관이 없는 일로 본대서 그렇다는 것이다.

지금은 아예 비행기로 중국여행을 하지만 비행기가 없던 그적에는 달리 방법이 없었으므로 죽으나 사나 차표에 매달리는데, 그 일이 장난이 아니던 것이다. 가방이 크면 크기대로 가방 값도 따로 쳐서 받는 것이 그 시절이었다. 여행을 통제하기 때문에 여행의 기회가 적은 인민들이 한 번씩 나서면 저보다 큰 짐을 으레 한두 개씩을 들기 때문에 그런 법이 생겼는지는 모르겠다. 그러나 언제라도 기차가 있고, 버스는 더 쉬워서 사립문 나서는 것처럼 여행을 하는 우리로서는, 그런 험난한 짓거리들과 맞서는 것이 짜증 자체였다고나 할까?

각설하고-. 처음 흥안령을 바라고 여행을 떠날 때부터 나는 연변대학 교수 한 사람을 동행했다. 그리고 지금도 내 중국여행에는 통역이 반드시 따른다. 워낙 중국어에 서툰 탓도 있지만 험한 오지일수록 든든한 친구가 필요해서다. 마침 내몽골 지역의 소수민족 언어에 관심을 가진 교수 한 사람이, 여행의 엄두를 못 내다가 한국에서 온 사람이 길라잡이를 구한다니까 따라나선 것이다. 그러니까 내가 그를 필요로 한 것이 아니라, 그 교수 여행에 내가 내 돈을 쓰면서 따라붙은 셈이었다.

그는 나를 내몽골의 아영기(阿榮旗)라는 곳으로 안내를 했다. 그 지방 말로는 '어룽치'라 하는 곳이다. 치(旗)는 작은 읍(邑) 단위를 말하는 글자다. 그곳에 신발툰(新發屯)이라는, 면 단위의 조선족 자치주가 있다. 그 면단위의 신발툰 향(鄕)에 연길에서 연변대학을 다닌 자기 제자들이 살고 있어서 그들을 우선 찾는다고 했다. 차차로 확인 된 바였지만 아영기에는 조선족들이 세운 중학교가 있었고 교수의 제자는 그 학교의 교원이었다. 아영기의 신발툰 향은 조선족이 사는 가장 북쪽의 자치주였고, 벼농사를 짓는 마지막 동네라 했다. 더 이상 위쪽으로는 추운 기후 때문에 벼농사가 안 된다고 들었다.

그러나 그런 이야기가 아니다. 사람이 좋아 보이는 신발툰의 향장(鄕長)은 자기네 마을을 처음으로 찾아와준 한국 사람이 마냥 좋아서, 향에 지급된 소련제 짚차로 길라잡이를 도맡고 나섰다. 3-4일을 같이 동행하는 동안 그는 내내 속내를 까는데, 자기 고장의 천혜의 자원들이 계발이 안 되어서 그냥 버려지고 있으니, 힘 있는 한국이 와서 도와주었으면 하는 것이었다.

지금도 기억에 생생한 것은 참나무 잎을 먹고 자란다는 야생누에다. 참나무가 단풍이 들기 전에 알에서 갓 나온 어린누에를 참나무 밭에 뿌려놓으면, 한 달 만에 다 자라서 고치를 짓고 들어앉아 번데기가 된다. 나는 누에가 자라는 현장을 보지는 못했지만, 엄지발가락 크기의 번데기가 살아서 꿈틀거리는 것은 많이 볼 수 있었다. 그 번데기는 연길 시장에도 많았고, 당시로는 내가 쏘다닌 북만주의 어느 시장을 가도 흔하게 만나는 먹거리 상품이었다.

그는 이런 말도 했다. 여기 사람들은 죽으면 화장을 하고 뼈 가루는 짚으로 만든 작은 배에 담아서 강물에 띄운다. 죽은 다음에라도 물길을 타고 그리던 고향에 돌아 가보라는 염원으로 그렇다는 것이다. 그들이 말하는 고향은 대개 남조선의 경상도나 전라도 지방이기가 쉬웠다. 두만강에서 가까운 연변지역은 함경도나 평안도 사람들이 먼저 차지했고, 뒤에 오는 사람들은 흑룡강성 같은 먼 곳으로 밀려나다 보니 내몽골까지 오게 되었다는 것이다. 어쨌거나 말로나 듣는 고향을 죽어서 뼈 가루가 되어 영혼이 고향을 찾는다는 것은 가슴이 찡해지는 이야기였다.

향장이 우리를 처음 안내한 곳은 강원도 산간 마을처럼 집들이 드문드문 드물게 늘어선 마을이었다. 그는 한 집을 턱으로 가리키면서 저렇게 창문을 서쪽으로 내는 집은 모두 다굴족(達斡爾族)의 집이라는 말도 덧붙였다. 마을은 대개 30여 가호로 다굴족과 어원커족이 섞여서 사는데 촌장은 투뽀위(杜宝玉)라는 어원커족이 맡고 있다고 했다.

내가 가지고 다니는 설문은 어디서나 대개 비슷하다. 우선 사람이 태어날 때 무슨 신의 이름을 부르고, 죽은 후에는 어떤 신의 이름을 부르면서 죽은 사람을 배웅하는지, 장례는 어떤 절차와 형식으로 진행되며, 장례에 필요한 물건은 어떤 것들이며, 또 혼인의 의식은 구체적으로 어떤 내용을 담으며, 사람이 아플 때 병마 퇴치는 어떤 신에게 의지하는지 등이다.

지금도 나는 어떤 곳을 가든지 그것 이상을 묻는 일이 없다. 인간의 문명이나 문화가 원시제단에서부터 시작되었다고 할 때, 앞에 설문들은 제사의 중요한 단서요 내용일 것이기 때문이다. 그래서 모든 문명의 성격이 제사에 녹아 있다고 할 때, 그런 제사의식의 내용을 파악하는 것은 그 민족의 뿌리를 확인하는 것이라고 나는 믿는다. 그들의 생활상 전통이나 인습(因習)은 물론이고, 특별한 버릇까지를 알게 하는 것이 바로 그들의 제사다.

본래 어원커는 산 밑에 사는 사람이라는 의미를 갖는다. 그리고 산위에 사는 사람이라는 뜻의 어룬춘족이 있다고 했다. 물론 후일에 알게된 것이지 그 날 그 이야기를 들은 것은 아니다. 어원커도 어룬춘도 또 다굴족도 하나 같이 몽골반점이 있다. 그러니까 한 뿌리의 다른 가지라고 할 수 있는 사람들이다. 아니다. 몽골족 만주족, 허절족, 시바족도 다 몽골반점이 있는 민족들이다. 그들은 다 같이 바이칼에서 살다가 바이칼 침하와 함께 뗏목을 타고 앙가라강을 내려와 홍안령에 정착했다는 것이 문화인류학에서 주장하는 바다. 이것은 그동안 내가 여러 곳에서 기회가 있을 때마다 언급했던 것들이다.

그날 따개바지를 입은 그 집의 세 살 난 손녀를 엉덩짝을 들여다보면서 몽골반점을 확인 할 적에, 기차를 하루 반이나 타고 흑룡강에서 시집을 왔다는 그 아이 엄마가 이런 말을 했다. 이 아이가 여섯 번째 아이인데 지금 일곱 번째가 배 속에 들어 있다. 자기는 한족(漢族)인데 이 집 아들이 소흥안령 임업국(林業局)에 있을 때 눈이 맞아서 먼 곳까지 시집을 왔다. 자기가 혼자 낳은 아이가 자기 다섯 형제들 아이보다 오히려 많다. 별 수줍음도 부끄럼도 없이 젊은 새댁이 그런 말을 태연히 하기에 잘 납득이 안 된 내가 무슨 뜻이냐고 물었더니 나오는 답이 뜻밖이었다.

공산당의 정책은 아이를 많이 못 낳게 한다. 그래서 자기네 한족인 경우에는 하나씩만 낳게 하고, 조선족 같은 소수민족에게는 둘까지를 허용한다. 둘이 다 딸일 경우에는, 아들을 선호하는 전통을 존중하여 하나를 더 허용해서 셋을 둘 수 있지만, 넷부터는 호적에 올릴 적에 몹시 무거운 벌금을 물리기 때문에 대개는 호적에 올리지 못하고 그냥 키운다. 말하자면 호적에 없는 유령아이다. 그런 사람은 무슨 억울한 일을 당해도 법적으로 존재하지 않기 때문에 하소연을 할 데가 없다.

그러니까 살아도 생명이 없다는 이야기다. 그렇게 유령으로 있다가 죽는 운명이다. 그런 아이들이 참으로 많은 나라가 중국이다. 앞으로 이 문제를 국가가 어떻게 해결을 할지 모르지만 지금으로서는 그렇게 되어있다. 그런 이야기를 아무렇지도 않게 남의 사회 이야기처럼 표정 없이 하고 있었다. 그런데 자기는 소수민족 중에서도 얼마든지 아이를 낳을 수 있는 극소수의 민족에 속하기 때문에, 자기 형제들이 낳은 숫자보다도 제 아이가 더 많다면서 웃었다.

나는 처음 듣는 이야기가 생소하고 의아해서 내용을 캐고 들었다. 인간의 출생을 법령으로 제한한다는 것은 그야말로 사회주의에서나 들을 수 있는 이야기일 것이다. 그러나 그들 앞에서 사회주의를 비난하는 발언은 할 수 없었다. 그래서 벌금을 얼마를 내게 돼 있느냐고 에둘러 물었다. 같이 갔던 연변대학의 교수가 내 질문에 눈치를 채고 지방에 따라서 액수가 다르지만 대개 5천 원쯤으로 보면 무리가 없을 거라는 대답이었다. 교수인 당신 월급이 얼마냐고 묻자, 월급이란 말은 모르겠고, 중국 사람들은 공자(工資)라고 하는데, 연변대학의 부교수인 자기의 한 달치 공자가 270위안(圓)이라 했다.

얼핏 생각하면 소수민족들을 꽤나 대우를 해주는 우대정책을 펴는듯 싶지만 조금만 더 생각을 파면 공산당들이 숨기고 있는 저의를 집어낼 수가 있다. 아이를 하나만 두는 가정이라면 그 아이한테 각별한 애정을 쏟으면서 키울 것이다. 잘 먹이고 잘 입히고 공부도 힘이 닿는 데까지는 시킬 것이다. 그 아이가 자라서 천한 노동자가 되지 않으리라는 것도 벌써 알 수 있다. 그러나 가난한 소수민족의 아이가 형제까지 많다 보면 공부를 제대로 못 할 것이 뻔하다. 그런 아이는 어른이 되어도 천한 노동자가 될 수밖에는 달리 도리가 없을 것이다.

내가 잠시 우울한 생각을 하고 있는데, 첫 눈에도 그 마을 유지로 보이는 점잖은 노인네 한 분이 지팡이를 짚고 마당으로 들어섰다. 한국이란 나라에서 무엇을 연구하는 분이 왔다는데, 만나보고 싶다는 거였다. 그 눈매가 어린아이처럼 착해 보였고, 소나기가 쏟아져도 뛸 성싶지가 않은 행동거지에는, 마을 사람들에게서 받는 존경의 자세가 체화(體化)되어 있었다. 통역을 통해서 노인네의 뜻을 전해 들은 나는 눈으로 노인을 마중하면서 어째서 그러느냐고 까닭을 물었다.

그 점잖은 할아버지는 어원커족이 아닌 다굴족이었다. 자기에게도 손자 손녀가 예닐곱이나 된다는 것과 그들의 앞날이 지금보다 나아져서 가난하지 않고 잘 살았으면 좋겠다는 이야기를 대충하고 나서, 자기네 다굴족이 수십 대에 걸쳐서 여기 흥안령 지역에 살고는 있는데, 민족의 근본을 모르는 게 안타깝다고 했다. 전해오는 말로는 러시아 흑룡강 어디서 살다가 이곳으로 왔다는데, 자기들의 뿌리가 노상 궁금하다는 것이었다. 그러면서 손자들이 아직 어려서 캐묻는 일은 없지만 미구에 당할 노릇이다. 자신도 또 아들들도 철이 들면서 집안어른들한테 물었지만 잘 모른다는 대답이었다. 그러니 할아버지 체신으로 민족의 뿌리에 관한 것은 가르쳐주는 것이 당연하고 옳지 않겠느냐고 아주 진지한 표정이었다. 나는 그 할아버지에게 깊은 존경심으로 이야기를 엮었다.

나는 한국에서 소수민족들의 풍속 습관을 찾으러 이곳에 왔다. 우리 민족에게는 삼신할매의 손자국이라 하여 엉덩짝에 시퍼런 몽골반점이 있다. 대여섯 살이 되면 언제인 줄도 모르게 그 반점이 없어지는데, 당신들은 어떤가? 그 반점이 있는가? 노인은 있다고 했다. 그리고 어원커족은 아이를 태어나게 해준 '오미랄라' 신을 만들어 서쪽 벽에 걸어놓고 아이가 아프면 오미랄라에게 아이 병을 낫게 해달라고 빈다는데, 다굴족은 어떤가. 당신들도 오리랄라를 믿는가?

흥안령의 5월은 버들가지가 피는 달이다. 어원커족은 손가락 굵기의 버드나무를 잘라다가 껍질을 벗겨 내고 지름이 한 자 남짓하게 둥근 고리(環)를 만든다. 그 고리에 하얀 헝겊을 대서 팽팽하게 펴지도록 정갈하게 바느질을 해서 소고(小鼓) 본으로 만들어 내면 그것이 오미랄라이다. 나는 문득 그 오미랄라가 태양을 본떠서 만들어졌다고 생각했다. 10월이 되어 곡식창고에 곡식이 들어오면 오미랄라는 창고의 높은 자리로 옮겨져 위치를 바꾼다. 조선족의 부룻단지 개념으로 이해하면 쉽게 다가서지만 깊은 뜻은 삼신을 상징한다. 그 오미랄라는 집안에 탈이 없으면 새 오미랄라가 만들어지기까지 자리를 지키다가 정결한 자리에서 태워 없애지만, 아이가 아픈 경우에는 아이가 입던 옷과 함께 오미랄라를 태워서 아이의 복과 건강을 빈다.

노인은, 다굴민족은 오미랄라가 없지만, 대신 서쪽으로 창문을 내고 그 창후(窓戶)를 조상님이 계시는 곳으로 생각한다. 집안에 병자가 생기면 조상님 계시는 서쪽 창문을 향해 빌고, 어린 아이가 아프면 아이의 옷을 조상님께 걸어놓고 아이를 낫게 해달라고 빈다고 했다. 이쯤 했으면 답은 나온 셈이다. 나는 이 다굴족 노인네에게 알아듣게 설명했다.

"다굴민족의 조상들은 서쪽으로부터 대흥안령을 넘어 온 사람들이다. 그래서 흥안령이 있는 서쪽에다 창후(窓戶)를 내고 그 창후를 조상님으로 섬긴다고 보인다. 아마 저 흥안령 너머에 사는 다굴족들은 서쪽으로 창후를 내는 집을 짓지 않을 것이다." 하고 정성스럽게 말해 주었다. 노인은 흥안령 너머를 가본적도 없고 그쪽에서 넘어온 사람도 없어서 집 구조에 대해서는 모르겠다고 했다. 그러나 얼굴에 환하게 피는 안도감은 내 이야기를 믿는 눈치였다. 나는 그 후에 대흥안령을 넘어 갔을 적에 잊지 않고 다굴족의 가옥을 조사했으나 서쪽으로 난 창문은 없었다. 내 추리가 맞은 것이다.

그러나 나의 이야기는 지금부터다. 어원커족에게서 삼신할매의 형태를 확인 하던 날, 우리는 처음 만나는 사이였음에도 오래 사귄 친구 같은 반가움으로 친했다. 다굴족, 어원커족, 조선족이 마당복판에 자리를 펴고 함께 술자리를 벌였다. 마당을 비켜선 저만치로 드문드문 서 있는 박달나무가 밀가루를 바른 듯 하얗고, 잎은 노랗게 익어서 완연한 가을이었다. 그 너머로 아스라하게 흰 구름 띠에 가려진 흥안령이 서 있었다.

놓아서 먹이는 돼지 서너 마리와 오리들이 우리들 주변에서 산책이라도 하듯 짝을 지어 몰려다니는 분위기에서 술 취한 투뽀오가 갑자기 무슨 노래인가를 뽑아냈다. 힘찬 가락이었다. 들을수록 황야를 달려가는 말발굽 소리를 닮았다고 생각했다. 그러더니 나에게 노래를 청했다. 노는 가락은 우리나 비슷했으므로 망설일 것은 없었다. 단지 내 서툰 노래솜씨가 조금 걱정이었으나 주눅 들지 않고 내뻗기로 작심했다. 그리고는 아리랑을 한 곡조 뽑았다.

아리랑 아리랑 아라리요, 아리랑 고개를 넘어간다/ 나를 버리고 가시는 님은 십리도 못 가서 발병난다/ 아리랑 아리랑 아라리요 아리랑 고개⋯ / 청천하늘엔 잔별도 많고, 이내 가슴엔 수심도 많다/ 아리랑 아리랑 아라⋯ / 소슬단풍에 낙엽이 져도 꿋꿋한 송죽은 절개를 자랑/ 아리랑 아리⋯⋯.

그런데 거기서 전혀 예상치 못했던 놀라운 일이 벌어졌다. 내 생각에도 노래를 그렇게 잘 할 수가 없었기 때문이다. 생전 처음 노래에 자신이 붙었고, 노래가사가 이어 질수록 자신감은 더해갔다. 그로부터 나는 아리랑을 아예 십팔번으로 정했고 노래 부를 자리가 생겨도 예전 한국에서처럼 겁나지 않았다. 홍안령 아무데서나 아리랑을 입에 달고 다녔다.

쓰빠쨘(十八站)과
빠인나(白銀納)에서 부른
진도아리랑

먼저 이 지역이 어디라는 것을 이야기하는 것이 순서일 듯싶다. 흑룡강성의 종점인 뭐허(漠河)에 닿기 전에 터허(塔河)라는 기차역이 있다. 거기서 서쪽으로 방향을 잡으면 두 세 시간을 달려서 대흥령의 종착역인 뭐허에 닿고, 동쪽으로 가면 한 시간 이내에 닿는 쓰빠쨘(十八站)이 있다. 거기가 소흥안령 종점이다. 현지에 가보면 뭐허에서 남쪽으로 내린 준령을 대흥안령(大興安嶺)이라 하고, 동남으로 뻗어내린 산맥을 소흥안령(小興安嶺)으로 부른다.

얼핏 대흥안령이 험준할 것 같고 소흥안령은 작은 산들로 이루어졌을 것 같지만 사실은 그와 반대다. 대흥안령은 그저 높은 고원지대일 뿐이어서 어디서나 트랙터가 밭을 갈고 있다. 그러나 소흥안령 쪽은 험준한 산악지대여서 그런 풍경이 없다. 문제는 인민정부가 발행한 중국전도(中國全圖)가 틀려있다는 점이다. 뭐허는 소흥안령인데 지도에는 대흥안령으로 되어 있다. 지도에서조차 허술하게 다루어질 정도로 중국 인민정부는 그곳에 관심이 없다는 뜻이다. 그러니 그 오지(奧地)가 얼마나 캄캄한 곳인가를 짐작할 것이다.

그곳에 가면 번호판이 없는 차가 밤이고 낮이고 함부로 다닌다. 경찰청 차들이다. 그래도 누가 시비하는 사람이 없다. 다들 당연하다는 듯이 생각하고, 그들의 촉수에 걸려서 피해를 입는 일이 없도록 조심이나 할 뿐이다. 야당이 없고 언론이 통제되는 게 그토록 무서운 닫힌 사회가 된 것이다.

아니다. 대흥안령 복판에 가면 거기서도 번호판 없이 질주하는 차를 심심치 않게 만나기는 한다. 그러나 더욱 캄캄하게 오지로 여겨지는 소흥안령 쪽은 딴 나라처럼 분위기가 더욱 어둡고 침체되어 있다. 그렇게 오지라는 뜻이지만 그런 곳일수록 내 목표의 기대치는 상승이 되는 곳이기도 하다. 기차가 끊어지고 버스를 이용해야 하는 곳이지만, 경우에 따라서는 버스보다 영림서(營林署)의 나무 싣는 화물차를 이용하는 수가 가끔 있다. 특히 정규 버스가 없는 지역에서는 흥안령의 목재를 실어 나르는 자동차가 교통수단이 될 수밖에 없는 탓이다. 지역주민들도 그런 판에 떠돌이 이방인이야 말해 무엇하랴. 내가 소흥안령으로 간 것은 이듬해 팔월이었다.

처음 가는 지역에 사전 정보가 있을 턱이 없다. 그런 때는 대개 그곳에 있는 관공서를 찾아가 도움을 요청한다. 어느 지역 어느 마을에 무슨 민족이 사는지를 대강 들어야 어떻게 돌아다니고, 무엇부터 시작해야 할지가 감이 잡히기 때문이다. 스빠쟌에서 처음 찾아간 곳은 어원커족이 향정부를 맡고 있는 산간지대의 읍으로, 제법 틀이 잡힌 큼직한

촌락이었다. 찾아가서 향장을 찾으니 새파란 젊은 여자가 나왔다.

향정부 사무실이래야 블럭으로 지은 건물 공간이 스무 평 남짓한데, 투박한 사무용 테이블이 세 개, 그리고 서류를 보관하는 캐비닛이 한 개 놓여 있을 뿐이다. 검정색 전화기는 다이얼 구멍에 손가락을 끼어 돌리는 것이라, 우리 60년대의 면사무소를 생각나게 했다. 그나마 책상을 다 지키는 것도 아니고 사무실은 휑한 분위기였다.

한국에서 소수민족 풍속 습관을 조사하러 왔다는 말에 젊은 향장은 반색부터 했다. 외부사람들이 찾아오는 예가 별로 없기도 해서겠지만, 한국 사람이 찾아왔다니까 동화속의 사람이라도 발견했다는 표정이었다. 어디를 가도 한국은 잘사는 나라, 그래서 자기들도 기회만 잡으면 한몫 벌어갈 수 있는 나라라는 통념이 고루 퍼져 있다는 것은 그 후에 알게 된 사실이었다. 나는 그런 사람들을 만나면 늘 입맛이 쓰다. 사람 대우도 못 받으면서 온갖 궂은일은 도맡고, 그렇게 어렵게 벌어가는 돈에, 소문은 부풀려지고 과장되었다는 생각이 들어서다.

어쨌거나 반가워하고 친절하게 대해 주니 나도 마음이 푸근해지면서 이산가족 누이라도 만난 듯한 기분이었다. 그래서 대뜸 물었다. 왜 남자들이 할 일을 여자가 하느냐고. 그랬더니 날아오는 답이 걸작이었다. 여기 남자들은 술 마시고 싶어서 앉아 있지를 못한다. 그러니 어떻게 하느냐. 할 수 없이 여자들이 나선다는 것이다. 당신 남편은 무엇을 하느냐고 묻자, 집에서 우선 술부터 마시면 빨래도 하고 설거지도 하고, 공자(工資)는 향정부 운전수 노릇을 해서 받아 간단다. 그러니까 자기 운전수 노릇으로 월급을 받는다는 말을 그렇게 한 것이다. 나는 이 향장에게 당장 필요이상의 호감을 느꼈다. 그런 친절과 붙임성은 역시 어디서나 좋은 것이다.

그는 이런 말도 했다. 바깥 문명사회에서는 남자의 직분과 여자의 직분이 달라서 섞이지 않는다고 들었다. 그것은 텔레비전을 보아도 알 수있다. 그러나 이곳은 아직 거기에 닿지 못하고 있다. 그렇다고 우리가 뒤처졌다는 말은 아니다. 그 지방에 풍속이나 관습도 있는 것이고, 쉽게 버리지 못하는 전통이라는 것도 있는 것 아니냐? 선생은 소수민족의 풍속과 습관을 조사 다닌다니까 하는 말이지만, 문명사회가 버린 어떤 것들이 더 소중할 수도 있다고 본다. 흔히 앞서가는 것을 문명이라 하고 뒤떨어지면 문명이 아니라고 할까 봐서 지레 겁을 먹고 무조건 따라가기로만 들면 어떻게 민족의 개성이 살아남을 수가 있겠느냐.

나는 귀를 세워 경청하고 있었다. 어찌 보면 캄캄한 오지에 처박힌 여자의 자격지심도 있는 것 같았고, 자기들의 풍속 습관이 무시당하기를 바라지 않는 당당함도 있었다. 우리는 공산주의를 배우고 공산당이 시키는 지침을 따라서 살아왔다. 물론 나도 공산당원이니까 이 자리에 앉아 있다. 그러나 지나간 시절을 돌이켜보면 공산주의가 성공한 것도 아니요 공산당이 반드시 옳은 것만을 말한 것도 아니다. 그러나 공산당을 비판하는 언동은 아직 용납이 안 된다. 여기서 여자는 무슨 말인가를 더 할 듯하다가 삼가는 눈치였다. 그러더니 말머리를 돌려서 다른 쪽으로 가닥을 잡아갔다.

지금 문명 좋아하는 사람들이 이상한 것을 배워들인다. 예수라나 뭐라나 그런 종교가 있는 모양인데, 그것을 믿으면 재수가 있고 죽으면 하늘로 간다고 가르치는 것 같더라. 지금 쟈거다치(加格達奇)만 해도 교회라는 것이 몇 개 생기는 추세고, 요 아래 터허(塔河)도 예수가 들어와서 수런수런하다. 그러나 우리 가족은 그거 믿지 않기로 남편하고 합의했다. 죽은 사람이 천당 어쩌고 하는 것도 우습지만, 무조건 제가 믿는 신만 옳고 다른 신은 마귀라고 한다는 게 더 수상쩍다.

여러 사람이 모인 곳에는 여러 의견이 있을 것이고, 여러 민족이 사는 곳에 여러 민족의 신이 있을 수 있다. 어떻게 자기네 귀신만 옳다고 주장하느냐. 예수 선전하는 교회가 자기조상을 버려야 한다는 말에 정나미가 떨어졌다. 그런 것은 공산주의에도 없는 짓이다. 그 사람들은 공산주의보다도 더 획일적이고, 터무니없는 억지를 주장한다.

그 대목에서 나는 슬쩍 헛다리질을 해보았다. 공산주의가 종교 인정을 않고, 천국도 미신이라 선전한다는 건 세상이 다 안다. 그래도 기독교가 들어와서 인간의 구원을 위해 신을 믿으라는데, 또 내세까지 가르치는데, 어떻게 공산주의보다 지독하다 하느냐. 그랬더니 손사래까지 쳐가며 아예 거품을 물었다.

폐쇄된 사회의 오지에 처박힌 여자가 무엇을 알겠는가고 얕잡아보는데, 보는 것이 있고 듣는 것이 있으면 생각할 줄을 아는 것이 사람이다. 향장이라는 게 시시한 것이기는 하지만 나도 하얼빈까지 가서 대학을 나왔다. 중국공산주의는 소수민족들의 관습과 전통을 존중해서 지역별로 자치주(自治州)를 실시한다. 생각해보라. 인민의 생각과 자유를 무엇보다 높게 치는 나라가 중국공산주의다. 그래도 획일적인 당위에 통제되는 게 싫어서 당신들의 자본주의를 은근히 부럽게 생각했다. 그런데 자기 조상을 던지고 예수 귀신을 신봉하라니 그런 엉터리가 어디 있느냐. 어느 세상에 조상 없는 자손이 있고, 뿌리가 없는 민족이 어느 세계에 있다더냐.

설쳐대는 기세가 여간 아니었다. 자칫하다가 애써 먼 길을 찾아간 목적이 틀어지지 않을까 불안감마저 들었다. 그래서 당신 가족의 선택을 나도 존중한다고 얼버무리고 이곳까지 온 나를 위해 도움이 될 만한 말을 해달라고 능쳤다. 저녁도 내가 사겠다고 했다. 그러나 저녁은 오히려 자기 쪽에서 낼 터이니 나설 필요가 없다는 대답이었고, 이 먼 오지에 왔으니 선생이 흥미를 느낄 만한 이야기를 해주겠다면서 금세 표정을 바꾸었다.

나중에 들은 이야기지만 당시의 중국은 어디라 없이 높은 관료나 하급관리나 그들이 내는 술이나 밥은 얻어먹는 쪽에서 돈을 내지 않는 풍습이 있었다. '칭커비용(請客費用)'이라 하여 공식적으로 관청 돈이 지급되는 까닭이었다. 관청에서만 그런 것이 아니라 일반 직장인들도 대개는 회사에서 칭커비용을 공식화한다는 것이었다. 공산주의 사회가 만들어 낸 일종의 관습이던 것이다. 그날 내가 향장에게서 들은 이야기는 확실히 그런 오지에서나 일어날 수 있는 색다르고 유별난 것이었다.

지난 초겨울에 57세의 자기 어머니가 사냥을 나갔다가 곰한테 죽었다는 것이다. 여기까지만으로도 내 귀는 소스라치고 있었다. 인민정부가 사냥을 공식적으로 인정하고, 사냥으로만 살아가는 대흥안령의 어룬춘족도 여자가 사냥을 나가는 법은 없다. 사냥은 어디까지나 남정네의 일이고, 여자는 집에 들어앉아서 집안살림을 책임질 뿐이다. 그런데 생뚱하게도 여자가 사냥을 하다가 그것도 곰한테 죽었다? 곰 사냥이었나? 그러나 곰 사냥은 아니었고, 운이 나빴다는 것이 이해되었다. 그것이 대흥안령과 소흥안령의 차이라면 차이겠지만.

여기서는 사냥이 반드시 남자들만의 일거리가 아니다. 시간이야 늘

남고 처지는 곳이므로 애 어른 따로 없이 그리고 여자들도 소일삼아 방 안에 있는 총을 들고 사냥에 나서는 일이 흔하다. 쉰일곱 살의 친정어머니는 평소의 버릇대로 네 살 아래의 남동생을 불러 동네에서 멀지 않은 뒷산으로 사냥을 나갔다. 걸음발이 좋은 동생이 앞장을 섰고, 누님인 어머니가 약간의 거리를 두고 뒤를 따라갔는데, 동생이 아직 깊은 잠이 안든 곰 굴 앞을 지나게 되었다.

곰은 큰 나무 밑을 파고 겨울잠을 자는 수가 있는데, 겨울이 깊어지면 코에서 나온 더운 숨결이 바깥의 찬 공기에 얼어 고드름이 되어 굴문을 막는다. 그때가 되면 잠도 깊어지고 바깥의 소리도 들리지 않아 탈이 없지만, 깊은 잠이 안 드는 초겨울에는 가끔씩 비슷한 사고가 생긴다. 곰은 그렇게 선잠을 깬 굴에는 다시 들어가는 법이 없고 다른 굴을 찾는다.

그런데 때가 초겨울이어서 곰은 깊은 잠에 취하기 전이었다. 남동생의 발자국 소리에 선잠을 깬 곰이 화가 나서 식식거리고 나오는데, 마침 걸음발이 늦은 친정어머니가 굴 앞을 지나가고 있었다. 어머니는 갑작스럽게 덮치는 곰을 피하지 못하고, 총 한 방 쏘지 못한 채 단 일격에 머리를 맞고 쓰러졌다. 앞서 가던 외숙은 누님이 내뱉는 피 묻은 비명 소리를 듣고 가던 길을 급히 되짚어 내려오다, 마침 어기적거리고 돌아서는 곰을 발견하고는 급한 총질을 했으나 그만 빗맞히고 말았다.

선불을 맞은 곰은 자기한테 상처를 입힌 외숙을 물고 뜯어서 맘껏 화풀이를 하고 사라졌는데, 그 참혹함이 눈으로 볼 수가 없는 지경이었다. 해가 져도 돌아오지 않는 두 사람을 마을 사람들이 횃불을 들고 찾아낸 것은 밤중을 지나 새벽녘이 다 되어서였다. 일격에 쓰러졌던 어머니는 아직 숨이 붙어 있었으나 이틀을 못 넘기고 죽었다. 어머니와 외숙을 잃은 슬픔은 크지만 이 고장에서는 이런 일이 심심치 않게 벌어진다. 이런 이야기였다.

저녁을 사는 자리에서 술이 몇 잔 들어가자, 향장은 완연히 다른 사람이 되었다. 낮에 뱉은 자신의 이야기가 과격했던 것이 마음에 걸리는지, 어원커족의 여자는 다들 사납다고 한국에 소문을 내지는 말라며 웃었다. 자기는 대학에서 중국문학을 전공했는데, 한국인은 어떤 민요를 부르는지 알고 싶다고도 했다. 그러면서 자기가 먼저 자기 민족의 노래를 불렀다. 기본이 두 박자로 된 노래였고, 흥안령을 닮아 힘차고 유장한 가락이었다.

나는 예전에 투뽀오 집에서 불렀던 아리랑을 연상하면서 거침없이 목구성을 내었다. 이번에는 진도아리랑이었다.

아리 아리랑 스리 스리랑 아라리가 났네, 아리랑 음음음 아라리가 났네/ 문경세재는 웬 고갠가, 구부야 구부 구부가 한 숨이로구나/ 아리 아리랑 스리 스리랑 아라리가 났네, 아리랑 음음…/ 간다 못간다, 얼마나 울어서 정거장 마당이 한강수 되었냐/ 아리 아리랑 스리 스리랑 아라리가 났네 아리랑 음…/ 시집살이 잘 헌다고 면 장상을 줬더니, 요강단지 씻처다가 살강에다 엎었네/ 아리 아리랑 스리 스리랑 아라…/ 가는 님 허리를 아드득 잡고, 하룻밤만 자고 가라고 통사정을 허네/ 아리랑 아리…/ 갈라믄 가고 말라믄 말제, 정은 두고 몸만 가면 난 어찌 살꺼나/아리랑 아리…/ 세월이 가기는 바람결 같고요, 청춘이 가는 것은 물결같이 흐르네/ 아리랑……

그동안에 공부해 둔 것도 있고, 낯선 홍안령 사람들한테 한국의 정서를 심자는 욕심도 있었으므로 결이 선 가락들이 굽이굽이 잘도 흘렀다. 젊은 향장은 호기심으로 듣더니 이내 가락이 이상하다고 고개를 갸웃거렸다. 한국 민요는 반음이 없는데 모든 노래가 다 그렇느냐고 물었다. 그리고 박도 이상하다고 했다. 나는 쉽게 대답했다. 민족마다 고유의 가락이 있다. 중국 사람들은 2박이 기본 박(拍)이고, 일본인들은 4박을 기본으로 한다. 그러나 조선족은 3박이 기본이다. 그래서 당신이 이상하게 생각하는 것이다.

어깨 너머로 주워들은 소리로 아는 체를 했더니, 지금 분위기를 접지말고 계속해 보라는 주문이 들어왔다. 그 눈빛이 진지했고 새로운 음악에 대해서 분명하게 깨우쳐 두려는 결의가 번뜩이고 있었다. 노래가사말이 두세 번 바뀌자 그는 무릎을 치면서 숫제 탄복을 하고 있었다. 중국민요와 일본민요 박은 2박과 4박이어서 서로 넘나들 수가 있다. 그러나 조선민요는 3박이다 보니, 2박으로도 4박으로도 끼어들 수가 없다. 그런데 3박인 조선민요 가락은 2박도 4박도 넘나들면서 소화를 한다는 것이었다. 국문학을 한 사람이 음악에 대해서도 아는 체를 한다? 그거야 어쨌든…….

이쯤 되면 나도 완전히 신바람이 난다. 그래서 밀양아리랑으로 조(調)를 바꾸어 불렀다.

아리 아리랑 스리 스리랑 아라리가 났네, 아리랑 고개로 넘어간다/
날 좀 보소, 날 좀 보소 날 좀 보소, 동지섣달 꽃 본 듯이 날 좀 보소/
아리 아리랑 스리 스리랑 아라리가 났네, 아리랑 고개로 넘어 간다 /

정든 님이 오셨는데 인사를 못해, 행주치마 입에 물고 입만 빵긋/ 아
리 아리랑 스리랑 아라리가 났네, 아리랑 고개로… / 다 틀렸네 다 틀
렸네 다 틀렸네, 꽃가마 타고 시집가기는 다 틀렸네/ 아리 아리랑 스
리랑 아라리가 났 네, 아리랑 고개… / 남천강 굽이쳐서 영남루를 감
돌고, 벽공에 걸린 달은 아랑각을 비추네 / 아리 아리랑 스리 스리랑
아라리가 났네, 아리랑 고개… / 세월아 네월아 오고가지를 말아라,
쓸쓸한 이내 청춘이 다 늙어간다/ 아리 아리랑 스리 스리랑 아라리가
났네, 아리랑…….

팔월이라고 해도 북위 52도가 넘는 북녘의 초저녁은 서늘하다. 주먹
덩이 같은 성근 별 발이 팔월의 풋대추만큼이나 푸지게 널린 하늘 아래
서 내 목청은 한껏 높아지고 있었다. 지음(知音)*1이란 어쩌면 이런 것이
아니었을까? 조선의 소리를 제대로 알아듣고 또 알아주는 사람이 있다
는 건 더 없이 유쾌한 일이 아닐 수 없었다. 젊은 향장은 곁에 있는 교수
에게 가사 내용을 통역해달라고 했고, 교수는 내 노래의 마디마디를 중
국어로 되넘이를 하고 있었다. 장의원(張義源) 교수는 평양에 가서 통역
관으로 3년이나 대사관 근무를 했다는 사람이다. 통역(通譯)을 꼭 번역
(飜譯)이라고 말하는 것은 달랐지만, 말을 번(飜)지는 재능만큼은 뛰어
난 터다. 장 교수 입을 통해서 가사내용을 듣고는 웃느라고 입을 다물
줄 몰랐다. 눈물이 날만큼 웃고는 그런 아기자기한 정서를 가진 조선

---

1. 지음(知音) : 중국인의 고전 열자(列子)에 나오는 고사. 백아(伯牙)는 거문고를 잘 탔고, 그 친
   구 종자기(鍾子期)는 유일하게 그 소리를 이해했다. 훗날 종자기가 죽자 백아는 이제 자기의
   소리를 알아줄 이가 없다 하여 줄을 끊고 다시는 거문고를 타지 않았다 한다.

족이 부럽고 훌륭한 민족이라고 말했다. 그냥 인사로 하는 말은 아니었다. 그날은 내가 일생에서 가장 노래를 많이 부르는 날이기도 했다. 한 시간이 넘도록 밀양아리랑과 진도 아리랑을 넘나들며 메들리 송을 했으니까.

두 번째는 빠인나(白銀納)에서였다. 거기는 허절족(赫哲族)의 향이라는 점이 달랐으나, 젊은 사내가 부(副) 향장인 아내의 운전수라는 건 같았다. 물론 부향장의 차가 따로 지급되는 건 아니어서, 향장도 부향장도 소련제 짚차를 형편에 따라 나누어 탄다. 그런데 우리를 맞이하는 건 늙은 향장이 아니라 부향장이었다. 젊은 여자였고 눈매가 서글서글한 친절한 아낙이었다. 그러기 전에 미리 해둘 이야기가 있다.

빠인나에 처음 도착하던 날, 나는 한국에 있는 도반들에게 전화를 할 양으로 우체국을 찾았다. 나한테 여행 경비로 쓰라며 돈을 주고 내 안위를 걱정하는 도반들이 갑자기 생각나서였다. 그런데 우체국이란 데가 맹랑했다. 국제전화라는 것이 있는 줄은 알지만 아직까지 해 본 적이 없어서 모르겠다는 것이었다. 편지를 하겠다고 해도 국제우표가 없어서 안 된다고 했다. 이 이야기도 나온 김에 마저 해 보자.

나는 그 소흥안령 지역을 벗어나기 전에 편지를 쓰기는 했다. 문방구는 없고 식료품과 술, 그리고 명색이 잡화라는 것을 파는 먼지 쓴 구멍가게에서 내주는 편지 쓸 종이라는 게 가관이었다. 한국전쟁 직후에 우리에게도 볏짚으로 만든 마분지라는 종이가 있었다. 내가 스물둘에 군에 입대를 했을 때도 훈련소에서 휴지로 지급하는 종이가 마분지였다. 서기 1969년 12월이었다. 그 후로는 마분지를 본 적이 없다. 하여간 거친 바닥에 누런색 종이는 가랑잎보다 조금 나은 수준이었다.

그러나 우리 마분지는 그곳 종이에 비하면 고급 백화점에 둘 만했다. 얼핏 떠오르는 생각이 북한에서 강냉이대로 생산한다는 종이가 이렇지 않을까 싶었다. 눈만 흘겨도 찢어질 것 같은 약하디약한 재질이 너무 얇은 데는 구멍이 맷돌바닥처럼 뚫렸고, 무슨 파리똥 같은 부스럼딱지가 촘촘히 박혀 있어서 글씨를 쓴들 알아볼 것 같지가 않았다. 어쨌거나 나는 수원 칠보산에 주석하는 성주(性珠) 스님한테, 나의 근황을 적은 편지를 보냈다. 너무 오지여서 전화를 칠 수도 없고, 우표 탓에 편지를 보내고 싶은 곳에서 보내지 못했다는 사연과 함께.

아마도 성주 스님은 편지 읽기에 땀을 뺐을 것이고, 곧 휴지통에 버렸을 것이다. 아니면 일생 두 번 받기는 힘들 편지를 기념하기 위해서 어느 사찰 박물관으로 모냈거나.

각설하고-. 허절족으로 어원커족의 남편에게 시집을 온 덕분에 부향장을 한다는 이 아낙은 자기들의 민족뿌리가 알고 싶다고 했다. 하긴 그렇다. 모택동 시대의 문화혁명을 겪으면서 중국 공산당은 소수민족들이 가진 전통문화를 송두리째 파괴해 버렸다.

당에서 명령을 내리기 전에 미리미리 알아서 자기들의 족보를 태워 없애고, 문화혁명과 대약진의 대열에 참여했다. 목청을 높여서 모택동 만세를 부르고 당에게 충성을 맹세했다. 그렇게 해도 걸핏하면 '고깔모자'를 쓰고 '투쟁' 당하기 일쑤였다. 특히 배운 사람들이 투쟁의 대상이 되고 있었으므로, 자식들을 상급학교에 보낸다는 끔찍한 생각은 아예 하지 않았다. 그런 암흑의 세월이 무려 스무 해가 넘었으니, 모든 것을 잃고 난 지금에 와서 자기 민족의 뿌리를 나 같은 이방인에게 묻는 것이 당연할지도 모른다.

그런 점을 간파하고 있는 나는 어디에 가던 그들 엉덩짝의 몽골반점과 장례의식이나 혼인의식 같은 여러 제사의 특징을 들어 우리는 한 뿌리에서 갈린 민족임을 강조했고, 그것이 나와 그들 사이의 벽을 없애주는 촉매구실을 하게 했다. 그럴 경우 내가 두고 쓰는 말이 있었다. 워먼쓰 슝디(我們是兄弟)! 드디어 그녀는 눈물을 글썽이며 나에게 오라버니라고 해도 좋으냐고 했고, 내가 끄덕이며 손을 잡아주자 다른 장소에서 술을 마시는 남편을 찾아다가 합석을 시키고 인사를 드리게 하면서 깊은 정성으로 환대했다.

그날의 노래에도 나는 아리랑을 불렀다. 이번에는 정선아리랑이었다. 사실 정선아리랑은 이런 자리의 노래가 아니다. 그러나 가는 곳마다 다른 노래를 불러서 우리의 아리랑을 심고 다녀야겠다는 치기(稚氣) 비슷한 낭만이 꿈틀댔기 때문이다.

아리랑 아리랑 아라리요, 아리랑 고개 고개로 날 넘겨주게/ 눈이 올라나 비가 올라나 억수장마 질라나, 만수산 검은 구름이 막 모여 든다/ 아리랑 아리랑 아라리요 아리랑 고개 고개로 날 넘겨주게 / 이십명창에 노래소리는 골골마다 나는데, 열에 칠 팔세 한숨소리는 나 듣기 싫어 / 아리랑 아리랑 아라리요, 아리랑 고개 고개로… / 명사십리가 아니라면 해당화는 왜 피며, 모춘삼월이 아니라면 두견새는 왜 울어/ 아리랑 아리랑 아라리요 아리랑 고개… / 맨드라미 줄 복숭아는 토담이 붉어 좋구요, 앞 남산 철쭉꽃은 강산이 붉어 좋다/ 아리랑 아리랑 아라리요 아리랑 고개…….

그런데 곁에서 듣고 있던 장 교수가 갸웃거리는 눈치더니, 조심스럽게 군새를 넣었다. 자기가 듣던 정선아리랑은 그리운 듯 아쉬운 듯 신바람이 났는데, 내 노래는 어딘가 무겁고 비장한 것 같다는 것이다. 설명은 나중에 하기로 하고 나는 노랫말의 조를 바꾸었다.

아우라지 뱃사공아 배 좀 건너 주게, 싸릿골 올 동박이 다 떨어진다/ 아리랑 아리랑 아라리요, 아리랑 고개 고개로 날… / 떨어진 동박은 낙엽에나 쌓이지, 사시장철 임 그리워 나는 못 살겠네/ 아리랑 아리랑 아라리요, 아리랑 고개 고개로 날… / 나물바구니 옆에 끼고서 개구장가로 갈거니, 낚시대를 졸졸 끌고서 내 뒤를 따르게/ 아리랑 아리랑 아라리요, 아리랑 고개 고개로 날… / 날 따라 오게 날 따라 오게 나만 따라오게, 잔솔밭 산중 허리로 날만 따라오게/ 아리랑 아리랑 아라리요, 아리랑 고개 고개로 날 … / 니가 죽던지 내가 죽던지 야단이 나야지, 새록새록 드는 정분에 뼈골이 살살 녹는다/ 아리랑 아리랑 아라리요, 아리랑 고개 고개로 날 넘겨…….

장 교수는 비로소 듣고 싶은 걸 들었다는 표정이었다.

흑룡강에 발을 씻으면서
울었던 후마(呼瑪)

후마로 가는 버스 안에서 장 교수는 자기 집안 이야기를 들려주었다. 어제 저녁의 정선아리랑이 조가 어떻게 달라졌는지 알고 싶은 눈치였다. 내 서툰 소리를 듣고 정작 감탄한 사람은 빠인나의 부향장 팀들이 아니라 장 교수라는 생각이 들어서 싱겁게 웃었다. 이야기가 길어질 것 같다는 생각을 함께 하면서. 할아버지 고향이 강원도 어디라고 했던 그는, 할아버지가 불렀다는 정선아리랑을 아슴푸레 기억하고 있었다. 왜정 초기에 왜놈들이 싫어서 가진 것 없는 고향을 미련없이 버리고 무작정으로 만주에 왔다는 할아버지는, 함경도 사람들이 밀집한 돈화(敦化)에다 살림 보따리를 풀었다고 했다. 행운이었다.

사람이 유별나게 성실하고 착하고 부지런했던 그는 처음에는 동아리가 없는 뜨내기라고 함경도 사람들한테서 따돌림도 받았지만, 머지않아서 옆 사람 급한 꼴을 보면 저 죽는 줄을 모르고 나서는 사람으로 인정되어 그들과 한물이 될 수가 있었다. 할아버지 아리랑을 그의 아버지가 따라 불렀고, 마을사람들도 덤으로 더러 불렀지만, 결국에 가서는 함경도 사람들의 마을이다 보니 함경도 소리에 묻히더라고 했다. 그러면서 할아버지가 불렀던 정선아리랑이 함경도 소리보다 별나게 구슬프고 애절했던 것 같았다면서 까닭을 아느냐고 물었다.

나는 내가 아는 대로 주섬주섬 일러주었다. 먼저 다소 비장한 맛이 나는 전편의 이야기부터 시작했다. 옛날 고려가 망하고 이조가 들어설 때, 고려에 충신들이 이성계의 역성혁명을 편들지 않았다. 그중에서도 일흔 두 사람이 유명한데 두문동(杜門洞)으로 들어가서 세상을 아예 등졌다. 두문동이란 말을 알겠지만 문을 걸어 잠그고 저항했다는 뜻이다. 결국에 가서는 임금의 명령을 받은 군인들이 두문동에다 불을 질러서 다 타죽고 말았는데, 그중에 일곱 사람이 용케 탈출을 해서 정선(旌善) 땅으로 숨어들었다.

정선군 남면 서운산(瑞雲山)에 거칠현동(居七賢洞)이 있는데 거기가 그 일곱 사람의 은거지다. 억울하고 분하고, 고향에 있는 처자식도 그리웠을 테고, 그런 그리움과 고달프고 외로운 심정들을 시(詩)로 지어 남겼다. 그 시를 뒷사람들이 해석해서 부른 것이 정선아리랑이다. 그래서 그 곡조들이 무겁고 가라앉을 수밖에 없다. 대충 이런 설명을 했는데도 장 교수는 양이 차지 않은 모양이었다. 내용은 뭐 그렇다 처도 할아버지나 아버지가 부른 노래는 함경도 사람들이 따라서 부른 소리와 달랐다.

이를테면 함경도 사람들이 뻣뻣하게 부르는 "아리랑세 아리랑세, 별 기룩이 지나갈세. 아리랑세 아리랑세, 청옥빛아 같이갈세……." 한다거나 "신고산이 우루루루 함흥차 가는 소리에, 잠 못 드는 큰 애기는 단

봇짐만 싸누나. 어랑 어랑 에헤야, 어야디야 내 사랑아." 하는 것과는 가락이, 어릴 때 들었던 소리와는 전혀 다르다는 것이다. 그리고 어제 저녁에 자기 말을 듣고 정선아리랑 가락이 갑자기 달라진 까닭이 알고 싶다고 했다. 그렇다면 나는 그의 할아버지가 불렀다고 여겨지는 아우라지 가락을 설명할 차례였다.

강원도 정선군 여량면 여량리에 '아우라지'라는 강이 있다. 두 개의 물줄기가 만나 큰 물 폭을 이루는데, 아우라지라는 이름은 두 강줄기가 어울렸다는 뜻으로 된 이름이다. 그 지역 사람들은 강원도의 심산궁곡 나무를 베어서 그 강물에 떼를 만들어 띄우고, 물길을 따라 서울로 가면 큰돈을 벌 수가 있었다. '떼돈을 번다'는 우리 속담은 아우라지 '뗏목' 돈에서 유래하는 말이다.

그 여량면 여량리에 '여량'이라는 총각이 물 건너 마을에 처녀와 눈이 맞았다. 그들은 호젓한 싸릿골에서 만나 정을 나누고 회포를 풀었는데, 어느 여름 장마에 물이 불은 강을 총각이 건너다 그만 익사했고, 죽은 넋이 그 싸릿골에 '올동백' 나무가 되었다. 그런 내막을 아는 마을 뱃사공이 아우라지에 노를 저으면서 여량이의 애달픈 사연을 바람결에 흥얼거려 그 혼을 위로 한 것이, 한 입 건너 두 입 건너는 동안 노래로 여물어서 마침내는 정선아리랑이 되었다.

청춘 남녀의 못 이룬 사연이 노래가 되었으니 가사가 구성지고 애달플 것은 당연하다. 같은 정선아리랑이지만, 앞에 부른 두문동 충신들 가사는 그래서 무겁고 엄숙한 심정으로 불렀고, 뒤에 여량이 사연은 조금 가볍고 해학적인 가락이라 그렇게 불렀을 뿐이다. 나는 강원도 사람이 아니라서 강원도의 여울물 소리 가락을 낼 줄을 모른다. 강원도 사람들은 소리를 했다 하면 으레 목구성이 강원도 골짜기에 바람소리와 산골 물소리를 끌고 나오는데, 나는 알면서도 그것이 잘 되지가 않는다.

장 교수는 알 듯하면서도 잘 모르겠다고 했다. 그러면서 함경도 사람들의 노랫가락이, 자기 아버지와 할아버지의 가락과 달랐고, 말소리도 강원도 말과 함경도 말본이 서로 달랐다. 지금까지 그것은 으레 그런 것인 줄 알아서 의심을 해본 적이 없는데, 오늘 이야기를 나누다 보니 그것도 의심의 대상이 될 수가 있다고 여겨진다. 또 차제에 짚어보기로 하자. 그러니 자기가 알아듣게 납득을 시켜달라는 것이다. 어차피 두 사람이 함께 하는 여행에 시간은 충분하다는 생각이 들었다.

그래서 지방마다 노래 곡조가 왜 다른지 이유를 대보라는 것이냐고 물으니까, 바로 그것이라는 대답이었다. 다시 재차 물었다. 내 전라도 말과 장 교수의 연변 말이 왜 억양이 다른지 그 까닭을 대보라는 것이냐고 되물으니 그렇다는 것이다. 오랜만에 임자를 만났다는 생각이 들었다. 그러나 그 비슷한 생각은 일찍이 정리가 된 터여서 차근차근 대답했다.

사람은 제가 기대고 사는 산천의 호흡대로 말의 억양을 배운다. 연변에서 말을 배운 장 교수는 연변의 풍토대로 말을 배웠고, 전라도가 고향인 나는 전라도 산천이 가진 전라도 호흡대로 말의 리듬을 배웠다. 가령 경상도 밀양아리랑과 전라도의 진도아리랑은, 경상도 산천과 전라도 산천이 다른 데서 오는 차이일 수가 있다. 전라도 산세는 경상도에 비해서 아기자기해서 일단 큰 산이 적고 재주가 있게 보인다. 그리고 한려수도(閑麗水道)의 물결은 큰 파도가 없고 잔잔하다. 그런 전라도 풍토에서 올라온 진도아리랑은 순전히 전라도 산천의 호흡으로 이루어진 것이다. 반면에 경상도 산들은 백두산에서 내린 태백산맥의 준령이, 산들이 크고 동해안에는 철썩이는 파도 역시 높고 거칠다. 거기서 건진 것이 밀양아리랑이다.

이것은 내가 윤석운(尹夕雲)[1] 선생한테서 들었다. 나는 한국의 탈춤과 판소리의 뿌리를 찾던 중에 선생을 만나게 되었고, 한국의 탈이 처음 나온 안동의 병산(屛山)과 하회(河廻)를 함께 찾아다닌 이야기를 해주었다. 판소리의 고향이랄 수 있는 곡성 압록(鴨綠)의 꾀꼬리 울음[2]이 몹시 율동적이라는 것과 조선팔도에 다 탈이 있는데 오직 전라도는 탈이 없고, 대신 판소리가 있다는 것을 이야기했다. 장 교수는 노래가락이 산천의 호흡에서 나온다는 말에 놀라워하고 있었다. 노래뿐만이 아니라 각 지방의 언어 억양이 다른 것도, 그 산천과 풍토의 산물이라는 것을 말이 나온 김에 알아듣도록 설명했다. 장 교수는 이번 여행에서 나보다도 자기가 얻은 게 더 많은 것 같다면서 펑퍼짐하게 웃었다.

각설하고ㅡ. 후마는 흑룡강 언저리에 붙어 있는 작은 도시였다. 후

***

1. 윤석운(尹夕雲): 본명은 윤병하(尹炳夏)로 우리나라 관인 1호 '한국현대 민족 무용학원(韓國民族舞踊學院)'을 신세계백화점 뒤의 이름도 없는 4층짜리 건물 맨 위층에다 설립했었다. 고향은 곡성. '한국무악고(韓國舞樂考)'와 '격여진 맛 멋 흥'이란 저서가 있다. 당대의 기인 중의 한 사람이었던 선생의 이론은, 인위적으로 만들어 내는 가락이나 기교는, 절대로 자연의 호흡을 따를 수가 없다는 독창적인 기반위에 서 있었다.
2. 압록(鴨綠)의 꾀꼬리 울음: 압록은 곡성에서 구례로 가는 국도에서 만나는 그 지역 이름이다. 북에서 남으로 흐르는 섬진강의 옆구리를, 서에서 동으로 흐르는 보성강이 뚫고 들면서 생기는 별난 리듬을, 거기 압록에 사는 꾀꼬리가 울음으로 표현한다고 윤석운은 늘 이야기 한다. 그 지방에서는 섬진강을 '암물' 그리고 보성강을 '숫물'이라고 부른다. 장마에 섬진강 물이 불어서 보성강으로 역류를 하면 시절이 불안하단다. 그래서 비가 더 내려서 보성강물이 섬진강으로 붉덩물을 흘려야 시절이 좋다는 것이다. 전라도 소리는 섬진강을 중심으로 동편제와 서편제로 나누어지는데, 압록의 별난 물줄기 호흡이 전라도의 명창들을 배출한다고 주장한다. 꾀꼬리 울음의 톤이 '머리 곱게곱게 빗고 건너가뚱?' 한다는 것이다. 리드미컬한 울음이다. 경기도 꾀꼬리가 '시루 시루 떡시루!' 하고 단조롭게 우는 것에 비하면 선생의 말씀이 그럼직하게 들린다. 그 지방 할머니들한테 들어도 압록의 꾀꼬리는 머리 곱게 곱게…. 로 운다고 증언한다.

마현(呼瑪縣)의 촌장이 처음 만나는 우리를 환대한 것은 평양에서 '번역질'을 한 장 교수의 노련한 외교 솜씨가 발휘되기도 해서지만, 연변대학의 교수라는 간판이 주효해서였다. 공산주의 사회라 직업에 귀천이 없어서 국가가 주는 공자도 비슷한 건 사실이다. 그래서 신분차별도 안할 것 같지만, 거기야말로 소리 없이 신분차별을 심하게 한다. 교수라는 신분은 비록 노동자의 공자와 비슷하기는 하지만 신분만은 노동자가 넘볼 수 있는 것이 아니다.

그들의 환대방식은 술자리를 열어서 술대접을 잘하는 것이다. 장 교수는 그 술자리가 좋아서 대낮부터 어울려 술을 마셨지만, 우리의 여행은 거기서 끝내야 할 것 같은 예감 때문에 나는 불안하기만 했다. 현지 사정을 모르는 사람들이 더 이상은 내려가지 말라는 것이 후마현 촌장을 비롯한 그곳 관리들의 충고였다. 치안이 불안해서 외지에서 오는 사람은 돈이 있는가 싶으면 함부로 죽인다고 했다. 대수롭지 않게 그 말을 하는 입들을 쳐다보고 있자니, 정말이겠구나 싶어 슬그머니 겁이 났다. 노래 부를 기분보다 지도를 놓고 당초에 세운 계획을 여기서 접고 되돌아간다고 생각하니 갑자기 혼란스러워진 것이다. 거기서 나는 어떤 노래도 부를 기분이 아니었다. 흑룡강이 옆에 있다는 것도 이상하리만치 흥분되는 일이었다.

함부로 밖에 나가 돌아다니지 말라는 술자리의 말을 귓등으로 흘리면서 나는 슬그머니 자리를 일어섰다. 묻고 말 것도 없었다. 현청의 뒤에 있는 언덕이 흑룡강을 물을 내려다보는 강둑이었으니까.

그렇다. 흑룡강—.

질펀하게 누워 흐르는 거대한 물줄기를 마주하고 나는 말을 잃었다.

그러나 붉은 녹을 삼킨 듯한 붉덩물이 도도하게 흐르는 강가에 선 나그네의 가슴에는 만감이 교차하고 있었다. 아득한 물이랑 너머로 보이는 땅덩이가 러시아라는 이유에서만은 아니었다. 그동안 중국을 싸돌아다니는 동안 곳곳에서 받은 감동이 사실 많기는 하다. 처음 천진에서 연길로 가던 스물여덟 시간의 기차여행에서 내다본 대륙의 밭이랑을 잊을 수가 없고, 동경성에서 경박호(鏡泊湖)로 가던 길에 만난 들판이 호남평야보다도 너른 것에도 기가 죽었으며, 하얼빈에서 치치하르(齊齊哈爾)로 가는 기차가 아예 인가도 농사도 없는 무인지경을 횡단할 때 느낀 감회 역시 그곳이 우리할아버지들의 살림터였다는 생각으로 가슴이 설레었다면, 후룬베이얼(呼倫貝你盟) 초원에서 처음 서보는 광막한 벌판이 내 피를 역류시킨 경험이 있다. 그러나 어디에서도 내가 울어본 적은 없다.

허나 흑룡강은 다른 곳이었다. 전혀 예상하지 못 한 감동이 울컥 치밀었고, 가슴이 터질 듯한 충동이 정수리를 뜨겁게 달구면서 목구멍으로 차오르고 있었다. 그날 나는 참 많이 울었다. 말로만 듣던 흑룡강이 너무 넓어 다시는 건널 수가 없을 것 같은 유치한 감상과 고구려가 통일을 했더라면 우리의 천병만마로 하여금 이 강물을 마시게 하고, 피묻을 칼을 씻게 했을 것이라는 생각이 범벅이 되어서 울었고, 김춘추의 잘못된 통일과 김부식의 『삼국사기』가 억울해서 울었다.

이승만과 김일성의 야욕이 만든 남북의 괴뢰정권이 미워서 울었고, 이병도에서 시작되는 강단사학의 폐해가 민족의 골수에 박히고 있는 것이 분해서 울었고, 아무 가망이 안 보이는 남북한의 썩은 정치와 민중의 눈과 귀를 가리면서 제 집단의 더러운 야망에만 부지런을 떠는 조 · 중 · 동이 기가 막혀 울다가, 나중에는 제 피붙이들의 이익에만 급급하는 기업들이 득세하는 꼴이 생각나서 울었다.

술을 마시다가 나를 찾아 나섰다는 장 교수가 어깨를 흔들 때까지 나는 혼자만의 장소에서 펑펑 울고 있었다. 끝도 없는 분노와 억울함이 한 번 터지기 시작하자, 좀체 추스릴 수 없는 나락으로 한도 없이 떨어지는 기분이었다. 석탄을 실은 기선이 한가하게 떠내려가는 물가에서 나는 흙먼지 묻은 머리를 감으면서도 울고, 물집이 잡힌 발을 씻으면서도 하염없이 울었다. 내 일생에서 그렇게 푸지게 마음놓고 울어본 맹목적인 울음은, 다시는 기회가 없으리라 싶게 울어본 울음이었다.

지금에 와서 비로소 깨닫는다. 지나간 천년 시절, 돌이킬 수 없는 세월 속에서 한두 번의 기회를 실패로 마감하면서 영영 놓쳐버린 국토가 너무 아깝고, 드디어 반도의 올챙이를 자처하는 오늘이 억울해서 아마 울었을 것이다. 그리고 한 편으로는 김부식의 못난 사대모화(事大慕華) 사상과 비열하고 더러운 이병도의 식민사학(植民邪學) 물줄기가 흑룡강 물 폭처럼 너르고 깊어서 쉽게 건널 수가 없다는 이 당장의 분노와 노여움으로 나는 그렇게 울었던 것이다.

민족의 노래
'아리랑'

이 노래가 언제 누구의 입에서 어떻게 시작이 되었는지는 분명하지가 않다. 아리랑이 무슨 뜻인지, 노래는 부르면서도 아는 사람은 없다. 기쁠 때도 부르고 슬플 때도 부르고, 기가 막히고 어이없는 때도 우리는 아리랑을 부른다. 조선족은 세계의 어디에 가서도 아리랑을 부르는 민족이다.

내가 홍안령에서 아리랑을 부르고 다닌 것도 무슨 작정이나 계획이 있어서가 아니었다. 그냥 한국사람 노래를 불러야 할 것 같아서, 그런 첫자리에서 우연히 아리랑을 불렀고, 그것에 신명이 나서 불렀을 뿐이다. 그렇게 저절로 터져 나오는 노래가 조선인의 아리랑이 아닐까? 아리랑에는 조선인의 혼이 들어 있다. 산 혼이 들어있는 까닭에 살아서 숨을 쉬는 노래가 된 것이다.

아리랑에는 무슨 뜻이 숨배어 있을까. 아리롱(啞俚聾)이 원형의 뜻이라는 말도 있고, 아리랑(我離郎)이 옳다는 주장도 있다. '나를 떠나는 님'

을 말하는 것이 我離郎이라면, '벙어리에 눈이 멀고 귀까지 먹은 것'을 啞俚聾이다. 어쨌거나 부정적인 이미지를 머금었다는 건 알만하다. 그러나 우리는 슬프고 억울해서만이 아니라, 또 괴롭고 억울하고 비틀려서만이 아니라, 한편 기쁘고 신나고 살맛나는 경우에도 아리랑을 부르면서 이 민족은 배가 부르고, 서로가 한덩어리져서 즐거움을 나눈다. 정히 민족의 노래가 아닐 수 없다. 여기서 아리랑이 나오는 배경을 한번 추어보자.

보통 '아리랑'을 한문으로 표기하는 것을 보면 阿理郎, 혹은 阿里郎이라 한다. 그러나 남사고의 『격암유록(格菴遺錄)』은 유독 아리령(亞裡嶺)으로 되어 있다. 다른 건 그만두고 '郎'을 '嶺'으로 적은 것이다. 嶺은 대관령(大關嶺)의 령이다. 험준한 산을 넘을 때의 등성이 고갯길을 령(嶺)이라 한다. 郎은 옥편에서 '사내 랑'으로 읽는다. 보편적으로 나이 젊고 훤칠한 미장부(美丈夫)를 가리킬 때 쓴다. 이렇게 되면 阿理郎은 '고갯길을 가는 사내' 정도의 의미로 읽혀지게 되고, 阿里郎은 '고개 너머 마을의 사내'라는 뜻을 갖는다. 그러니까 산 넘어 물 건너, 또 언덕 너머에 있는 마을을 향해서 가는 사람이라고 부연할 수가 있다.

남사고의 『격암유록』에 나오는 '아리령'을 살펴보자.

아리령에는 거마(車馬)가 쉴 수 있는 정거장이 있네.
학수고대(鶴首苦待)로 나를 기다리는 다정한 님,
아리령은 도대체 어떠한 고개인가,
지독히 어려워서 차마 못 갈 고개라네,
그러나 아리령에는 쉴 집과 정거장이 있다네.

남사고의 『격암유록』은 국토에 병란이 생기면, 피란을 해서 숨어 살 이른 바 십승지(十勝地)를 말한 책이다. 임진왜란과 병자호란(丙子胡亂)을 미리 내다본, 그 무렵의 토정(土亭) 이지함, 북창(北窓) 정렴, 구봉(龜峰) 송익필, 락서(洛瑞) 이서구와 함께 감려가(堪輿家)로 유명한 사람이다. 그래서 예전부터 불러온 민족의 노래 아리랑을 감려가의 감각을 발휘하여 슬쩍 아리령으로 바꾸고, 사람이 난세(亂世)에 살만한 십승지에 빗댔을 것이다. 아리령에는 나를 기다리는 임이 있다. 아리령에는 쉬어 갈 집(閣)과, 마차가 멈추어 갈 충분한 장소가 있다지 않은가.

그렇다면 아리랑은 시원(始原)이 언제고, 발원지(發源地)는 어디서부터인가. 일부 학자가 삼천리강토를 찾아 백두준령의 굽이굽이를 넘어온 조상들의 지친 발걸음에서 유래를 찾으려 했다. 나는 그들의 의견을 존중한다. 다만 삼천리강토를 찾기 전에도 수만 년을 산을 탔던 배달나라 조상들의 발걸음이 그 앞에 있었다는 것을 말하고 싶을 뿐이다.

그리고 남사고의 아리령(亞里嶺)을 아리랑(亞里郎)으로 바꿀 것을 주장한다. 이렇게 되면 아리(亞里)가 무엇인지, 먼저 확실하게 밝혀져야 할 터이다.

먼저 '亞'가 문제다. 亞는 '열십자(十)'가 상·하·좌·우로 막혀 있는 글자다. 곧 시방(十方)의 허공이 어떤 이유로 인해서 일시적으로 갇혀 있다는 뜻이다. 우리는 흔히 까무룩한 창공(蒼空)을 하늘이라고 말한다. 그렇다! 하늘은 따로 준비되는 것이 아니라 그저 허공이 쌓인 것이다. 한 자 위도 허공이고 두 자 위도 허공이고, 석자 넉자 다섯 여섯 일곱 여덟 아홉……. 한도 없이 쌓여가는 것이 모두 한 허공이다. 그 한정(限定)

이 없는 허공을, 동·서·남·북의 사방과 상·하로 둘러막았다고 할 때, 그 공간은 예사 공간이 아니라 '하늘의 집'을 의미한다. 그러니까 亞는 하늘의 집인 것이다.

亞가 하늘집이라면 里는 하늘집들이 있는 마을이다. '아리랑(亞里郞)'은 '하늘집들이 있는 마을을 찾아가는 미장부'를 말했다고 볼 수 있지 않을까? 이 대목에서 우리의 상상은 과거를 향해서 날개를 펼친다. 아득한 옛적 해 뜨는 쪽을 바라보고 길을 나선 백의민족(白衣民族)의 조상들은 어떠했을까? 끝없는 험산들의 준령에서 해가 뜨고 지는 걸 날마다 보면서 해를 하늘의 주인이라고 믿어서, 또 자기들은 해의 자손이라 믿어서, 그 많은 세월의 고통을 참아냈을 것이다.

생각건대 민족의 노래 아리랑은 파미르고원을 출발하여 천산산맥을 타고 알타이를 넘어, 다시 한가이산맥을 밟고 나서, 바이칼에 닿는 동안 그런 정서가 민족의 가슴가슴에서 출렁이다가, 그렇게 저절로 익어지지 않았을까? 그러니까 파미르고원을 나선 황궁씨(黃穹氏)의 무리가 천산부터 밟기를 시작하여 바이칼에 닿을 때까지 수만 년, 혹은 수십 만 년 세월을 산에서 산으로 이동하는 사이, 산마다 다른 산의 기운이 심장에 스며들고, 그런 산의 망치를 맞으면서 불사신의 자손으로 단련되는 과정을 생각해보라. 우리의 아리랑은 적어도 그 과정에서 익어진 것이기가 쉽다.

바이칼의 나라는 흔국(桓國)이다. 그적부터 우리 민족은 해를 숭상하고 해와 더불어 살았다. 여기 『태백일사』의 「흔국본기」에 이런 말이 들어 있다.

조대기에서 말한다. 옛 풍속은 광명을 숭상하였으니 해로써 신(神)을 삼고 하늘로써 조상을 삼았나니, 만방의 백성을 이를 믿고 서로 의심치 않으며 아침 저녁에 경배하며 이를 가지고 일과로 삼았다. 태양은 광명이 만나는 곳으로써 옛날부터 삼신이 계시는 곳이라, 사람은 빛을 얻음으로써 농사짓고, 하는 바 없는 듯 하면서도 스스로 교화되나니, 아침엔 함께 동쪽 산에 올라 해가 처음 뜨는 것을 경배하고, 저녁엔 함께 서쪽 강가로 나아가서 달이 처음 뜨는 것에 경배한다.

그렇다. 백의민족은 해가 지고 뜨는 산에서 살아왔다. 이 바이칼의 나라를 파나류산(波奈留山) 밑에 있는 파나류 나라였다고 기록해둔 것이 까닭이 있다고 보인다. 파나류는 아마도 '붉누리나라'였기가 쉽다. 온 세계를 밝히는 나라였다는 뜻이다. 그 이름은 바이칼을 떠나서 중원대륙에 세운 나라 이름이 하필 '붉달나라'였다는 데서도 쉽게 드러난다.

이렇듯 아침마다 해가 나오는 해의 뿌리고장을 찾으면 거기가 곧 자기들이 기다린 이상향일 것으로 여겼을 것이다. 거기가 하늘의 집들이 있는 하늘의 마을로, 또한 자기들을 기다리는 집이 있다고 믿고 싶었을 것이다. 그런 희망과 기대가 힘이 되어서, 험산들의 고개를 참으면서 넘을 수 있었고, 가다가 뒤처지기라도 하는 날에는, 함께 가줄 것을 염원하는 당부가 '나를 버리고 가시는 님은 십리도 못 가서 발병이 날 것이다'는 응석과 시새움으로 나타났으리라. 그런 애증(愛憎)들이 더러 섞이면서 아리랑은 차차로 영글었을 것이다.

바이칼을 떠나서 건너온 흑룡강(黑龍江)에도 아리랑이란 뜻이 담겨 있다. 그 어원이 그렇다는 말이다. 옛 사람들의 언어로 '하늘'이란 말은

'흔 올'이다. 땅에서 올려다보는 하늘은 큰 올이었던 것이다. 이 한알이 변해서 하늘이 되었다. 그 하늘은 가물가물해서 어지러울 정도로 높다. 그래서 천자문에 천지현황(天地玄黃)으로 적었다. 하늘은 검고 땅은 누르다는 뜻이다.

흔알의 물이니까 올물(天水)인데, 이 올물이라고 하면 곧 은하수가 된다. 그 은하수가 땅에서 흐르고 있으므로 거대한 용이 꿈틀거리는 것에 비유했을 것이다. 그래서 러시아 말로 흑룡강을 아무르강이라 한다. 이 '올물'이 우리말로 변할 때는 '아리수'가 된다. 압록강의 원 이름이 아리수였다. 아리랑에는 원초적으로 아리수라는 의미가 희석되었다고 볼 수 있다. 그러니까 산을 넘고 강을 건넜다는 뜻이 함축된 것이 아리랑이다. 그러니까 아리랑은 바이칼을 떠난 민족이 흑룡강을 건너면서도 불렀다는 것이 증명되는 셈이다.

아리랑은 원초적으로 한이 서린 가락이다. 동시에 역동적이면서 희망을 품은 숨결의 가락이다. 그런가 하면 한도 끝도 없는 애환(哀歡)이 습밴 하소연의 가락이기도 하다. 그래서 어떤 절망이나 분노도 희석해 내고, 그 다음에 오는 숨결로 차분히 다음 사설을 엮을 수 있는 노래다. 마디마디에 끼어드는 후렴가락에 유념해 보라. 그 후렴들의 가락이 반드시 그렇지 않던가로, 이것이 인고(忍苦)의 세월을 견디면서도 미래를 포기하지 않을 수 있었던 배달민족의 인습의 몸짓이었다고 하면 잘못일까? 그런 총체적 모습이 아리랑에는 오롯이 녹아 있다. 우리의 아리랑은 그런 노래다. 세계의 어느 곳에서도 조선민족이 아리랑을 부르는 것은 아마도 그런 복합적인 우리네 피의 까닭들이 빚어내는, 원초적인 민족혼의 탓이리라. 아리랑은 우리들의 영원한 그리움이자 아쉬움이다. 그런 마음의 고향이다. 아리랑은!

　이런 핏줄의 흐름을 타고 아리랑은 작정 없이 번진다. 그런 아리랑이 우리에게는 실로 많다. 그런 아리랑이 시절을 타다 보니, '신아리랑'으로 새롭게 등장한다. 예를 들면-. "강원도 금강산 일만 이천 봉 팔만구암자"[1] 유점사 법당 뒤에 칠성단을 모으고, 팔자에 없는 아들딸 낳아 달라고 산제불공 말고서, 타관객지에 외로이 뜬 달을 부디 괄시 말아라." 따위의 유행가조로 바뀐 노래들은 접는다. 근년 들어서 이런 신 아리랑이 많이 불리는데 그것은 우리 가락이 아니다. 그거야 시절 따라서 가락이 바뀔 수도 있고, 그렇게 바뀌는 게 진정한 전통의 흐름이 아니냐고 할 수도 있다. 물론 그렇다. 고지식하게 옛 가락만을 주장한다면 그는 한낱 수구(守舊)의 고집이지 진정한 전통이 무엇인지를 모르는 사람이다. 전통은 시절 따라서 변모할 수 있고 가사도 달라질 수 있다. 그러나 변질은 전통이 아니다. 시절이 달라졌다고 근본적인 호흡을 바꾸는 것은 전통이 될 수가 없다. 그것은 사이비일 뿐이다.

　우리의 음계는 반음(半音)이 없는 온음뿐이다. 궁(宮), 상(商), 각(角), 치(徵), 우(羽)가 동양의 기본음계(基本音階)라는 건 다 아는 일이다. 한문문화권에서는 그렇게 통한다. 그러면 중국 사람들의 음계이지 우리 것은 아니지 않느냐고 할 수도 있다. 지금 나는 전통을 말하는 중이다. 한문문화권에서는 본래부터 그렇게 써왔다는 말을 하고 있다. 그리고

***
1. 팔만구암자 : 유점사(楡岾寺)는 금강산을 대표하는 큰 사찰이다. 그런 사찰은 원래 팔방구암자(八房九庵子)라 하여 큰 방이 여덟 개, 그리고 산내(山內)에 작은 암자를 아홉 개 두는 것을 원칙으로 한다. 그 팔방(八房)이 팔만(八萬)으로 와전되어서 무슨 소리인지 모르게 된 것이다.

오음계의 근원을 따지면 그것은 배달민족[*2]의 창조성이 만들어 낸 것이지 중국인의 것이 아니다.

우리의 전통 민요는 모두 3박으로 이루어지고, 그리고 반음이 없는 것이 특징이다. 앞에서 부른 아리랑들이 일단 그렇지만, '도라지', '노들강변', '천안삼거리' 따위가 모두 그렇다. 각 지방의 민요가락도 그렇게 되어있다. 서양의 음계로 말하면, '도·레·미·솔·라'의 음계가 우리의 오음(五音)과 같다. 피아노 건반으로 말하면 하얀색 건반이다. 중간에 검은색 건반은 '파' 아니면 '시'다. 그것이 반음이다. 요새 가수들이 신아리랑이라고 조(調)를 바꿔서 부르는 것들은 대개가 반음이 하나씩 섞인다. 그래서 전통 민요가 아니라는 것이다.

그렇다면 반음이 섞이지 않는 민요라면 아무리 조(調)가 변하고 박(拍)이 흐트러져도 정통 민요인 것이냐? 반음이 없고 3박으로 된 것이면 우리 민요라고 할 수가 있다. 앞으로도 그런 곡이 나온다면 그것은 우리의 정통 민요에 합류될 것이다. 전혀 어려울 것이 없는 구별법이다. 과거에 우리나라 유행가들이 '왜색(倭色)'이라 하여 금지된 곡들이 있었다. 노래가 한 소절(小節)에 반음이 두 개씩 섞인 것이 왜색으로 배척받았던 것들이다. 그것들은 일본인들의 민요인 '엔까'를 닮았었다. 화학

***
2. 배달민족 : 배달민족은 중국의 섬서성에 있는 태백산에 국가제단(國家祭壇)인 신시(神市)를 두고 '배달'이라는 나라를 세웠다. 18세의 흐웅천왕들이 1565년을 통치하고, 단군왕검의 '조선' 나라에 제단을 대물림 한다. 47세의 단군왕검들이 다스린 조선은 2096년 동안 존속했다. 우리 민족의 개벽신화에는 천지가 음악으로 열렸고, 모든 생명들도 음악에서 알 까진 것으로 되어 있다. 실제로 고전 악기가 가장 많은 나라도 중국이 아니라 우리나라다.
배달나라 제5세 태우의(太虞儀) 흐웅천왕의 열두 번째 아드님이 태호복희씨다. 이분이 팔괘를 처음 그렸는데, 여와씨(女媧氏)가 다스리는 모계에 가서 비로소 부계를 가르쳤다. 중국문명의 시작은 태호복희씨로 시작해서 삼황오제가 계승한다. 삼황오제는 중앙정부인 신시의 명령을 받고 지방장관으로 나간 우리 조상들이다. 오음계도 당연히 우리가 가르친 것이다.

조미료가 뒤발이 된 듯해서, 우리들 정서에는 뒷맛이 눅눅하고 개운치
않다는 특징이 있다.

여기에 독립군 아리랑을 소개하고 아리랑 이야기는 끝내기로 하자.
이것은 여기 남한에서는 잘 알려지지 않은 노래인데, 정통 민요에 넣어
도 손색이 없기 때문이다. 먼저 후렴이다.

아리 아리랑 쓰리 쓰리랑 아라리요, 광복군 아리랑 불러나 보세'
'이조 왕 말년에 왜 난리 나서, 이천 만 동포들 살 길이 없네 / 아리 아
리랑 쓰리 쓰리랑 아라리요, 광복군 아리랑 불러나 보세 / 일어나 싸
우자 총칼을 메고, 일제 놈 쳐부숴 조국을 찾자. / 아리 아리랑 쓰리
쓰리랑 아라리요, 광복군 아리랑 불러나 보세 / 내 고향 산천아 너 잘
있거라, 이내몸 독립군 따라가노라. / 아리 아리랑 쓰리 쓰리랑 아라
리요, 광복군 아리랑 불러나 보… / 부모님 처자를 이별하고서, 왜놈
을 짓부셔 승리한 후에/ 아리 아리랑 쓰리 쓰리랑 아라리요, 광복군
아리랑 불러나… / 태극기 휘날려 만세 만만세, 승전고 울리며 돌아오
리라./ 아리 아리랑 쓰리 쓰리랑 아라리요, 광복군 아리랑 불러… / 우
리네 부모가 날 찾으시면, 광복군 갔다고 말 전해 주소./ 아리 아리랑
쓰리 쓰리랑 아라리요, 광복군 아리랑 불러… / 광풍이 불어요 광풍이
불어요, 이천만 가슴에 광풍이 불어요/ 아리 아리랑 쓰리 쓰리랑 아라
리요, 광복군 아리랑 불… / 바다에 두둥실 떠오는 배는, 광복군 싣고
서 오시는 배라/ 아리 아리랑 쓰리 쓰리랑 아라리요, 광복군 아리랑
불… / 동설령 고개서 북소리 나더니, 한양성 복판에 태극기 날려요/
아리 아리랑 쓰리 쓰리랑 아라리요, 광복군 아리랑 불 …….

음악에서 시작된 민족

혼히 서구 사람들은 인류의 시원을 그들이 믿는 성서에서 찾는다. 그
것은 기독교의 신 야훼가 천지를 창조했다는 설에서 유래한다. 그 신화
를 잠시 소개하고 넘어가자.

한 처음에 하나님께서 하늘과 땅을 지어내셨다. 땅은 아직 모양을
갖추지 않고 아무것도 생기지 않았는데, 어둠이 깊은 물위에 뒤덮여
있었고 그 물위에 하나님의 기운이 휘돌고 있었다. 하나님께서 "빛이
생겨라!" 하시자 빛이 생겨났다. 그 빛이 하나님 보기에 좋았다. 하나
님께서는 빛과 어둠을 나누시고, 빛을 낮이라 어둠을 밤이라 부르셨
다. 이렇게 첫날이 밤, 낮 하루가 지났다. 하나님께서 "물 한가운데 창
공이 생겨 물과 물 사이가 갈라져라." 하시자 그대로 되었다. 하나님
께서는 이렇게 창공을 만들어 창공 아래 있는 물과 창공위에 있는 물
을 갈라 놓으셨다. 하나님께서 그 창공을 하늘이라 부르셨다. 이렇게
이튿날도 밤,낮 하루가 지났다. 하나님께서 "하늘 아래 있는 물이 한

곳으로 모여, 마른 땅이 드러나거라." 하시자 그대로 되었다. 하나님께서는 마른 땅을 뭍이라, 물이 모인 곳을 바다라 부르셨다. 하나님께서 보시니 참 좋았다. 하나님께서 "땅에서 푸른 움이 돋아 나거라! 땅 위에 낟알을 내는 풀과 씨 있는 온갖 과일나무가 돋아나거라!" 하시자 그대로 되었다.…하나님께서는 '우리 모습을 닮은 사람을 만들자! 그래서 바다의 고기와 공중의 새, 또 집짐승과 모든 들짐승과 땅위를 기어 다니는 모든 길짐승을 다스리게 하자!' 하시고, 당신의 모습대로 사람을 지어 내셨다. 하나님의 모습대로 사람을 지어내시되 남자와 여자로 지어내시고, 하나님께서는 그들에게 복을 내려주시며 말씀 하셨다.…"이 동산에 있는 열매는 무엇이든지 마음대로 따 먹어라. 그러나 선과 악을 알게 하는 나무열매만은 따 먹지 말아라. 그것을 따먹는 날 너는 반드시 죽는다."

그러나 인간은 야훼의 경고를 무시하고 끝내 선악과를 따 먹는다. 그리고 에덴에서 추방된다. 추방후의 과보(果報)는 지독해서 인간은 죽도록 일을 해야 입에 풀칠을 할 수 있었고, 여자는 출산의 고통을 덤으로 받았다. 그렇게 힘들게 살다가 흙에서 나온 인간은 결국 흙으로 돌아가는 운명으로 정해진다. 허나 이 우화가 보여 주는 선악과의 열매는 인간에게 선택할 수 있는 자유의지가 있음을 상징적으로 시사한 것이다.

그리고 이 선택의 자유의지는 야훼로서도 다칠 수가 없는 절대의 성역이 된다. 아무리 인간이 옳지 않은 길을 선택할지라도 신은 차라리 울고 있을지언정 당신이 허락한 인간의 자유는 다칠 수 가 없는 것이다. 왜냐하면 인간의 선택의지 곧 그 자유를 지키는 것은 야훼 자신의 율법일 터이므로. 이 권리를 오늘의 우리는 휴머니즘이라 부른다. 그러나 우리의 신화는 기본가락이 다르다. 신과 인간을 굳이 둘로 나누지 않고 신과 인간이 한 구멍에서 나온 것으로 설명한다.

그 구멍은 말할 것도 없이 자연이다. 맹자가 어느 때 "만물 중에서 사람이 가장 크고, 사람 중에서는 왕이 크다. 왕보다 큰 것은 도덕이지만 그 도(道)보다 큰 것은 자연이다. 자연을 만물을 수용하고 만물을 거둔다."라고 말한 적이 있다. 이 말을 다시 풀이 한다면, 도를 포용해서 만물로 하여금 저절로 오고 저절로 가게하는 것이 자연이라는 말이다. 곧 만물로 하여금 저절로 감기고 저절로 풀리게 하는 숨결과 법칙이 있음을 말한 것이다. 그런데 우리의 신화에서는 이런 자연의 법칙이나 숨결을 엉뚱하게도 음악이라고 말한다. 그래서 하늘과 땅이 처음 생기는 것도 음악에서 비롯되었다고 말하는 것이다.

일찍이 나는 우리 민족의 단군신화를 역사적 사건으로 풀어낸 적이 있다. 아는 이들은 알겠지만, 『피야 피야 삼신피야』가 그런 책이다. 그런데 단군신화에는 개벽 부분이 마모되어 있다. 그 까닭을 나는 삼국유사 보다 140년을 앞서 나온 『삼국사기』가 문제라고 생각했다. 두루 아는 바와 같이 『삼국사기』는 민족의 혼이 될 만한 것은 모두 삭제를 했거나 거세를 시킨 기록이어서, 그 무렵 유교에 빠진 썩은 선비가 아니면 도저히 책으로 쳐 줄 수가 없는 것이다.

바야흐로 유교의 나라가 되려는 생각에 내 것은 모두 하찮고 시덥잖은 것으로 여기던 때였다. 그런 세월을 140년이나 지났으니 무엇 하나 옳은 것이 남아 있을 수 없는 시절이었던 데에 문제가 있었지 않을까? 『삼국유사』의 서론에서 소위 괴력난신(怪力亂神)을 말 못하게 한 유교의 코앞을 아슬아슬하게 빠져 나오는 옛 제왕들의 이야기를 두는 것도 바로 그런 연유에서다.

　대저 옛 성인이 바야흐로 그 예와 악(樂)으로 나라를 일으키는 데는, 인과 의로 가르침을 베푸나니, 곧 괴력난신이 아닌 바가 있으랴. 말씀이 그러하건대 제왕이 장차 일어날 때는, 부명(符命)에 응하고, 도록(圖籙)을 받음이, 반드시 다른 사람과 다름으로써 되는 것이다. 그런 후에 능히 대변을 승(乘)하고, 대기(大器)를 붙잡으며, 대업을 완성한다. 고로 하수에서 그림이 나오고, 락수에서 서(書)가 나와 그것으로 성인이 지음을 시작 함이다. 신모(神母)를 무지개가 휘감음에 복희가 탄생하고, 여등(女登)은 용과 교감하여 염제를 낳았다. 황여는 궁상(窮桑)의 들에서 놀 적에 신동이 있어 자칭 백제(白帝)의 아들이라 하더니 서로 통함에 소호가 태어났다. 간적은 알을 삼키고 설(契)을 낳았고, 강원은 발자국을 밟고 기(弃)를 낳았으며, 요는 14개월을 잉태 하고야 태어났다. 용이 대택(大澤)에서 교감하여 패공(沛公)을 낳은 것 등이 이로부터 내려오는 이야기다. 어찌 가히 다한 기록이랴. 그런 즉 삼국의 시조가 모두 신이함을 발함이 어찌 족히 괴이쩍은 것이며, 이 신이(神異)의 까닭이 모든 책에 흩어진 연유다. 이를 밝히는 뜻이 여기에 있음이다.

　『삼국유사』의 이 서문은 세상의 신이한 일에는 반드시 괴력난신이 있었음을 강변한다. 그러나 나는 천지개벽을 음악으로 시작한다는 이 신화에는 아무래도 당혹스러워 『삼국유사』를 다시 뒤적이면서 우리 민족의 음악적 소양을 거듭 확인해야 했다. 그러고나서야 나는 안심할 수가 있었다.

생각나는 대로 적어보면, 하늘에 두 개의 태양이 나타나자 도솔가(도率歌)를 불러서 일괴(日怪)를 물리친 일, 사천왕사의 중 월명은 달밤에 피리를 불었는데 달님이 피리소리에 취해서 하늘가에 붙박혀 있던 사단. 산길에서 떼강도를 만난 영명이라는 중은 그 경황에 노래를 불러 강도들을 감격시킨 일. 그것은 노래를 부른 사람만이 아니라 노래를 알아들은 사람도 음악에 깊은 조예가 없고는 안 될 일이다. 마누라 간통 현장을 잡고도 노래를 불러서 역신을 감동시킨 처용, 그리고 나라에 무슨 일이 생기면 천존고(天尊庫)에 있는 만파식적(萬波息笛)을 불어서 나라에 평화를 불렀다는 만파식적의 이야기는 우리 민족이 음악을 어떻게 이해하고 소화했다는 것을 단적으로 보여 주는 사례들이었다.

선천의 처음에는 햇볕만이 따뜻하게 내려 쪼일 뿐 아무것도 없었다. 오직 팔려(八呂)의 음이 하늘에서 들려오니 실달성과 허달성이 모두 이 음에서 나왔으며, 마고대성과 마고 또한 이 음에서 나왔다. 마고성은 지상에서 가장 높은 성으로 실달성 위에 허달성과 나란히 있었다. 이것이 짐세(朕世)다. 짐세 이전에 율려(律呂)가 몇 번 부활하여 별들이 출현하였다.

짐세가 몇 번 종말을 맞이할 때 마고는 희로의 감정이 없으므로 선천을 남자로 하고 후천을 여자로 하여 배우자가 없이 궁희(穹姬)와 소희(巢姬)를 낳았다. 마고는 궁희와 소희로 하여금 오음칠조의 음절을 맡아보게 하였다. 궁희와 소희 역시 선천과 후천의 정(精)을 받아 결혼하지 아니하고, 두 천인과 두 천녀를 낳았다. 합하여 네 천인과 네 천녀였다. 성중에서 지유(地乳)가 처음으로 나오니 궁희와 소희가 네 천인과 네 천녀에게 지유를 먹여 길러서, 네 천녀에게는 려(呂)를 네 천인에게는 율(律)을 맡아보게 하였다.

천부(天符)를 봉수(奉守)하여 선천을 계승할 때, 성중의 사방에 네 천인이 있어 제관(堤管)으로 음을 고르니, 첫째는 황궁씨(黃穹氏)요 둘째는 백소씨(白巢氏)요 셋째는 청궁씨(靑穹氏)요 넷째는 흑소씨(黑巢氏)다. 후천의 운이 열렸다. 율려가 다시 부활하여 음상을 이루니 성(聲)과 음(音)이 섞인 것이었다. 마고가 실달대성을 끌어당겨 천수(天水)의 지역에 떨어뜨리니, 실달대성의 기운이 상승하여 수운(水雲)의 위를 덮고, 실달의 몸체가 팽팽하게 열려 물 가운데 땅이 생겼다. 육해(陸海)가 병렬하고 산천이 넓게 뻗었다.

이에 천수의 지역이 변하여 육지가 되고 또 여러 차례 변하여 수성(水城)과 지계(地界)가 다 함께 상하가 바뀌며 돌므로, 비로소 역수가 시작되었다. 그러므로 기(氣) 화(火) 수(水) 토(土)가 서로 섞여 빛이 낮과 밤, 그리고 사계를 구분하고 초목과 짐승을 살찌게 길러내니, 모든 땅에 일이 많아졌다. …이때 본음을 관섭(管攝)하는 자가 비록 여덟 사람이었으나, 향상(響象)을 수증(修證)하는 자가 있지 않았기 때문에, 만물이 잠깐 사이에 태어났다가 잠깐 사이에 없어지며 조절이 되지 못하였다.

마고가 네 천인과 네 천녀에게 명하여 가랑이(酸脅)를 열어 출산하게 하니, 이에 네 천인이 네 천녀와 결혼하여 3남 3녀를 낳았다. 이가 지상에 처음으로 나타난 인간의 시조였다. 그 남녀가 결혼하여 몇 대를 지나는 사이에 족속이 불어나 각각 3천 사람이 되었다. …백소씨 족의 지소씨(支巢氏)가 여러 사람과 함께 젖을 마시려고 젖샘에 갔는데, 사람은 많고 샘은 작으므로 여러 사람에게 양보하고 자기는 마시지 못하였다. 이렇게 하기를 다섯 차례나 되었다. 돌아와 곧 소(巢)에 오르니 배가 고파 어지러워 쓸어졌다. 귀에서는 희미한 소리가 들렸다.

그리하여 오미(五味)를 맛보니 바로 소(巢)의 난간에 걸린 포도였다. 일어나 펄쩍 뛰었다. 그 독력(毒力)의 피해 때문이었다. 곧 소의 난간에서 내려와 걸으면서 노래하기를,

"크고도 넓어라 천지여

우쩍우쩍 솟는 이 기분은 어디서 오는가

산이라도 잡아 메칠 듯 기운이 넘친다

그러나 하늘이 불어넣은 참 노릇은 아니로다

이것은 포도의 힘이겠지."

하였다. 모든 사람들이 다 지소씨의 말을 의심하였다. 지소씨가 '참으로 좋다'고 하므로, 여러 사람이 신기하게 생각하고 포도를 먹었다. 과연 그의 말과 같았다. 이에 제족이 포도를 많이 먹었다.

백소씨의 사람들이 듣고 크게 놀라 수찰(守察)을 금지하니, 이는 또 금지하지 아니하되 스스로 금지하는 자재율을 파기하는 것이었다. 이 때에 열매를 먹는 습관과 수찰을 금지하는 법이 시작되니, 마고가 성문을 닫고 수운의 위에 덮여있는 실달대성의 기운을 거두어버렸다. 열매를 먹고사는 사람들은 모두 이가 생겼으며, 그 침은 뱀의 독과 같이 되어버렸다. …이에 여러 사람들이 원망하고 타박하니 지

소씨가 크게 부끄러워 얼굴이 붉어져서 권속을 이끌고 성을 나가 멀리 숨어버렸다. 또 포도의 열매를 먹은 자와 수찰을 아니한 자도 모두 성을 나가 이곳저곳으로 흩어져 가니 황궁씨가 그들의 정상을 불쌍히 여겨 고별하여 말했다. '여러분의 미혹함이 너무 커서 성상(性相)이 변한고로 어쩔 수 없이 성중에서 같이 살 수가 없이 되었소. 그러나 스스로 수중하기를 열심히 하여 미혹함을 깨끗이 씻어 남김이 없으면, 자연히 복본(復本: 天性을 되찾음)'을 할 것이니 노력하고 노력하시오.

더구나 성을 떠난 사람들 가운데 잘못을 뉘우친 사람들이 성 밖에 이르러 직접 복본을 하려고 하니, 이는 복본에 때가 있는 줄을 모르는 까닭이었다. 곧 젖샘을 얻고자 하여 성곽의 밑을 파 헤치니 성터(城址)가 파손되어 샘의 근원이 사방으로 흘러 내렸다. 그러나 곧 단단한 흙으로 변하여 마실 수가 없었다. 그러한 까닭으로 성안에 마침내 젖이 마르니, 모든 사람들이 풀과 과일을 다투어 취함으로 혼탁이 지극하여, 청정(淸淨)을 보전하기가 어렵게 되었다.

황궁씨가 모든 사람 가운데 어른이었으므로, 곧 백모(白茅)의 풀을 묶어 마고의 앞에 사죄하여, 오미의 책임을 스스로 짊어지고 복본할 것을 서약하였다. 물러나와 제족에게 고하였다.

"오미의 재앙이 거꾸로 밀려오니 이는 성을 나간 사람들이 이도(理道)를 알지 못하고 다만 혹량(惑量)이 불어났기 때문이다. 청정은 이미 없어지고 대성이 장차 위험하게 되었으니 앞으로 이를 어쩔 것인가."

이때에 천인들이 분거하기로 뜻을 정하고, 대성을 안정하게 보전하자고 함으로, 황궁씨가 천부(天符)를 신표로 나누어 주고, 칡을 캐서 식량을 만드는 법을 가르쳐 사방에 분거할 것을 명령 하였다. 이에 청궁씨는 권속을 이끌고 동쪽사이의 문은 나가 운해주(雲海洲)로 가고, 백소씨는 권속을 이끌고 서쪽사이의 문을 나가 월식주(月息洲)로 가고, 흑소씨는 권속을 이끌고 남쪽사이의 문을 나가 성생주(星生洲)로 가고, 황궁씨는 권속을 이끌고 북쪽사이의 문을 나가 천산주(天山洲)로 가니, 천산주는 매우 춥고 매우 위험한 땅이었다. 이는 황궁씨가 스스로 험난한 곳으로 나아가 고통을 참아서 본성을 회복코자 하는 맹세였다.

…황궁씨가 천산주에 도착하여 해혹(解惑)하여 복본할 것을 서약하고 무리에게 수증하는 일에 힘쓰도록 고하였다. 곧 장자 유인씨(有因氏)에게 명하여 인세(人世)의 일을 밝히게 하고, 차자와 삼자로 하여금 모든 주를 순행케 하였다. 황궁씨가 곧 천산에 들어가 돌이 되어 길게 조음(調音)을 울려 인세의 혹량을 남김없이 없앨 것을 도모하고, 기어이 대성회복의 서약을 성취하였다. …유인씨가 천 년이 지나고 나서 아들 흔인씨(桓因氏)에게 천부를 전하고, 산으로 들어가 계불(禊祓: 수증복본의 제사)을 전수하며 나오지 아니 하였다. …이는 삼세(三世)가 수증하기 3천 년에 그 공력이 다하지 않을 만큼 넉넉했기 때문이다.

『부도지』는 신라 초기 제 18대 눌지마립간(訥祇麻立干) 때의 사람이었던 박제상(朴堤上)이 삽량주(揷良州)의 칸(干)으로 있을 때 저술한 책이다. 당연히 배달 역사서로서는 가장 오래 된 책으로 그 가치는『삼국유사』를 훨씬 넘어선다 할 수 있다. 『삼국유사』에 없는 천지개벽이 들어 있고, 파미르고원에서 시작된 민족의 시원은, 그 후 천산산맥과 알타이산맥을 넘어 바이칼에 이르는 과정을 소개한다. 거기서 흔국(桓國)을 세운 7세의 흔님들은 동서로 2만여 리요, 남북이 5만 리에 이르는 거대한 제국을 거느리는데, 현재 인류가 먹고 사는 문명은 일찍이 바이칼로부터 나온 것이다.

그럼에도 『부도지』는 많은 아쉬움을 간직하고 있으니, 그것은 『징심록(澄心錄)』 15지(誌) 중에 제1지에 해당하는 책이어서, 전체 15지를 대표하고 있을 뿐 여러 가지 아쉬움이 남는다. 고쳐서 말하면 『부도지』는 『징심록』 15지를 대표하는 서론에 불과한 책이기 때문에 『음신지(音信誌)』, 『역시지(曆時誌)』, 『천웅지(天雄誌)』, 『성신지(星辰誌)』 같은 책에 실려 있는 내용을 다 보여 주지 못하고, 극히 피상적인 내용만 서술하고만 데 대한 아쉬움이 있다는 말이다.

그러나 이 『부도지』에 나오는 내용을 날줄 삼고, 『흔단고기』에 나오는 신화와 여러 내용을 씨줄로 삼아서 우리 민족의 역사를 개관하게 되면, 바이칼 문명을 창시한 조상들의 슬기와 어진 심성이 속속 드러나게 된다. 이것은 곧 백두산민족의 정체성으로 자리매김이 되는 것이다. 비록 한반도 안에 올챙이로 갇힌 꼴로 살고는 있지만 우리가 불사신의 자손임을 여실하게 증명한다는 이야기다.

위에 든 예문에서 부도지에 나오는 신화를 비교적 상세하게 소개한 셈이다. 음악으로 천지를 개벽했다는 것과 함께 지유를 먹고 살던 최초의 인류가, 오미의 재앙을 만나 마고성을 떠나게 된 연유며, 황궁씨의 자손인 천산산맥으로 가닥을 잡고 나와서 바이칼에 닿는 동안에 무슨 무슨 일들이 일어났는지를 대충 설명하였다. 앞에서도 잠시 언급되었지만, 파미르고원을 떠난 우리 민족은 천산산맥을 타고 넘으면서 험난한 산길여행이 시작된다. 다시 말하지만 산은 생명의 풀무간이다. 어떤 낡은 쇠도 풀무간에만 들어가면 멀쩡하게 새 것이 되어 나오듯이, 산은 인간의 생명을 거듭나게 만드는 인간정신의 풀무간이다.

그런데 우리는 그 산에서 산으로 이동하는 사이에 산마다 다른 산의 기운이 민족의 심장에 배어들고 머릿속에 산의 정기가 흘러 넘쳐서, 죽을래야 죽을 수도 없는 불사신의 자손으로 태어난 것이다. 그리하여 아시아의 동쪽 물가에 새우둥으로 꼬부려 붙은 반도에 갇힌 올챙이 꼴로 비록 갇혀 있지만, 불사신의 자손들이기 때문에 우리를 둘러싼 열강들의 틈새에서도 죽지 않고 살아남아서 오늘을 살고 있는 중이다.

이 신화를 곱씹어서 역사적 사건으로 만들어 보자. 마고성을 떠나게 된 단서는 포도를 먹은 사건에서 유래한다. 이것을 오미의 재앙으로 말했다. 오미의 재앙이 터지자 이어 생기는 사단은 수찰(守察)을 금지하는 사건으로 연결된다. 여기서 말하는 수찰은 '금지하지 아니하되 스스로 금지하는 자재율'을 파기한 것이다. 이것은 사람의 천성이 순수하지 못하고 타락으로 이어졌다는 말이다. 또 포도를 먹은 사람들은 모두 이가 생겼으며, 그 침은 뱀의 독과 같이 되어버렸다.

여기서 생각해보자. 포도를 먹은 사건은 사실은 필연적으로 오고야 말 인간의 운명이다. 언제까지 인간은 어머니 젖무덤에 기댈 수는 없다. 마침내 이유식을 하게 되어있는 것이다. 또 인간의 심성이 가장 순수할 때는 어머니의 젖을 먹고 살던 때라는 것도 우리가 아는 일이다. 여기서 포도를 처음 먹은 인간의 입에서 나오는 놀라운 경험은 그래서 아직 아무의 경험에도 들어있지 않은 몹시 경이적인 것으로 나타난다. 이것은 이유식을 마친 선험자의 것이다. 그리고 드디어 마침내 모든 사람이 이유식을 하게 되는 것은 황궁씨가 백모의 풀을 엮어 마고 앞에 사죄하는 것으로 나타난다.

그러나 사실을 말한다면 이제 더 이상 쓸모가 없게 된 마고의 젖무덤을 흰 띠풀의 부적으로 밀봉해 버렸다고 볼 대목이다. 그러자 마고대신도 성문을 닫고 수운의 위에 덮여 있는 실달의 기운을 거두는 것이다. 그런 후에 그들은 각자가 살 길을 찾아 나선다. 각자 헤어지기 전에 황궁씨기 천부의 신표를 나누어서 제족에게 나누어 주는 것은 세월이 흐른 후에도 신표를 증거삼아서 한 뿌리의 자손임을 알게 하려는 생각에서 나온 짓이다.

그 후 황궁씨는 천산을 건너는 도중에 돌이 되어 길게 조음을 울려서 인세의 혹량을 없애고, 그 아들 유인씨는 흔인씨에게 천부를 전한 다음, 산으로 들어가 계불을 전수하고는 세상에 나오지 않는다. 이렇게 황궁씨와 유인씨는 자손의 수중복본에 스스로 밑거름이 되어 할 일을 다하는 것이다. 흔인씨는 바이칼에 닿아서 동서가 2만여 리, 남북이 5만 리나 되는 거대한 흔국을 세우게 된다. 순전히 산에서 산을 타고 살아온 사람들의 자손은 이렇게 해서 바이칼을 떠날 때까지 우선 안착을 하는 것이다.

이 불사신의 자손들이 가진 특성은 세계의 어느 민족에게서도 만나지 못하는 창조적인 특질이 있다는 점이다. 이 창조의 특질이 중원대륙을 먹여 살리는 정신적 지주 노릇을 하게 하게 했다. 이른 바 중국문명의 비조로 꼽히는 삼황오제가 바로 우리 민족의 자손인 것이다. 태호복희씨·염제신농씨·황제헌원씨의 삼황이 중원의 문명을 처음으로 일으킨 어른들이요, 소호금천씨·전욱고양씨·제곡고신씨·제요도당씨·제순유우씨는 삼황이 일으킨 문명을 계승하고 발전시킨 이들이다.

그런데 산에서 산으로 수만 년 혹은 수십 만 년을 정착하지 못하고 떠돌이로 살아온 사람들은 언제나 새로운 상황에 적응하면서 살아온 탓에, 그 눈빛이 한 곳에 정착할 줄 모르고 늘 새 환경을 찾아 두리번거리다가 뜻밖에도 유행에 민감한 성향으로 나타난 것이 흠이다. 오늘 조선민족만큼 유행에 민감한 민족이 다시 없다는 것이 그것을 역설적(力說的)으로 대변한다고 할 때 이 의견에 반대할 사람은 아마도 없을 것이다.

또 하나-. 음악에 천부적인 소질을 가지고 태어난 민족은 산에서 산으로 이동하는 사이 민족의 노래를 탄생시켰을 것이라는 생각이 가능해진다. 그것이 혹 아리랑은 아니었을까? 산마다 다른 그 산들의 특정한 느낌들을 하나로 뭉뚱그려서 가락을 만들었다면, 그리고 그것이 근원의 뿌리를 모를 만큼 깊은 곳에서 생겨난 것이라면, 오늘 우리가 부르는 아리랑이 되었을 것이라는 상상은 훨씬 자연스럽게 가능해진다.

장승과 벅수
그리고 홍익인간

천하대장군과 지하여장군으로 불리는 장승이 있다. 지금은 많이 없어졌지만, 복고적인 바람을 타고 슬슬 살아나는 동구에 서 있던 장승은 도깨비 얼굴을 했는데도 이상한 친근감으로 다가서는 별스런 물건이다. 그것이 꼭 마을의 수호신이란 명칭 때문에 친근하게 다가서는 것일까? 그럴 수도 있다. 그러나 그뿐이라면 오히려 무서운 힘을 가진 존재이기 때문에 그 힘 자체가 생긴 본새 하며, 오히려 겁을 먹을 수도 있을 일이다. 그러나 장승에 겁을 내는 사람이 없었던 탓에 열심히 만들어지고 마을 입구에 세워지는 것이다. 까닭이 뭘까?

우리 할아버지들이 태어나기 전서부터 장승은 있었고, 그 조상들은 장승에 의지해서 원시적 살림을 시작했다면, 우리들은 얼마나 놀라야 될까? 그러나 사실이다. 장승은 역사가 열리기 이전에 이미 제 소임을 부여 받고, 하늘과 땅을 나누어서 제 몫의 통치를 시작한 것으로 되어 있다. 거기에 인간의 살림이 끼어든 것이다. 그냥 끼어든 것이 아니라,

거기에 매달리고 빌면서 인간의 건강과 복을 보장해달라고 보채면서
사뭇 통사정으로 끼어들었다. 그래서 흉측한 그 얼굴이 무섭지 않고 정
답게 다가서는 것이다.

『태백일사』의 「삼신오제본기(三神五帝本紀)」에 장승의 사명(司命)
과 근본이 있다. 이제 그 부분을 빌려다 보자.

표훈천사(表訓天詞)에서 말한다.

대시(大始)에 위아래 사방은 일찍이 아직 암흑으로 덮여 보이지 않
더니, 옛것은 가고 지금은 오니 오직 한 빛이 있어 밝더라. 상계(上界)
로부터 문득 삼신(三神)이 계셨으니 곧 한 분의 상제(上帝)시라. 주체
(主體)는 일신(一神)이니 신이 각각 따로 있음이 아니나, 쓰임은 곧 삼
신이시라. 삼신은 만물을 이끌어 내시고 전 세계를 통치하실 가늠할
수 없는 크나큰 능력을 가지셨더라. 그 형체를 나타내지 않으시고 최
상의 꼭대기의 하늘에 앉아 계시니, 계신 곳은 천만억토(千萬億土)요,
항상 크게 광명을 발하시고, 크게 신묘함을 나타내시며, 길한 상서(祥
瑞)를 내리시더라. 숨을 불어 만물을 만드시고, 열을 뿜어내어 만물의
종자를 키우시며, 신묘하게 행하시어 세상일을 다스리시니라.

아직 기(氣) 있기 전에 먼저 물을 낳게 하여, 태수(太水)로 하여금
북방에 있으면서 사명(司命)으로써 검은 색을 관장케 하시고, 아직 기
(機) 있기 전에 먼저 불을 낳게 하여 태화(太火)로 하여금 남방에 있으
면서 사명으로 붉은 색을 관장케 하시고, 아직 질(質)도 있기 전에 먼
저 나무를 낳으시더니, 태목(太木)으로 하여금 동방에 있으면서 사명
으로써 푸른색을 관장케 하시고, 아직 형(形) 있기 전에 먼저 금(金)을

낳아 태금(太金)으로 하여금 서방에 있으면서 흰색을 관장케 하시고, 아직 체(體)도 있기 전에, 먼저 흙을 낳더니, 태토(太土)로 하여금 중앙에 있으면서 노란색을 관장케 하니라.

이에 하늘 아래 두루 있으면서, 오제(五帝)의 사명(司命)을 주관하는 바, 이를 천하대장군(天下大將軍)이라 한다. 지하에 두루 있으면서 오령(五靈)의 이름을 주관하는 바, 이를 지하여장군(地下女將軍)이라 한다.

그러니까 천하대장군과 지하여장군은 운명적으로 삼신의 지휘를 받는다. 그러나 그들이 맡은 사명은 실로 큰 것이다. 풀어서 말하면 오령(五靈)은 동·서·남·북과 중앙의 방위에 나누어 서서, 청(靑)·백(白)·적(赤)·흑(黑)·황(黃)의 색채를 맡는 것으로 되어 있다. 그러나 그 색채들이 서로 나누어 갖는 직분은 간단한 것이 아니다. 다음 글장을 보자.

생각건대 저 삼신을 천일(天一)이라 하고, 지일(地一)이라 하고, 태일(太一)이라 한다. 천일은 조화(造化)를 주관하고, 지일은 교화(敎化)를 주관하고, 태일은 치화(治化)를 주관하느니라.
생각건대 오제(五帝)는 흑제(黑帝) 적제(赤帝) 청제(靑帝) 백제(白帝) 황제(黃帝)를 말하나니, 흑제는 생명이 다 함을 주관하고(肅殺), 적제는 빛과 열을 주관하고(光熱), 청제는 낳고 기름을 주관하고(生養), 백제는 성숙(成熟)을 주관하고, 황제는 넉넉하게 고름(和調)을 주관한다.
또 생각건대 오령(五靈)은 태수(太水) 태화(太火) 태목(太木) 태금

(太金) 태토(太土)라 하나니, 태수는 영화롭고 윤택하게 하며(榮潤),
태화는 녹이고 익히며(鎔煎), 태목은 경영하고 쌓아두며(營築), 태금
은 재량하여 자르며(裁斷), 태토는 씨 뿌려서 기름을 주관한다(稼種).

이에 삼신은 곧 오제를 감독하고 명령하사, 각각 넓혀서 나타나도
록 하며, 오령으로 하여금 보전하여 완성하게 하도다.

먼저 삼신이 하는 일이 있다. 천일(天一)은 조화(造化)를 주관한다고
했다. '숨을 불어 만물을 만드는 것'이 조화다. 그게 천일(天一), 곧 하늘
의 일이다. 지일(地一)은 교화(教化)를 주관한다 했으니, 하늘 숨결로 만
들어진 것들을 이번에는 땅의 숨결로 '열을 뿜어내어 만물의 종자를 키
우는 것'이다. 그게 땅의 하는 일이다. 그러니까 생겨난 물건들을 착실
하게 키워내는 것은 땅의 직분이라는 말이다. 태일(太一)의 치화(治化)
는 '신묘하게 행하시어 세상일을 다스림'이다. 어떻게 다스리는가. '오
제(五帝)를 감독하고 명령하사 각각 넓혀서 나타나도록 하며, 오령(五
靈)으로 하여금 보전하여 완성케 하는' 것이 실은 태일의 몫이다. 그것
을 치화(治化)로 말했다.

그러나 삼신은 사실상 하나다. 본문에서 오해가 없도록 확실하게 말
했지 않은가. "삼신은 한 분의 상제(上帝)"라고. 그리고 연이어서 "주체
는 일신(一神)이니, 각각 신이 따로 있음이 아니라, 쓰임이 곧 삼신(三神)
이라"고. 이 말을 다시 한다면 체(體)는 하나로되, 쓰는 용(用)이 셋이라
는 것이다.

이 삼신의 덕화(德化)중에서 만물에게 질서를 가르치고, 권능을 직접
행사하는 것이 무엇이라고 생각하는가. 태일의 치화(治化)다. 하늘의

조화나 땅의 교화가 다 같이 무겁고 큰 것이지만, 통솔하는 질서가 삐끗하는 날에는 모처럼의 기회가 흐트러져서, 생명들이 여지없이 무너질 것이다. 부딪히고 서로 침범하고 엉망이 될 것이다. 그러나 그럴 염려는 없다. 천하대장군(天下大將軍)을 시켜 오제(五帝)를 감독하고 명령하여 각각 넓혀서 나타나게 하고, 지하여장군(地下女將軍)으로 하여금 오령(五靈)을 감독해서 보전하고 완성하게 해두었기 때문이다.

이렇게 삼신이 뭇생명을 하늘 숨을 불어넣어서 일으키고, 그 종자가 끊어지지 않도록 간수해서, 태일의 치화에 붙여두는 것이 무슨 까닭인가. 쉬운 말로 하면 하늘이 생명을 일으켜서, 땅으로 하여금 잘 기르게 해서, 사람의 손에 뭇 생명을 경영하도록 맡긴 까닭이 무엇인가 함이다. 사람은 이 질문 앞에서 엄숙하게 사람의 직분을 통감하고 깨우쳐야 한다. 그것이 사람의 자격(資格)이요 자존(自尊)이다. 사람의 직분은 바로 홍익인세(弘益人世)를 위해 마련 된 것이다. 흔히 홍익인간(弘益人間)으로 쓰는 말이다.

그러니까 홍익인간이나 홍익인세는 사람이 삼라만상(森羅萬象)의 중심에 서서 재주껏 만물을 통솔해가라고, 하늘과 땅이 중차대(重且大)한 직분을 맡겼다는 말이다. 홍익인간을 흔히 '인간을 홍익케 한다'는 좁은 의미로 해석하고 만족해하지만, 바보들이나 그렇게 생각하고 그렇게 받아들인다. 그렇다면 왜 하필 사람이 만물의 중심에 서야 하는가.

제자리에 서서 움직이지 못하는 초목은 뿌리가 머리에 해당한다. 얼른 말해서 거꾸로 자라는 물건이다. 하늘이 숨을 불어 넣어 초목을 만들 때 오직 땅의 기운을 먹고 자라게 했기 때문에, 하늘의 광명을 제대로 받아들이지를 못한다. 또 짐승은 머리와 꼬리가 수평으로 가지런히 놓이는 것이라, 꼬리를 끌고 이리저리 다녀도 기껏 저 한몸 살기에 바쁜 물건이지 옆의 것과 함께 산다는 큰 생각을 애초에 할 수가 없다. 그러나 사람은 대지에 두 발을 디디고 허리를 곧추세워서 정수리로 하늘을 떠인다. 어린아이 정수리가 여물지 않고 벌떡거리는 것은 정수리로 하늘 숨을 쉬고 있다는 증거다. 그래서 사람은 천지를 한몸으로 생각하는 큰 아량이 있는 것이고, 삼라만상이 하늘의 숨결로 태어났다는 것을 알기 때문에, 함께 화합하면서 같은 '생명의 길'을 가려는 배포가 준비되는 것이다.

이제 홍익인세를 어떻게 해 가자는 것인지 「삼신오제본기」의 원문으로 다시 돌아가보자.

'이에 하늘 아래 두루 있으면서, 오제(五帝)의 사명(司命)을 주관하는 바, 이를 천하대장군(天下大將軍)이라 한다.'
'지하에 두루 있으면서 오령(五靈)의 이룸(成效)을 주관하는 바, 이를 지하여장군(地下女將軍)이라 한다.'
'이에 삼신은 오제를 감독하고 명령하사, 각각 넓혀서 나타나도록 하며, 오령으로 하여금 보전하여 완성하게 하도다.'

그렇다면 삼신은 오제를 주관하는 '천하대장군'을 틀어쥐고, 다시 '지하여장군'을 감시하여 오령으로 하여금 각자의 맡은 바 임무를 이루게 하면, 이른 바 홍익인세는 저절로 이루어질 것이다. 이렇게 되면 이제 수면으로 떠올릴 것은 오령과 오제의 맡은 바 직분이다. 먼저 오제부터 보자.

북방의 흑제(黑帝)는 숙살(肅殺)을 주관한다. 이것은 겨울이 일체의 생명을 어떻게 하는가를 가리키어 말한 것이다. 남방의 적제(赤帝)는 광열(光熱)을 주관한다. 생명을 한껏 열어젖히는 여름은 적제의 직분에서 빚어지는 결과다. 동방의 청제(靑帝)는 생양(生養)이 직무다. 봄은 생명을 낳고 기른다. 서방의 백제(白帝)는 성숙(成熟)을 주관한다. 가을은 생명이 성숙하는 계절이니까. 마지막으로 중앙의 황제(黃帝)는 화조(和調)다. 조화(調和)를 뒤집은 것이지만 의미는 비슷하다. 이것은 뒤에 오령(五靈)의 책무를 보면 왜 글자를 바꾸었는지 자명해진다.

이제 오령을 보자. 검은 색을 관장하는 북방의 태수(太水)는 생명을 영화롭고(榮) 윤택하게(潤) 한다고 했다. 왜 겨울을 숙살이라 해놓고 여기서는 반대되는 이야기를 했는가. 그러나 틀리지 않았다. 겨울이 생명을 숙살하는 것은 맞지만, 동시에 생명의 호흡을 깊이 간수하여, 오는 봄을 준비하는 계절이기도 하다. 태수(太水)의 '太'는 처음이란 뜻이다. 일체의 생명은 물에서 시작된다. 겨울의 나무가 깊은 동면에 들어서 제 생명을 어떻게 갈무리하는가를 생각해보라. 이런 통찰의 혜안이 서양인에게는 없다. 동양의 주역에 이런 논리가 풍성하지만, 주역은 우리 배달나라의 태호복희씨(太昊伏羲氏)에게서 나온 것이다.

붉은색을 맡은 남방의 태화(太火)는 녹이고(鎔) 익힌다(煎). 여름 태양은 사뭇 불볕이어서 덕분에 생명들이 맘껏 자라고 성장한다. 이 대목의 오령과 오제는 서로의 직분이 잘 맞아서 설명이 필요 없다. 푸른색을 관장하는 동방의 태목(太木)도 경영하고(營) 얽어 쌓는다(築) 했으니, 오제의 낳고(生) 기르고(養)와 얼추 같은 맥락이다. 흰색의 서방 태금(太金)은 재단하여(裁) 자른다(斷) 했다. 이 또한 서방 백제(白帝)가 생명을 성숙시킨다는 것과 한 짝을 이룬다. 누른색을 맡은 중앙의 태토(太土)

도 황제의 직분에 맞아 떨어진다. 황제는 화조(和調)하는 것이 책무다. 그런데 태토는 길러내고(稼) 심는 것(種)이 맡은 바 임무다. 길러내는 데는 서로 부딪히지 않는 지혜 곧 화합이 필요하다. 심는 씨앗은 어느 한쪽에 치우치지 않도록 여러 가지 씨앗을 동서남북에다 골고루 뿌려야 한다. 이래서 種과 調가 직무상으로 호흡이 맞추어지는 것이다.

천하대장군은 동서남북의 오제를 감독하고, 지하여장군은 오령을 감시해서 오제와 오령이 모두 제 직분을 다하게 한다. 치화(治化)를 담당하는 태일(太一)은 꼭대기에 서서 천하대장군과 지하여장군을 내려다만 보고 있으면, 생명의 세계는 저절로 감기고 저절로 풀려서 홍익인세가 되는 것이다. 이렇게 해서 생명의 살림이 전혀 급하거나 헐떡거리지 않고 그야말로 무위(無爲)하게 돌면서 봄, 여름, 가을, 겨울이 저절로 이루어진다.

그러면 장승이나 세우고 검줄(神索)이나 늘이며, 그것에 힘을 실어주는 무당굿이나 하면, 홍익인세는 저절로 되는 것이냐? 그러니까 정치도 없고, 관료나 제도(制度)도 없어서, 사람마다 그저 팔짱끼고 뒷짐저서 어슬렁거리면 무위이치(無爲而治)가 그냥 따라오는 것이냐? 그렇게 생각하는 사람이 없기를 바란다. 사람의 사회인데 어떻게 정치가 없고, 제도를 정비하는 관리가 어찌 없겠는가. 단군조선에는 팔조금법(八條禁法)이 있었고, 신시에는 오사(五事)가 있었으며, 흰국(桓國)에 오훈(五訓)이 있었다.

제정일치(祭政一致)의 시절이니까, 오늘처럼 복잡하고 다단한 정치 기구는 필요하지가 않았을 터이다. 그저 제사장이란 사람이 군주인 임검까지 겸했다면, 제사를 지낸 제단에서 세우는 단순하고 소박한 몇 마디 말씀이 그대로 국가법령이 되었을 것이다. 흔히 알고 있는 단군의 개국신화에도 하늘에서 내려온 흔웅천왕(桓雄天王)이 구름의 신(雲師), 바람의 신(風伯), 비의 신(雨師)과 함께 왔다고 되어 있다. 이것은 농경의 조건을 갖춘 전문직 관료가 이미 있었음을 시사한다.

그 신시의 오사는 흔국의 오훈에 비해서 질(質)이 떨어진다고 할까? '오훈'과 '오사' 그리고 '팔조금법'을 차례대로 살펴보자. 먼저 흔국(桓國)의 오훈이다.

一曰 誠信不僞 : 성실하고 믿음으로써 거짓이 없을 것.

二曰 敬勤不怠 : 공경하고 근면하여 게으르지 말 것.

三曰 孝順不違 : 효도하고 순종할 것.

四曰 廉義不淫 : 염치와 의리를 알아서 음란하지 않을 것.

五曰 謙和不鬪 : 화목하여 다투지 말 것.

다음은 신시(神市)의 '오사(五事)', 곧 붉달나라(倍達國)의 율법(律法)이다.

一曰 牛加主穀 : 우가는 곡식을 주관한다.

二曰 馬加主命 : 마가는 명분(命分)을 주관한다.

三曰 狗加主刑 : 구가는 형벌을 주관한다.

四曰 豬加主病 : 저가는 병을 주관한다.

五曰 羊加主善惡 : 양가는 선악을 주관한다.

단군조선의 여덟 가지 금지법(禁八條)은 이렇다.

一曰 相互殺卽報殺 : 서로 죽이면 당시에 죽여서 갚는다.

二曰 相互傷報穀 : 서로 상하면 곡식으로 갚는다.

三曰 相互賊 奪財男奴女婢 : 서로 도둑질 하면 재물을 빼앗고, 남자는 그 집에 종(奴)이 되어야 하며 여자도 종(婢)으로 삼는다.

四曰 毁損蘇塗者禁錮 : 수두를 훼손한 자는 잡아서 감옥에 가둔다.

五曰 毁禮者軍役 : 예의를 무시하면 군대에 복역 시킨다.

六曰 懶怠者負役 : 게으른 자는 국가 부역에 징발한다.

七曰 邪淫者笞刑 : 남의 여자와 음행하면 매를 때려서 징치(懲治)한다.

八曰 詐欺者訓放或贖罪卽免然公表 : 속이는 자는 훈방하지만, 혹시 속죄를 할 경우에는 죄를 사해 준다. 그러나 공개는 한다.

이상이 흔국의 오훈(五訓)에서, 신시 붉달나라의 오가(五加)를 지나, 단군조선의 팔조금법(禁八條)에 닿는 과정이다. 찬찬히 여겨보면 흔국의 오훈은 가르침의 내용이, 사람마다의 천성(天性)들이 지순(至純)해서 착하다는 것을 전제하고, 본래의 선에서 일탈(逸脱)하지 말 것을 촉구하고 있다. 그리고 순위를 정하여 하늘과 땅에 대한 자세와 태도가 어떠해야 한다는 것을 말한 다음, 부모와 가까운 이웃과 사회 전체에 대한 책임을 어떻게 해야 한다는 순서로 말한 것이다.

맨 처음에 "성실과 믿음을 강조하고 그것에 대하여 거짓이 없어야 한다."는 것은 하늘과 마주서는 마음의 태도를 말한 것이다. 언제 어디서나 추호의 부끄러움이 없이 당당하게 마주 설 것을 요구하고 있다. 두 번째로 "공경하고 근면하여 게을리 말 것"을 말함은 땅을 대하는 태도다. 사람의 기업은 어차피 땅에서 나는 것으로 충당하고 해결할 수밖에 없다. 그 땅을 행여 공경심을 잃고 대할까 싶어, 부디 해이된 자세로 생각없이 땅을 디디지 말라고 당부하고 있다. 세 번째는 나를 낳고 길러준 부모에 대한 자식으로서의 태도다. 그래서 효도와 순종을 가르치고 있다. 네 번째는 가까운 친구와 이웃 간의 자세다. 염치나 의리를 잃지 않는 것은 가까운 사람들이 항상 챙기고 잊어버리지 않음으로써 그 관계가 더욱 도타울 수가 있다. 다섯 번째는 마을 전체와 사회에 대한 자세의 가르침이다. 무엇보다 겸손해야 한다. 고개를 먼저 숙이는 겸양(謙讓)은 사람 사이의 아름다운 규범이다. 그렇게 되면 사회는 저절로 화합이 이루어지고 다툼은 멀어질 것이다. 세 번째부터는 후세의 공자가 선비의 행할 바 유교(儒敎)를 말하고 여러 기강을 세우는 데 필요한 〈삼강오륜(三綱五倫)〉, 오륜의 모태가 된다. 그러나 그런 이야기는 그때를 당해서 하자. 신시의 오가는 사람을 개인적으로 상대하여 가르치지 않는다. 그런 것은 이제 사람들이 새삼스럽게 꺼낼 문제가 아니다. 그만큼 개인이 도덕적으로 성숙해진 것이다. 대신 국가를 움직여 가는 전문 장관이라 할까? 그 사람들의 직무가 나온다.

소, 말, 개, 돼지, 양의 이름이 그 시절 벼슬 이름에 쓰이고 있다. 지금 우리가 윷판에서 쓰는 이름들이다. 왜일까? 붉달나라 살림살이는 목축(牧畜)과 농경을 겸했다. 다시 말하면 짐승을 잡아다가 우리 안에 가두고 길을 들여서 필요할 때 꺼내 쓰던 시절이다. 우사(雨師)라는 직책이 그 일을 맡고 있었다. 팔괘를 그렸다는 복희씨[1]도 붉달나라의 정부, 곧

***

1. 복희씨 : 제5세 태우의(太虞儀) 흐응천왕의 열두 번째 아들이다. 장자인 다의발(多義發)은 제6세 흐응천왕이 되었고, 막내인 그는 진(陳)나라에 제후로 봉해진다. 그가 신시에서 우사(宇師)를 살았다.

신시(神市)[*2]에서 우사 벼슬을 한 적이 있다. 우리의 윷판은 도(豬)가 한 발, 개(狗)가 두 발, 걸(羊)이 세 발, 소(牛)가 네 발, 말(馬)이 다섯 발으로 되어 있다. 그런데 여기 오사(五事)에서는 순위가 흐트러져 있다. 그러나 그것이 이 자리에서 중요한 것은 아니다. 가두어 길러보는 여러 짐승 중에서 하필 여기 다섯 종류만 선택되었다는 것도 따지고 들 문제는 아니다. 중요한 것은 이것들이 맡고 있는 직책의 종류가 무엇인지를 아는 일일 것이다.

농사짓는 소는 곡식의 생산과 증대에 관계되는 것이므로, 우가(牛加)가 곡식을 주관했다는 것은 무리가 없다. 말은 주명(主命)이라 명분을 주관한다 했는데, 여기는 좀 짚고 가야 할 데다. 지금까지의 모든 사람들이 이 대목을 '생명을 주관한다'로 보았다. 그러나 생명을 주관하는 것은 곡식이나, 형벌이나, 병을 치료하는 것이나, 선악을 판가름 하는 것이 모두 생명에 관계되는 것들이므로, 굳이 主命을 따로 떼어서 생명을 주관했다고 할 것이 아니다.

나는 이 대목을 '명분을 주관했다'로 본다. 무슨 명분이냐? 모계 살림이 부계로 넘어오는 과정에서 생기는 여러 복잡한 문제를 추스린 명분이다. 여기서 장황한 이야기를 하고 있을 터수는 아니다. 졸저 『훈 붉나라 이야기』 또 『우리 상고사 기행』에서 충분히 말했기 때문이다. 이제 다시 그 내용을 반복하는 것은 피차에 할 일이 아닐 것이다.

그러면 명분(명분)으로 말하는 것이 옳지, 어떻게 命分(명분)일 수가 있느냐고 할 수도 있다. 그러나 그 시절의 풍속을, 그러니까 모계가 부계로

****
2. 신시(神市) : 붉달나라가 세운 태백산의 국가제단(國家祭壇)이 신시다. 신시에는 붉달의 수도란 의미 외에도 붉달나라 전체가 함께 실린다.

달라지는 혁명적 사건은 命分으로 기록하는 것이 옳다. 그것이 한문의 시절풍속과 호흡에 맞다는 이야기다. 구가(狗加)가 형벌을 주관했고, 저가(猪加)가 병을 주관했고, 양가(羊加)가 선과 악의 시비를 가렸다는 것도 그럼직해 보인다. 흔국의 율령(律令)은 개인 개인의 마음속에 도덕의 지침(指針)을 세우는 것이 우선했다면, 신시의 살림은 어엿한 국가살림의 틀을 말했다고 볼 수 있다. 이것이 문명사회의 발전이기도 하다.

단군조선의 팔조(八條)법은 주로 형법에 치우쳐 있다는 걸 읽을 수 있다. 얼른 말해 훔치고 가두고가 전체를 차지한다. 마치 하늘의 선계(仙界)에 있다가 갑자기 땅으로 내려선 듯해서 어리둥절한 기분이랄까? 그러나 어차피 정해지는, 그래서 가야 할 길이다. 피할 수만 있다면 피하고 싶은 과정이만 피할 수가 없다. 이것도 문명의 발전일까? 발전이라면 발전이겠지만, 그러나 타락을 향한 서글픈 발전이다.

삼대(三代)*3의 법령은 모두 제단(祭壇)에서 나온 것으로, 국가적 법령이라기보다는 사람 사이의 관계가 우주적인 호흡에 기초했다는 것을 간파할 수가 있다. 막연하지만 누가 잡아 굴리지 않아도 사계의 질서는 저절로 변하면서 저절로 완성된다. 그 호흡 속에서 풀이나 나무는 꽃이 피고 열매가 맺는 것처럼, 새나 짐승은 저절로 가을에 가는 털-秋毫-이 나고 봄이 되면 털갈이를 하는 것처럼, 인간의 살림살이도 그렇게 자연의 숨결에 띄워 흐르고자 한 것이다. 그런데 그 호흡이 자꾸 가빠지고 헐떡거리는 게 보인다. 자연의 호흡에서 인간의 호흡으로 당기어지는 탓이다.

***
3. 삼대(三代) : 흔인천제들의 흔국(桓國)과 신시의 배달나라, 그리고 단군조선을 말한다.

환인천제들[4]이 다스린 바이칼의 환국은 동서로 2만여 리요, 남북으로는 5만 리였다고 기록하고 있다. 작은 나라로 나누면 12개의 연방국인데, 그렇게 엄청난 국토가 무위자연(無爲自然)으로 다스려졌다고 한다. 세상에서 말하는 '다스리지 않고도 저절로 다스려지는 무위이치(無爲而治)'가 이미 행해졌다는 것이다. 여기『환국본기(桓國本紀)』에 나오는 기록을 잠깐 보고 가자.

…친하고 멀다하여 차별을 두지 않았고, 윗사람과 아랫사람이라 하여 차별을 두지도 않았으며, 남자와 여자의 권리를 따로 하지도 않았고, 늙은이와 젊은이의 일을 구별했으니, 이 세상에 법규가 없었다. 하지만 계통은 저절로 성립되고, 순리대로 잘 조화되었다. 질병을 없게하고 원한을 풀며, 어려운 자를 도와 일으키며 약자를 구제하니, 원망하고 일부러 어긋나는 자 하나도 없었다.

신시가 처음 시작되었을 때에는, 산에는 길도 없고 못에는 배도 다리도 없고, 짐승들은 무리를 이루었으니, 나무들과 풀들이 자란 곳에는 짐승들의 무리가 있었다. 그리하여 만물과 짐승들은 서로 어울렸고, 새의 둥지에까지 놀면서 서로 의지했다. 배고프면 먹고 목마르면 마셨으니, 그 피와 고기를 항상 쓸 수 있었다. …먹을 것을 모아놓고 기꺼워 배를 두드리며 놀고, 해가 뜨면 일어나고 해가 지면 쉰다. 대처 하늘의 은택을 널리 입어 궁핍함을 알지 못함이라. 뒤이어 후세에

****
4. 환인천제들 : 바이칼 시절의 환국을 통치했던 임검들. 안파견천제, 혁서천제, 고시리천제, 주우양천제, 석제임천제, 구을리천제, 지위리천제.

이르러 백성들과 사물들은 날로 번성하더니, 소박한 것은 멀리하게 되고… 이렇게 된 후 활이 만들어지니, 새와 짐승들은 도망치고, 그물을 치자 물고기와 새우가 숨게 되었다. …천년의 세월이 지나자 시국은 이미 변하여 중국(仲國)은 서양인들이 노리는 보물창고가 되어, 천리 기름진 평야에 어지러운 바람만 마구 분다.

앞에서 본 흔국의 백성은 뜨고 지는 해와 달을 경배하면서 그것으로 일과를 삼았다고 했다. 더할 수 없이 좋은 지극한 무위(無爲)의 세상이다. 그 시절에는 먹을 것을 걱정하지 않았다. 그 법속은 신시의 초기에까지 이어져서, 백성과 만물은 새둥지에까지 놀면서 서로 어울렸다. 그러나 마침내 사람과 짐승들이 번성하여 서로 먹을 것을 다투는 시절이 온다. 그리하여 활과 그물이 만들어지니 새·짐승은 도망치고, 물고기와 새우가 숨게 된다. 그런 세월이 천년쯤 지나자 시국은 이미 변하여 중국(仲國)은 서토(西土) 사람들이 노리는 보물창고가 되었다고 탄식한다. 다른 건 다 그만두고 여기 중국(仲國)이란 말에 유념해 보자.

'仲'이란 글자는 中과 다르다. 복판의 핵심을 가리키는 것이 中이다. 동시에 이 글자는 전체를 통틀어서 싸잡는다는 의미가 있다. 그러니까 '中國'이라고 하면 통으로 된 어떤 나라를 말하는 것이 되지만, '仲國'은 자잘한 제후국을 의미한다. 바이칼의 흔국(桓國)이 동서로 2만여 리 남북으로 5만 리였다는 것을 상기하라. 통으로 말하면 하나의 흔국이지만, 나누어서 말하면 12개의 연방국이다. 여기서 仲國이라고 한 건 그 연방국들을 가리키고 있다. 사람이 많아지고 짐승들도 번성하여 먹을 것을 다투게 되니, 우리의 연방국들은 근본이 없는 서토인들이 노략질로 노리는 보물창고가 되었다고 탄식한다. 이 대목을 쓰는 사가의 붓끝이 아마 흔들렸을 것이다.

각박한 시절은 후세로 올수록 심할밖에 없다. 그래서 단군조선에 오면 금팔조(禁八條) 같은 법령이 나오면서, 이제 지극한 무위이치(無爲而治)의 세상이 끝나가는 것처럼 보인다. 그러나 꼭 그렇지만은 않다. 이것은 공자의 유교를 끌어내기 위한 방편에서 일부러 부정적인 쪽으로 가닥을 잡아본 것이다. 우리는 주역(周易)이나 책력(册曆)이 이미 신시시절에 만들어져서 천하에 인민들이 일상생활에 썼다는 것을 안다. 그래서 복희 한아비의 주역을 한 역(韓易)으로 주장하는 사람들이 늘어가는 추세다.

이쯤 해서 가물가물 잊혀져 가는『천부경』과『주역』, 그리고『홍익인세』를 한번 돌아다 보자.

태초에 삼신상제 하늘 땅을 나눌 적, 천하대장군 지하여장군에게 소임을 맡겼네./ 아리랑 아리랑 아라리요, 아리랑 고개고개로 나를 넘겨주게./ 그중에 정수리로 하늘 떠인 사람을, 만물의 중심축으로 삼으신 까닭은/ 아리랑 아리랑 아라리요 아리랑 고개고개로 날 넘겨주게/ 홍익인세의 큰 뜻을 이루고자 함이네, 홍익인세의 큰 뜻을 펼치고자 함이네/ 아리랑 아리랑 아라리요 아리랑 고개고개로 날 넘겨주시게/ 그 후에 양대(兩大)장군은 수호신이 되어서, 마을어구나 외진 길에서 사람 살림을 지켰고/ 아리랑 아리랑 아라리요 아리랑 고개고개로 나를 넘겨주소/ 인생들의 살림살이가 물처럼 흐르네, 천지간에 만물들도 물처럼 흐르네/ 아리랑 아리랑 아라리요 아리랑 고개고개로 날 넘겨주소.

신시지혜의 끄트머리
유교(儒敎)

훈 역이라 해도 좋고 주역이라고 해도 좋다. 그것의 내용은 『천부경(天符經)』에서 파생된 것이다. 그리고 책력이라는 것도 『천부경』에서 나온 지혜다. 그 『천부경』과 한가지로 삼신(三神)에서 나온 경(經)이 하나 더 있다. 『삼일신고(三一神誥)』다. 총 글자 수가 366자로 되어 있는 배달 민족의 철학을 수렴하고 있는, 어느 민족에게서도 찾아볼 수가 없는 고전이다. 366이라는 글자 수는 일 년이 길면 366일이 되는 것을 의미한다. 천부경이 하필 81자로 끝나는 것도, 주역에서 쓰는 실제적인 수가 9에서 끝난다는 것을 참작했다는 것을 알면, 『삼일신고』의 글자가 그렇게 맞춰졌다는 것이 이해가 될 것이다. 그러나 이 자리에서 세세한 이야기를 끌어낼 필요는 없다. 나는 지금 공자의 유교를 이끌어내고 싶은 것이지, 삼일신고를 공부하자는 게 아니다.

『천부경』과 훈 역은 신시에서 단군조선으로 대물림이 된 것이다. 단군조선은 붉달나라 신시의 법통(法統)을 고스란히 내려 받은 나라다.

그러니까 붉달나라의 흔웅천왕의 연대가 제18대 거불단(居弗檀) 흔웅천왕의 아드님이다. 쉬운대로 했다면 그분이 제19대 흔웅천왕이 옳지만 어려움을 무릅쓰고 '조선'이란 나라를 세운 것이다. 그 전말은 이렇다.

단군왕검은 외가인 웅씨(熊氏)의 나라에서 견습왕 노릇을 한다. 어려서부터 총명한 재질이 알려져서 웅씨 나라의 여왕이 발탁해다가 대읍을 다스리도록 한 것이다. 그 웅씨왕이 전쟁에 나가서 전사를 하자, 나라 사람들의 떠임을 받아 새 나라를 세우고 국호를 조선이라 한 것이다. 왜 굳이 나라를 세웠을까? 그 앞에 단군왕검이 태어나기 천년쯤 전에 태호복희씨가 모계(母系)인 여(黎)나라에 가서 혼인법을 가르치면서 부계(父系)살림으로 유도한 적이 있다.

그 이후로 공공씨 대정씨, 백황씨, 중앙씨, 역륙씨, 여연씨, 혁서씨, 존노씨, 혼돈씨, 호영씨, 주양씨, 갈천씨, 음강씨, 무회씨… 하는 사람들이 부계사회를 만들기 위해 애를 쓴 사람들이다. 그 결실이 익어져서 이제 단군왕검 시절에는 부계의 나라를 세울만큼 사회 분위기가 익어진 것이다. 새 술은 새 부대에 담는다던가? 그래서 새 나라가 필요했을 수밖에 없다. 붉달나라의 제단에 가서 천자(天子)의 신분에 걸맞은 예법으로 제사를 모시고 조선의 왕검이 된 것이다. 예수의 서력기원보다 2333년을 앞서는 해의 10월 초사흗날의 일이다.

붉달나라의 법속을 그대로 이었으니 붉달의 천부경을 제단에서 가르칠 수밖에 없고, 책력도 그 책력을 그대로 쓸 수밖에는 없었을 것이다. 그러니 『삼일신고』도 예외가 될 수 없는 것은 당연하다. 『삼일신고』는 5장으로 나누어져 천신조화의 근원과 세상사람과 사물들의 교화에 대하여 상세하게 쓴 책이다. 그 첫 장이 "허공은 하나로 시작을 삼지만 시작된 데가 없고, 하나로 끝나지만 끝난 데가 없다."고 하였고, "밖은 허(虛)하고 안은 공(空)한 속에서 항상함이 있다."고 주장한다.

특히 제4장에서 하는 말은 새겨볼 만한 구절이다. "세계의 뭇별은 해에 속해 있으니, 모든 백성들과 큰 인물들이 여기서 태어난다." 하였다. 오늘 태양계가 은하의 일부라는 것이, 신시시절에 이미 드러났다고 볼 대목이다. 이런 것을 근거로 삼는다면, 지동설이 새로운 것도 아니요 신시의 책력을 의심하지 않아도 좋으리라. 또 5장에서 "사람과 물건은 삼신에게서 나와 하나의 참(眞)으로 돌아가니, 이를 우주적인 나(大我)라고 이른다."고 설파한다. 풍속은 산천을 존중하여 서로 간섭하거나 침범하지 않고 서로 굴복함을 귀하게 여겼으며, 목숨을 던져 남의 위급함을 구하였으니, 가히 대인의 행실이라 할 것이다. 화백(和白)[1]으로 의견을 모으고 서로 함께 책임지는 것으로 믿음을 지켰다. 힘을 모아서 일을 쉽게 하였고, 직업을 나누어 서로 도왔으니, 남녀가 모두 자기 직분이 있었으며, 늙은이와 어린 아이들도 똑 같이 복과 이익을 누렸던 사회가 붉달나라였고 단군의 조선나라였다.

그 첫장과 4장의 일부분을 빌려보자. 먼저 허공을 말하여,

너희 오가(五加)의 무리들아. 파아란 것이 하늘 아니며 까만 것이 하늘 아니다. 하늘은 허울도(形) 없으며, 바탕(質)이 있음도 아니다. 처음도 끝도 없으며, 위아래 사방도 없나니, 겉은 휑하고 속은 텅하여,

***

1. 화백(和白) : 우리는 신라초기에 화백제도가 있었다고 배웠다. 배달나라 역사와 단군 역사의 뿌리를 잘라버린, 친일파들이 만든 교과서의 내용이니 그럴 수밖에 없었다. 그러나 이 화백제도는 신시로부터 시작되어 신라에 전해진 것이다.

있지 않은 데가 없고 싸지 않은 것이 없느니라.

이것이 만물을 만들어서 만물을 감싸고 있는 하늘의 실체를 바르집은 말씀이다. 겉도 비고 속도 비어서 그냥 휑하고 텅하다는데, 그래서 하늘이 있지 않은 데가 없고, 감싸지 않은 것이 없다는데, 어디에 하늘나라가 따로 있어서 옥경대(玉京臺)가 있고 천사(天使)가 있다는 말인가.

또 4장을 부연하기를,

너희는 총총하게 널린 하늘의 별들을 보아라. 세기(數)를 다 할 수 없고 크고 작음과 밝고 어두움과 괴로움과 즐거움이 서로 같지 않으니라. 흔신(一神)께서 뭇 세계를 만드시고, 또 해(日)세계의 사자를 시켜 700세계를 거느리게 하시니, 너희의 땅이 스스로 큰듯하나 한 둥 그런 세계이니라. 땅속 불(中火)이 울리어서 바다가 변하여 육지가 되었고, 이에 보이는 모양을 이루었느니······.

이것은 지구라는 별이 태양을 중심으로 돌고 있다는 지동설을 넘어서, 태양에서 떨어진 불똥이 식어서 지구가 되었고, 바다에서부터 생명이 시작되었다는 생성론(生成論)을 말하고 있다. 이런 것을 일일이 증거해서 저 삼대의 법속이나 풍속이 어떻다는 것을 말하자면 거의 끝이 없을 것이다. 대충 살펴본 대로 바이칼에서 대 제국을 세운 우리 배달민족의 조상들은, 사람이 만물의 중심에 서서 일체의 생명을 간수하여, 함께 살아가는 홍익인세를 실천해 왔다고 알면 된다.

그런데 그 잘난 사람들의 자손이 어쩌다가 반도에 갇혀서 이런 등신

머저리가 되었는가. 원인은 여러 가지다. 그렇게 된 원인을 추어보자해서 우선적으로 공자의 유교를 살펴 내자는 것이다. 왜인가? 조선은 성리학(性理學)을 하다가 망한 왕조다. 그 성리학은 남송 말기의 주희(朱熹)가 세운 학설로, 불교를 반대하려고 만들어 낸 억지 당위다. 그 앞에 북송의 장횡거가 불교를 반대할 목적으로 태허즉기론(太虛卽氣論)을 주장한 일이 있다. 주희는 그것을 바탕으로 성리학을 완성했다. 그러나 본격적인 이야기는 당면해서 하기로 하자. 그 전에 살필 것은 고려 광종이 처음으로 수입한 유교다.

물론 유교는 그 이전서부터 공공연하게 쓰여지고 있었다. 그렇기는 했으나 그것 이 국가에 타격을 입힐 만한 것은 아니었고, 일부 유생(儒生)들이 저들끼리 좋아서 한 학문의 하나였을 뿐이다. 그러던 것을 광종이 후주(後周)에서 사신을 왔다가 병을 얻어 체류중인 쌍기(雙冀)를 귀화시키고, 그의 의견을 받아들여서 과거제도를 설립한다. 과거(科擧)는 그때까지 없던 일로, 숨은 인재를 발탁하여 조정에서 쓰자는 것이니 뜻은 좋았다고 할 수 있다. 허나 조정에서 내리는 관작을 얻자면 유교를 해야 하는 시절이 된 것이다.

당장에 그 해로 과거시험을 치르고 진사(進仕)가 된 사람이 일곱이었다. 앞으로 젊은이들이 무엇을 해야 출세할 것인지 방향제시를 한 셈이다. 쌍기가 과거 점수를 매기는 시험관이 된 것은 물론이다. 그러자 중국에서 글자나 하는 선비들이 많이 귀화를 했고, 그때마다 조정에서는 수시로 대신들의 집을 빼앗아 귀화인에게 주었으니, 형평성 잃은 대우에 조정의 숨은 불만이 많았던 것도 사실이다.

유교는 괴력난신(怪力亂神)을 말 못하게 하는 특성이 있다. 괴이(怪

異)한 것이나 주먹다짐으로 상대를 제압하는 완력(腕力), 또 정의에 어그러진 모반(謀叛) 같은 패란(悖亂), 곧 정도(正道)에 어긋나는 짓, 그리고 귀신을 입에 담지 말라는 뜻이다. 그러니까 상식으로 납득이 안 되는 말이나 행동을 일절 삼가라는 이야기다. 어디서나 피차가 헤아릴 만한 이야기, 조금치라도 괴이쩍거나 이상한 느낌의 행위는 용서가 안 된다는 식이다. 얼른 말해서 소박하고 단순한 것만 입에 올려야 한다.

그러나 이 단순하고 소박한 듯한 어휘에는 말 그대로 단순하고 소박한 행위를 당위로 삼는 어리석은 칼날이 잠재한다는 걸 알았어야 했다. 이것은 이조의 성리학자들이 전가보도(傳家寶刀)로 써서 한 국가를 통째로 망쳤으니 그때에 가서 사례들을 보면 저절로 알게 될 일이다. 그보다는 '儒敎'라는 이 儒者가 '선비'라는 이름의 대명사이기는 하지만, 원래는 그들이 말 못하게 하는 괴력난신에서 나왔다면 어찌 될까? 여기서 그 유래를 헤쳐 보자.

서토역사에서 역성혁명(易姓革命)을 처음 했던 임금은 상(商)나라를 세운 탕(湯)이었다. 그는 술과 계집에 빠져서 허우적이는 하(夏)의 걸(桀)을 들어 엎고 상나라를 세운 영웅이다. 그래서 성공한 영웅이라는 뜻에서 그를 성탕(成湯)이라 칭한다. 그런데 임검이 되고 나자 7년 동안이나 비가 내리지 않는 변고가 생겼다. 태사(太史)를 시켜 점을 치게 했더니, 사람을 희생으로 제사를 지내야 비가 오겠다는 점괘가 나왔다. 탕은 망설이지 않았다. 내가 비를 기다리는 것은 백성을 위한 것이다. 기어이 사람을 희생으로 삼아야 한다면 내가 희생이 될 수밖에는 없다.

그리하여 희생이 될 자신의 몸을 깨끗이 재계하고, 손톱을 가지런히 자르고 머리를 풀고, 장식 없는 흰 수레에 흰 소를 멍에하여 타고는, 상림(桑林)의 들로 나아가 흰 띠풀을 펴고 앉아서 자신을 꾸짖는 여섯 조항의 말을 하늘에 아뢰었다. 제가 한 정치가 절제를 잃고 문란해졌기 때문입니까. 백성이 직업을 잃고 곤궁에 빠졌기 때문입니까. 제 궁전이 너무 화려했습니까. 입김 센 여자가 정치에 참여해서 공정하지 못한 일이 있었습니까. 뇌물이 성해서 바른 도덕(正道)이 해쳐졌습니까. 참소하는 말로 인해 어진 사람이 배척을 당했습니까.

그 말이 끝나기도 전에 큰 비가 내려 수 천리의 땅을 적시었다고 했다. 선비 儒자는 이때의 상황을 그린 상형문이다. 그러니까 사람이(人) 비를 빌기 위해(雨) 하얀 띠풀 위에 앉아 있는데, 그 앞에 여러 사람이 늘어서 있는 모습(而)을 그린 것이다. 탕임검 시절의 사건이니 지금부터 대략 3,700년 전의 이야기다.

그러나 숫제 상식 밖의 이야기다. 비가 오지 않는다고 무슨 귀신 점을 치는 것이며, 더구나 사람을 희생(犧牲)으로 제사를 지낸다는 건, 건전한 상식이 아니기 때문이다. 이제 열 번을 양보해서 탕임금 사건이 그 시절로서는 충분히 가능했던 사실이라고 일축할 수도 있다. 공자보다 1,200년을 앞서는 시절 이야기니까.

그러나 우리는 이 대목에서 하나의 진실을 놓지고 있다. 괴력난신을 말 못하게 한 공자의 기준으로 본다면 7년 대한(七年大旱)을 통해서 보는 탕임검의 태도는 공자시절로서는 가늠하기가 어려운 원시적 감각에 머물러 있다. 바로 하늘과 땅을 대하는 개인의 경건한 자세가 공자의 시절을 당해서는 벌써 증발하고 없다는 이야기다. 본문에 설명은 없지만 탕은 하늘이 노여울 만한 짓거리를 했던 사람이다. 비록 역성혁명이기는 했으나, 신하로써 임금을 배척한다는 것은 있을 수가 없는 명분이다. 그것은 하늘이 정하는 것이지 사람이 나설 일이 아니다. 비가 내리지 않은 것은 바로 그 까닭이 인간과 하늘의 관계에서 이미 전제되고 있었던 탓이다.

우리는 앞서 흔국에 오훈이 있다고 읽었다. 그 부분에서 후세의 공자가 하늘을 섬길 적에 '성실하고 믿어지는 행위(誠信不僞)'를 요구한다는 점에서 소홀히 생각 한다는 지적도 읽은 바 있다. 사람을 희생으로 제사를 모셔야 한다는 점괘 앞에서 탕은 그래서 망설이지 않았던 것이다. 하늘은 바로 자신을 희생으로 원한다는 것을 알고 있어서다.

그러나 공자시절의 괴력난신에는 원시의 입김이 아직은 조금이나마 남아 있었다. 세상이 발전할수록 인문의 지혜는 열리게 마련이라, 훨씬 나중에는 전혀 엉뚱한 해석으로 나타난다는 것을 그는 미처 깨닫지 못했을 뿐이다. 이조의 성리학이야말로 그것의 좋은 본보기였던 것이다. 그리고 인문의 세계는 어차피 오기 마련이다. 그 인문이 열리면서 혁명이 어떻게 달라지는지 하나의 사례를 더 들어 내 보자. 바로 성탕의 은(殷)나라가 주무왕(周武王)에 의해 무너지는데, 자세히 들여다보면 사람의 꾀가 어떻게 교활하게 움직이는지 가증스러울 정도다.

하나라를 뒤엎은 성탕은 충분히 뒤엎어도 되는 조건이 구비되어 있었다. 옛 시절의 혼군(昏君)이란 게 흔히 그렇듯, 하나라의 걸(桀)도 말희(妹嬉)라는 여자와 술에 빠져 있었다. 못을 파서 술을 붓고 배를 띄웠으며 나무에는 마른 고기를 매달아 놓고 즐겼다. 술지게미는 십리의 제방을 쌓을 만했으며, 북을 치는 것을 신호로 3천이나 되는 궁중사람들이 일제히 소처럼 엎드려서 술을 마셨다. 웃을 줄 모르는 말희가 웃음을 보일 때는 비단을 찢는 소리를 들을 때 뿐이었다. 그래 날마다 창고에 쌓인 비단을 100필 씩 내다가 찢는 것이 일이었다. 또 크게 웃을 때는 전쟁의 북소리를 듣고 군대가 몰려들 때였다.

사흘이 멀다하고 변방에 봉화가 솟아오르고, 그때마다 놀란 군사들이 말을 타고 기겁을 하면서 치닫기 마련이었다. 결국 국고도 텅 비고 전쟁놀이도 시들해져서 예사로 생각할 즈음에 진짜 전쟁이 터졌다. 이런 임금이었으니 성탕이 일어선 것이다. 혼군에게 시달리는 천하의 백성을 위한 거사요 그런 명분이던 것이다. 그러나 주나라의 경우는 달랐다. 나쁜 임금이 되도록 뒤에서 자꾸 조종을 하는 세력이 있었던 것이다.

은(殷)의 말왕 주(紂)도 달기(妲己)라는 미인에게 홀려서 헤매었다. 그는 특이하게도 간악한 꾀가 발달하여 간(諫)하는 사람의 말을 꼼짝 못하게 하는 재주가 있었는데, 찰거머리같이 떨어지지 않고 바른 말을 하면 죽여서 시체로 마른 고기를 만들었다. 또 포락지형(炮烙之刑)이라는 형벌을 만들어서 이글거리는 숯불에 구리기둥을 걸쳐 놓고 죄인으로 하여금 건너가게 하여 타죽으면 그것을 보면서 좋아했다. 처음으로 상아 젓가락을 만들어서 옥배(玉杯)에 산해진미를 담아 먹으며, 녹대(鹿臺)라는 보물창고를 짓고는 천하의 보물을 거두어들여 쌓았다. 백성 따위는 오직 임금 한 사람을 위한 도구라고 생각하는 것 같았다.

모든 것은 달기가 생각해낸 꾀였고, 주왕은 달기와 모든 것이 맞아들었으므로, 달기의 말이라면 들어주지 않는 것이 없었다. 이 달기를 유소씨라는 나라의 왕이 패전하고 기념품으로 진상한 여자였다고 정사(正史)에는 기록되어 있지만, 사실은 무왕의 동생 주공 단(旦)이 10년을 사육해서 궁중으로 보내진 여자였다. 주왕의 포악한 성질머리를 잘 알고 있는 주공(周公)은 십년동안에 주왕의 거친 성정을 유도해내도록 철저히 교육시켰던 것이다. 주왕이 무왕의 군대에 무너지던 날 주공을 만난 달기가 '저에게 맡긴 임무를 훌륭하게 해냈지요?' 하면서 웃더라는 것 아닌가.

주공의 놀란 칼날이 달기의 목을 찍었음은 물론이다.

성탕의 혁명과 무왕의 혁명에는 500년의 시간 차이가 있다. 하왕이나 은왕이나 혼군에 폭군인 것은 맞다. 그러나 성탕은 도저히 두고 볼 수가 없는 상황의 혁명이었고, 주공은 달기를 길러 제 야심이 앞당겨지도록 혼군을 더욱 야수로 만들었다는 것이 다르다. 그래도 성탕은 혁명을 하고 나서 고개를 떨구고 말했다. '후세에 나와 같은 신하가 더 있어서는 안 된다'고. 그러나 주공은 양심이 있었던지 그런 말을 했다는 기록은 없다. 대신 성탕의 말을 흉내를 내는 사람들은 있다. 쿠데타에 성공한 박정희도 그랬다지 '나 같은 군인이 또 나와서는 안 된다'고. 전두환은 원체 용감한 사람이어서 그럴 필요도 없었겠지만.

다시 공자의 유교로 가보자. 공자는 주공(周公)을 가장 이상적인 사람으로 생각했다. 평생 동안 그리워하고 존경했던 인물이 바로 주공이다. 물론 주공에 대한 부정적인 이미지를 들춰낸 적도 없다. 주공의 어떤 점이 그처럼 공자를 사로잡았을까? 생각건대 그 사람의 정치 수완이었을 것이다.

공자가 일생 동안 해 보고 싶은 것도 정치였다. 19년 동안이나 상가집 개 꼴을 하고 천하의 군주를 찾아다닌 것도 정치에 뜻이 있었기 때문이었다. 그래서 군사부일체라는 말을 남겼을 것이다. 공자에 의하면 임금은 무엇보다 먹여 주는 사람이다(君食之). 스승은 가르치는 사람이고(師敎之), 아비는 그저 낳아준 사람으로 쳤다(父生之).

그러나 군사부일체(君師父一體)라는 정의(定義) 자체가 실수다. 물론 어진 임금이 나와서 천하의 백성을 고루 만져서, 배부르고 등 따숩게 해준다면 더 없이 다행스럴 일이다. 공자는 사회나 국가전체로 놓고 볼 때 무엇보다 우선 급한 것이 그렇게 덕망 있고 수완 있는 정치가라고 생각했던 것이다. 허나 그렇기 때문에 가장 믿을 수 없는 것이 정치이기도 하다. 앞에 사람은 잘했다 해도 뒤에 오는 사람이 잘못하는 경우도 얼마든지 있다. 어떻게 세상이 용하게 그런 성군(聖君)만 나오는가.

　또 아무리 임금이 천하를 잘 어루만지고 다독인다 해도, 제 집안의 평화와 여유 있는 정서는 누구에게나 따로 중요한 법이다. 그래서 가족과 가장이 함께 살피고 준비하는 것이 있기 마련이다. 마치 든든한 핵무기만 있으면 소총 든 군대는 필요가 없다는 것과 공자의 의견이 무엇이 다른가. 그렇다! 핵무기는 최후에 쓰는 비상시의 약 같은 것이지 평소에 먹는 밥이 아니다. 아무리 좋은 인삼녹용이 있다 해도 끼니가 되면 솥에서 나온 밥을 먹기 마련인데, 왜 아직 소용에 닿지 않는 보약을 찾을 것인가. 그런 공자의 덜 떨어진 생각이 괴력난신을 말 못 하게 하는 실수를 저질렀을 것이다.

　우리 흔국의 오훈을 배경에 놓고 보면 공자의 생각은 하늘의 도덕(誠信不僞)과 땅의 덕망(敬勤不怠)을 염두에 두지 않고 있다. 그리고 인간의 도리만을 강조한 인의예지(仁義禮智)로 시작을 삼는다. 하늘의 도(道)와 땅의 덕(德)을 대수롭지 않게 여겼다는 느낌이 강하다. 그러면 어떻게 하는 것이 옳으냐? '군사부일체(君師父一體)'가 아니라 '부사군일체(父師君一體)'로 순서를 바꾸어야 한다. 우리의 「삼신오제본기」에 그 까닭과 순차가 분명하게 나와 있다.

경에서 말한다. 사람과 물건은 같은 삼진(三眞)을 받았으나, 다만 무리는 땅에 혼미하여 삼망(三妄)이 뿌리를 내리고, 진(眞)과 망(妄)이 어울려 삼도(三途)를 이룬다.

아비의 도리는 하늘을 법 받아서 하나에 참되어 거짓이 없고(父道 法天 眞一無僞), 스승의 도리는 땅을 법 받아, 하나에 부지런하여 게으름이 없고(師道法地 勤一無怠), 임금의 도리는 사람을 법 받아서, 하나에 협력하여 어긋침이 없다 (君道法人 協一無違).

차근차근히 풀어보자. 아비와 스승과 군주의 도리를 말하기 전에 그 것이, 그렇게 되어야 할 까닭을 서론으로 부치고 있다. 사람과 만물은 똑 같이 하늘 숨을 받아서 이루어진 것들이라 본시는 차별이 없었지만, 만물은 땅의 기운에 취하여 참과 거짓이 섞여들어 분별을 잃더니, 마침 내는 천·지·인 세 갈래로 갈라지게 되었다는 것이다. 여기 삼도(三途) 는 천·지·인의 직분으로 나누어지는 세 가닥의 길이다. 여기의 천·지· 인은 하늘과 땅과 사람이 아니라, 아비와 스승과 임금을 말한다. 그렇 게 확실한 금을 그어놓고 나누어진 도덕에 대한 설명이다.

먼저 아비의 도리는 하늘의 법도를 따르는 것이라, 하나에 참되다고 했다. 가령 부자간의 관계는 이익을 따라서 소원해지거나, 정이 멀어졌 다고 헤어지는 관계가 아니다. 하늘이 부여한 핏줄의 친함 때문에 어떤 경우에도 부자는 하나일 뿐이다. 자기의 생각이 받아들여지지 않으면 스스로 떠나는 것이 신하와 임금과의 관계다. 서로의 뜻이 다르면 스승 도 얼마든지 다른 사람을 찾아볼 수 있다. 그러나 부자는 절대로 그런 관계가 아니다. 그것이 진일무위(眞一無僞)다. 끝까지 하나로 남아야 되는 관계다. 마치 하늘이 쪼개지거나 갈라질 수 없는 것처럼.

스승의 도리는 만물을 육성하고 길러내는 땅의 도덕에서 나온다. 길러내고 가르치는 것은 땅의 근성이다. 그러자면 무엇보다 부지런해야 한다. 땅이 만약 제 소임에 부지런하지 않고 해찰을 부린다면, 지상에 있는 만물은 어떻게 될까. 그러나 땅이 돌아다보지 않아서 제 노릇을 못하는 생명은 없다. 스승의 교육도 그렇게 하나에 부지런하라고 한다.

군주의 도리는 다스리는 데에 초점이 맞추어진다. 삼신(三神) 중에서 태일(太一)이 맡은 직분이 무엇이던가. 치화(治化)라고 했다. 가지런하게 맞추어서 긴 것은 잘라내고, 처지는 것은 끌어올리며, 함께할 수 없는 것은 감옥에 넣고 반성하도록 만들어야 한다. 다분히 강압적이고 형벌로 위엄을 보여야 되는 사람이다. 그것이 군주다. 군주(君主)의 君은 손에 홀장(笏杖)을 들고 앉아 호령을 날리는 것을 그린 상형문이다. 그는 서슬퍼런 권위와 위엄이 본분인 사람이다.

삼신의 태일은 만물을 거느리고 통솔해서 함께 어울려 사는 홍익인세를 하자는 목표에서 나온 말이지만, 여기 군도(君道)는 사람끼리의 법속을 넘겨 받아서 오직 사회가 가지런할 것을 말하고 있다. 이쯤 했으면 이제 공자가 주장한 군사부일체(君師父一體)라는 정치적 표어가 어떻게 잘못된 것인지 대강 윤곽이 드러났을 것이다.

그런데 여기 법천진일(法天眞一), 법지근일(法地勤一), 법인협일(法人協一)이라 해서 참되고, 부지런하고, 협력하는 것이 모두 일(一)을 향해서라 했는데, 그러면 이 하나인 '一'은 무엇을 말하는가. 삼신의 본성인 생명의 호흡을 말한 것이다. 삼신상제(三神上帝)의 체(體)는 일신(一神)이되 그 쓰임은 삼신(三神)이라고 한 것을 기억하라. 그 쓰임으로 나뉘기 전의 체(體)가 일신(一神)의 '一'임을 말하는 것이다. 그 하나인 숨결이 나누어지면 낳고(造化), 기르고(敎化), 다스리는(治化) 삼신이 된다. 그래서 三과 一은 하나의 관계여서 삼일신고(三一神誥)도 있는 것이다.

공자의 유교가 어디서 출발했고 어떻게 잘못되었는지 다시 정리를 해보자. 상식을 넘어가는 괴력난신(怪力亂神)을 말 못하게 하는 유교는, 하늘과 땅의 숨결인 도와 덕을 무시하고, 인간이 사회생활에 필요한 인의예지 만을 중시했다. 이것은 중대한 실수다. 자연무위(自然無爲)로 움직여 가는 천지의 질서를 외면한 채, 굳이 인간의 이성으로 이끌어갈 인위(人爲)의 질서를 세우려 한 것이다. 그래서 공자의 유교가 숨가쁘고 헐떡이는 이성에 머물다가 끝내는 자기시대마저 오리가리로 찢어버리는 실패로 끝난 것이다. 춘추(春秋)가 전국(戰國)의 난장판이 된 것이 바로 공자의 유교 책임이기 때문이다.

일찍이 장자가 공자의 인의예지를 이렇게 비판했다. 인의예지(仁義禮智)[2]가 원형리정(元亨利貞)으로 더불어서 짝을 이루는 것은 맞다. 겨울의 숨결인 정(貞)을 닮은 것이 인간이성의 지(智)요, 그 智는 가을의 호흡인 리(利)에서 이어진 것이라, 인간의 성정으로 치면 의(義)가 된다. 義는 어디서 나오나? 예(禮)다. 그것은 천지기운이 여름일 때 그 여름을 나타내는 형(亨)에서 나왔다. 그 亨은 봄을 말하는 원(元)으로 시작을 삼는다. 그 元이 인간 이성의 인(仁)이다. 인간의 이성은 仁을 뿌리로 삼기 때문에 더는 나아갈 데가 없다.

그러나 천지자연의 호흡은 그렇지가 않다. 봄의 기운인 仁은 땅의 덕

***

2. 인의예지(仁義禮智) : 공자는 인예의지라고 했다. 예와 의를 순서를 바꾼 것은 맹자다. 맹자의 시절은 의리가 땅에 떨어진 전국시절이어서 의를 강조할 필요가 있었기 때문이다.

(德)에서 나오고, 땅의 德은 하늘의 도(道)에서 시작된다. 그리고 道는 무위(無爲)한 자연의 숨결을 말한 것이어서 더 파볼 데가 없다. 그런데 공자는 천지의 숨결을 배척하고, 겨우 仁으로 뿌리를 삼았으니, 이제 천지의 뿌리에서 갈려나온 仁은 스스로 한계를 드러낼 것이다. 이것이 도가(道家)에서 유가(儒家)의 운명을 미리 내다본 논평이다.

여기서 아리랑 한 수가 빠질 수는 없다.

다 틀렸다 다 틀렸다, 다 틀려간다 우주호흡을 맞추기는 다 틀렸다./ 아리랑 스리랑 아라리요 아리아리 고개로 넘어간다./ 원형리정은 천도지상, 인의예지는 인성지강이 하마 벌써 틀렸다./ 아리랑 스리랑 아라리요 아리아리 고개로 넘어간다./ 공자님 펼친도덕은 인의예지도덕, 하늘이 편 도덕에는 훨씬 아니 미치네/ 아리랑 스리랑 아라리요 아리아리 고개로 날 넘겨주소/ 노자님 펴는 도덕은 무위이치 도덕, 인의예지에 비기면은 한결 낫네/ 아리랑 스리랑 아라리요 아리아리 고개로 넘어간다./ 무엇이 올라나 무엇이 올라나, 이제 장차 무엇무엇이 올라오려 이러나/ 아리랑 스리랑 아라리요 아리아리 고개로 나를 넘겨주소/ 서산에 지는 해는 둥근달을 띄우고, 그 달이 지고나면 다시 해가 솟는데/ 아리랑 스리랑 아라리요 아리랑 고개고개를 넘어간다./ 세상법속이 돌아가는 게 아무래도 수상타, 세상법속이 흐르는 게 아무래도 수상해/ 아리랑 스리랑…….

고려의 유교

일찍이 신라에서 유교가 장려되어 번성한 적은 있다. 김춘추가 벌인 사단이었다.

때에 김춘추는 당태종 이세민을 찾아가 무릎을 꿇고 엎드리어서 "변두리 소국이 상국에 조공을 보내려 해도, 인방의 나라가 가로막고 있으니 원컨대 길을 터주소서." 하고 좁쌀짓을 한 적이 있다. 삼국통일의 기반이 된 당나라 군대의 유입은 그렇게 김춘추가 만든 것이다. 그리고 함께 데리고 갔던 두 아들은 조선의 옷을 벗기고 당의 옷을 입혀서 이세민에게 볼모로 맡긴다.

쓸개가 없는 김춘추는 돌아오는 길에 당나라 조복(朝服)을 가져다가, 신라의 대 신들에게 입히니, 김부식이 삼국사기에서 신라의 복색을 말하는 중에 신바람이 나서, "…김춘추가 당에서 조복(朝服)을 들여온 후 오랑캐의 풍속(夷俗)이 중화의 풍속(華俗)으로 바뀌었다."고 했던 것이다. 김춘추가 신라에 들여온 것은 이것만이 아니다. 신라의 년호(年號)를 버리고 당나라 연호를 쓰겠다고 약속했고, 이세민이 고구려 침공에 실패하고 돌아가서 쓴 『해동사(海東史)』를 가져다가 신라 귀족의 자제들에게 가르쳐서, 조선에다 모화의 병균을 처음으로 수입해서 퍼뜨린 것이다. 백제에도 이미 당나라와 문물교역이며 정치적인 외교를 하는 관계였고, 고구려도 중국문화와 활발하게 교류를 하는 중이었다. 일찍부터 불교를 가져 온 승려가 다녀가고, 도교를 수입해 들인 것이 모두 역사에 기록된 사실들이다. 그러나 조선의 정신을 놓아가면서 저들의 문화를 좋아한 적은 없었다. 어디까지나 서로 이웃해 있는 국가끼리의 당연한 교류였던 것이다.

지나간 것은 그렇다 치고 광종 임금에 의해서 절름발이 유교가 고려에 정식으로 수입된다. 들어오자마자 첨부터 엉뚱한 짓부터 하고 나선다. 공자를 숭상하여 문선왕묘(文宣王廟)를 짓고, 유교대학인 국자감(國子監)을 세우더니, 국가제도를 유교 일색으로 내용을 개편하고 정비해 버렸다. 공자의 제자들을 따라 배우자 하여 72현찬기(七十二賢贊記)를 가져다 모시고 부지런을 떠는 동안 삼신의 정신이나 가르침은 설 자리를 잃고 밀려날 수밖에 없었다.

예전부터 별 생각없이 유교를 배우고 더러 아는 체한 사람들도 문득 고쳐서 생각하게 된 것이다. 도대체가 조선민족은 누구누구를 따질 것 없이 새것에 쉽게 흥미를 느끼고 유행에 민감한 것이 탈이다. 나는 그렇게 되는 원인을 파미르고원에서 천산산맥을 타고 알타이를 넘어 바이칼에서 정착했다가 다시 흥안령을 넘어 백두준령을 밟는 동안, 한 곳에 정착을 못한 사람들이 끊임없이 두리번거리고 살아온 탓으로 진단하기는 한다. 유교의 길이 한 번 터지자 이 유행 좋아하는 사람들은 모두 유교로 몰려들었다.

그렇기는 하나 이것은 세력 있고 가진 것 있는 사람들이 하는 짓이지 무지렁이 백성들한테는 애초부터 상관이 없는 일이었다. 그들은 옛적부터 산천이나 믿고 고목나무도 믿고, 아프면 검님 샛님 찾으면서 무당굿이나 하고, 그렇게 논밭으로 쏘다니면서 하루하루 사는 사람들일 뿐이었다. 지배층은 이들을 차츰 깔보는 기분이 들고, 민중은 민중대로 생판 낯선 공자 맹자 귀신들을 입에 달고 사는 이들이 멀게 느껴졌다. 사회가 모르는 새에 병들면서 갈라지고 있었던 것이다.

유교의 큰 병폐는 획일(劃一)을 주장하는 데 있다. 갓 쓰고 도포를 입어야 선비로 쳐주겠다는 통념은 지금까지도 건재한다. 그것은 유교가 스스로 만들어 낸 것이지 유교를 바라보는 사람들의 관념이 아니다. 우리가 그렇게 생각하도록 그들은 규율을 정한다. 그렇다면 겉모습만 획일적이냐? 내면은 더하다. 자기 생각과 같지 않으면 쉽게 배척한다. 당면해서 할 이야기지만 이조의 당파싸움도 유교의 그런 획일이 만들어 낸 것이다.

유교는 드디어 고려를 분열시킨다. 분열시키는 중에 몹쓸 병균을 심어놓는다. 관존민비(官尊民卑)가 대표적인 것이다. 물론 과거에도 그런 사회적 분위기는 있었다. 그런데 국가가 제도적으로 확실하게 선을 그어서, 관청은 무조건 높은 곳이고 백성은 낮은 것이라고 가르쳤다. 백성은 관의 명령을 따라야 하고 관은 백성을 가르치는 기관이라고 정해버린 것이다. 관리가 백성을 차츰 제 머슴쯤으로 대우하다가, 나중에는 노예로 여겨도 할 말이 없는 세상이 되었다. 사농공상(士農工商)이란 사상(四相)도 그래서 나온 것이다.

갓 쓰는 선비가 첫째 귀하고, 농사짓는 농사꾼은 일반 양민은 되고, 물건 만드는 바치는 천한 계급이고, 장사꾼은 거짓말을 해야 이문이 남는, 그렇게 이문을 먹고사는 천것이다. 사농공상이란 본래의 뜻은 이렇게 심한 것은 아니었다. 유교사상에서 정치하는 사대부를 으뜸으로 친 것은 사실이지만, 백성의 신분에다 이렇게까지 족쇄를 채우지는 않았던 것이다. 말이 났으니 살펴보자.

이중환이 저술한 『택리지(擇里志)』에 「사민총론(四民總論)」이 있다.

옛적에 순(舜)임금은 역산(歷山)에서 밭 갈고, 하빈(河濱)에서 질그 릇을 굽고, 뇌택(雷澤)에서는 고기잡이를 했다. 밭을 가는 것은 농사 꾼 일이요, 질그릇 굽는 일은 바치가 하는 것이며, 고기를 잡아다가 파는 노릇은 장사꾼들이 하는 짓이다.

그러므로 임금 밑에서 벼슬하지 못한 사람은, 마땅히 농·공·상의 일반민이 되었다. 대저 순임금은 천고에 백성으로써 표본이었다.

그러나 이런 명분이 있다고 해서 명분이 반드시 지켜지는 것은 아니다. 칼자루 쥔 놈이 칼은 휘두르기 마련인데, 고려의 선비들도 순진한 사람들만은 아니었던 것이다. 하긴 백성을 쉽게 생각하고 함부로 대우하는 것은 갑자기 고려에 와서 생긴 것은 아니다. 신라 때부터 골품제도(骨品制度)*1가 있었으니 그때부터 백성을 우습게 아는 풍조가 만연했

***
1. 골품제도 : 개인 혈통의 높고 낮음에 따라서 사회생활의 전반에 걸쳐 여러 가지 특권과 제약이 가해지던 신라의 독특한 제도이다. 골품제도는 처음에 왕족을 대상으로 한 골제(骨制)와, 귀족을 대상으로 하는 두품제(頭品制)로 나뉘어져 있다가 법흥왕 때 하나의 체계로 돌아서는데, 성골(聖骨), 진골(眞骨)등의 2개의 골(骨)과, 6두품부터 1두품에 이르는 6개의 두품을 포함하여, 모두 8개의 신분계급제도다.
관료가 될 수 있는 6두품, 5두품, 4두품과 일반평민에 속하는 3두품, 2두품, 1두품으로 크게 구별되었다. 관등상의 구별은 복색에서 4종류로 나누어지는데, 자색(紫色)은 진골, 비색(緋色)은 6두품, 청색은 5두품, 황색은 4두품으로 규약 되었다.
신라가 골품제도를 둔 것은 김춘추가 유교를 수입 해 들인 것에서 비롯되었을 것이다. 유교는 본래가 신분사회여서 인민을 등급으로 나누는 버릇이 있는 탓이다. 이것은 훗날의 이조사회가 성리학을 하면서 멀쩡한 인민들을 등급을 매겼던 것에서도 나타나는 일이다.

던 것이다. 그러던 것이 고려에 와서 새로운 방향으로 풍조가 더욱 달라졌다는 이야기다.

어느 사회에서나 사람등급은 있었고, 부림을 당하는 계급도 있었다. 그러나 모든 사회가 똑 같은 것은 아니었고, 자기들의 풍토나 정신적 관습에 의해 너그럽게 대우할 수도 있었고 각박하게 구는 사회도 있었다. 그러나 신라의 골품제는 복색을 정해놓고 사회를 억압했으니, 그런 숨통이 막히는 사회에서는 인민(人民)이 끝없이 옥죄이고 있어서, 사람이 사는 사회가 아니었을 것이다. 이 골품제도는 신라가 망할 때까지 계속되었는데, 그렇다면 왜 신라는 이런 답답한 제도를 만들어야 했을까? 어쩌다가 실수로 만든 제도였다면 그 제도가 당연히 고쳐져야 마땅하다. 그게 인간사회의 율법이다. 그런데 답답한 법을 만들어 놓고도 그 법이 답답한 줄을 몰랐다면, 그들은 처음부터 그렇게 자질을 타고 났다고 밖에 할 수밖에는 없다. 도대체 신라는 왜 그렇게 생겨먹었을까?

생각건대 그들이 그렇게 답답하게 된 것은 그들이 의지한 산천풍토가 그렇게 생겨서였다고 볼 수밖에는 다른 까닭이 없다 할 것이다. 풀어서 말한다면 백두산 줄기가 남으로 뻗어 내려서 조선반도를 이루었고, 태백산맥의 준령이 등뼈노릇을 하고 있는 이 경상도는, 그 산의 준령이 내뿜는 기운과 동해바다에서 철썩이는 거친 파도를 안고 사는 탓에, 그들의 말하는 억양이 다르게 되어 있다. 그 말의 억양은 신라 때도 여전했고, 그래서 지금도 여전하고, 앞으로도 여전 할 것이다. 그리고 그 말씨를 쓰는 한 그들의 피 속에 내림한 인습이나 관념도 변하지 않을 것이다.

이런 신라인들에게 좋은 장점이 하나 있다. 쉽게 바깥바람을 타거나 유행에 민감하지 않는다는 점이다. 이것은 백제인들과 비교해 볼 때 거의 확실하게 다른 점으로 집어 말할 수가 있다. 전라도의 산세는 촉(燭)해서 재주가 많은 산이다. 이 산에 사는 사람들은 쉽게 유행을 따르고 민감한 데가 있는 반면에, 경상도 사람들은 그렇지가 않다. 과거 불교사를 뒤돌아보아도 백제에서는 마라난타(摩羅難陀)라는 낯선 호승(胡僧)이 아무 저항없이 바로 왕궁으로 들어갔고, 그래서 어렵지 않게 불교를 펼 수가 있었다.

그러나 신라는 어땠는가? 200년이나 늦게 불교를 시작하면서도, 그 과정이 결코 순탄치 못했다는 걸 우리가 알고 있다. 이차돈(異次頓)이 임금과 짜고 자기의 목을 치라고 부탁을 한다. 그러면 틀림없이 부처님의 신이(神異)한 징험이 있을 것이라고, 그래 그렇게라도 해서 불교를 신라에 심어야겠다는 것이다. 이차돈의 목을 치니 과연 목에서 붉은 피가 아닌 흰 피가 쏟아졌고, 태양이 광휘를 잃는 변이가 일어났으며, 물고기와 자라가 뛰는 등 일대 사건이 생긴다. 신라불교는 그렇게 어렵게 시작된 것이다. 왜 신라는 불교를 그렇게 지독하게 반대를 했을까? 그것은 기왕에 믿어온 기성의 종교가 그들에게 충분히 친숙했기 때문이다. 바위나 고목나무에 검줄(神索)을 드리우고 검님 샘님 찾는 삼신신앙이 넉넉했으므로, 그들에게는 굳이 다른 종교를 원할 이유나 까닭이 없었던 것이다. 이것이 경상도 기질이다. 지금도 경상도 사람들은 한 번 뿌리를 내린 불교에 심취해서 좀체 기독교를 믿으려고 않는다. 전라도 사찰이나 충청도의 사찰들은 시쳇말로 신심이 없어서 사찰 운영이 어려움을 겪는다. 그러나 경상도 사찰은 신심들이 두터워서 도대체가 가난을 모른다는 것이 일반적인 통념이다.

그런 기질이 쉽게 자기들끼리 뭉치는 것이다. 그런 그들이 잘 내세우는 말이 있다. "우리가 남이가". 자기들끼리 잘 뭉친다는 말을 그렇게 표현한다. 특히 선거철이 되면 그 말이 전염병처럼 번지면서 경상도를 하나로 묶는 것이다. 그러나 그들은 전체의 이익에는 대체로 무관하다는 인상을 풍긴다. 어디까지나 자기들의 이익을 위해서만 뭉치는 것이 경상도 사람들이다. 이 말은 3·1운동 당시에도 경상도 사람으로는 33인이나 되는 민족대표 중에 오직 이갑성(李甲成)[2] 한 사람만이 민족대표로 등재되었다는 것에서도 쉬 알 수 있는 일이다.

각설하고—. 고려사회는 이제 유교라는 틀이 생겼으므로, 이제 모든 것을 유교식으로 정비하고 몰아갈 것은 빤하다. 그 유교의 풍속이 단군의 풍속이 아니라는 데서 이상 기류가 생긴다는 것도 짐작할 수 있다. 고려에 와서 하층 백성이 늘어나고, 노비가 많아지는 것도 그런 유교의 기류 탓이던 것이다. 멀쩡한 백성들을 상하로 나누어 구분을 짓고, 그러다 보니 신분제도가 잘못되어 마음에도 없는 노비가 생겨나는 것이다. 이것은 국가가 법으로 규정해 놓은 것이라 어쩔 수 없이 떠밀려서 사회가 노비를 대량으로 생산해 냈다고 할 수 있다. 단군의 율법에는 없는 일들이 태연하게 벌어지는 것이다.

노비에 관한 것을 잠깐 알아보자. 오늘의 대한민국에는 노비가 없지

***

2. 이갑성(李甲成) : 대구 출신의 독립운동가. 민족대표 33의 한 사람인데도 그는 일본의 요구를 따라서 창씨개명을 한 것으로 되어 있다. 이와모도 마사이찌(岩本正一)가 그의 이름이다. 당시 독립운동가들 사이에서는 그가 상하이에서 일제의 고급 밀정이라는 말이 회자되었고, 심하게는 임시정부의 독립자금도 횡령했다는 말까지 있었다.

광복 후에는 '독립촉성 국민회'를 결성하였고, 1950년에는 제2대 민의원을 지냈으며, 1963년에는 박정희의 '민주공화당'의 창당발기위원으로 활동하였다. 1965년에 광복회장이 되었고, 삼일동지회(三一同志會)의 고문이 되었다. 1962년 건국훈장 대통령장을 받았다.

만, 대기업의 횡포나 권력 가진자들의 여러 농간에 의해서 우리시대에도 억울한 노비들이 있다고 보기 때문이다. 단군시절에 나온 〈팔금법(八禁法)〉에 남의 것을 훔치면 그 집에 노비가 되어야 한다는 조목이 있었다. 적어도 이것은 건전한 사회의 법속이었다고 판단되는데, 그 후로 오면서 노비의 역사도 많이 굴절하고 달라지게 된다.

고구려에서는 살인을 한 자는 곧 죽여서 갚지만, 그의 가족은 노비로 삼는다 했다. 백제의 기록은 여자가 간음을 하다 발각되면 종이 되었고, 형벌을 받은 자도 죄의 중량에 따라 종을 만들었다. 전쟁의 포로가 종이 되는 수가 있는가 하면, 어떤 이유로 자신을 방매하여 스스로 노비가 되기도 했다. 나중에는 노비의 수가 많고 적음에 따라서, 그 사람 재산 정도를 헤아리기도 했으며, 팔고 사는 제도가 공공연하게 생겼다.

『반계수록(磻溪隧錄)』을 남긴 유형원이 조선의 노예제도를 말하여 "중국의 옛날 법에는 범죄 때문에 노비가 되었더라도, 사면을 거쳐 양인이 되었고 비록 종신토록 종살이를 하더라도, 그 자식에게는 이어지지 않았다. 그런데 우리나라의 노예법은 유죄·무죄를 따지지 않고, 그 자손은 100대에 걸쳐 노비가 된다." 하고 탄식했다. 물론 이것은 이조 후기에 와서 실학자가 쓴 것이니, 고려시대와는 상관이 없을 수 있다. 허나 유교가 들어와서 사회개혁을 한 후의 결과라면 비록 이조 후기의 학자가 말한 것도 상관관계가 있다고 나는 생각한다.

조선 초기 성종시절에 이미 나라 인구의 삼분의 일이 노비였다면 다 한 말이다. 고려의 풍속이 기초가 되었기 때문에 그런 결과가 나타난 것이다. 어찌 유교에 책임을 묻지 않을 것인가. 이런 것이 유교의 폐단이요 병폐라는 말이다. 사대부는 신분이 높고 귀하기 때문에 제가 먹는 것도 생산하지 않으면서 생산업에 종사하는 백성이란 것들은 마소와 같은 취급을 하여, 문서를 만들어 팔고 사면서 그것을 당연시 했던 사회. 국가제도라는 것이 이렇게 잘못되고 엉터리인데도 양반이니 사대부니 하는 것들은, 놀고먹는 자기들 중심으로 법령을 만들어서 승자독식(勝者獨食)의 체제를 굳혀갔던 유교. 그 유교의 잔재는 오늘의 대한민국에서 지워졌을까? 아랫 백성한테는 이렇듯이 엄하게 군림하고 거드름을 피우면서도, 유교의 본국인 저 서토를 마주 할 때는 정작 고개 한 번을 세우지 못하고 스스로 소국(小國)을 자처했던 망령된 국가. 그 기초가 이미 고려에서부터 싹이 트고 있었다. 이른 바 사대모화(事大慕華) 사상이다. 요새 같으면 친일파 친미파들을 가리키는 말이다.

다시 아리랑 한 곡조를 들어 얹는다.

비틀리고 어긋짝난 유교의 학문이, 마침내 이 국토에 번성을 하누나/ 아리랑 스리랑 아라리가 났네 아리랑 고개고개로 날 넘겨주게/ 멀쩡한 인민을 두쪽으로 나누어, 양반이라 상놈이라 편 가르기 바쁘네/ 아리랑 스리랑 아라리가 났네, 아리랑 고개 고개로 날 넘겨주게/ 고랫등 기와집은 사대부 차지요, 땀 흘려 일하는 이는 상놈이되네/ 아리랑 스리랑 아라리가 났네 아리랑 고개고개로 날 넘겨주게/ 하늘 아래 이런 법은 정녕 없는데, 무식한 백성은 마소로 보네/ 아리랑 스리랑 아라리요 아리랑 고개고개로 날 넘겨주소/ 세상이치 살펴보니 앞이 캄캄, 건들대고 놀고먹는 놈이 왈짜로 구나/ 아리랑 스리랑 아리리요 아리스리 고개로 날만 넘겨주시게.

안향의 주자학 수입

그런데 여기서 타는 불에 기름을 끼얹는 사건이 생긴다. 안향(安珦)의 주자학 수입이다. 이것이 이조라는 국가사회를 철저하게 망가뜨리는 해로운 독소로 나타난다. 그것을 안향이 준비했던 것이다. 물론 안향이 그리되리라고 짐작을 했던 것도 아니고, 주자학에 나라를 망치도록 된 조문(條文)이 있는 것도 아니다. 성리학이 의도했던 바도 사람의 성품은 하늘에서 부여받은 것을 전제하면서, 개인의 수행과 치국의 방침을 담아낸다. 전혀 새로운 시점에서 본 것이므로 선비라면 한 번 생심을 낼 만한 내용이던 것이다. 언제나 새로운 것에 호기심을 느끼는 성정이 이 대목에서 발동이 되었다고 하면 잘못일까?

안향도 처음 접하는 학문에 호기심을 느끼고 고려의 선비들에게 소개하고자 하는 순수한 열정에서 주자학을 들여왔으리라. 그러나 불씨를 처음 보는 아이가 불을 가지고 놀다가 결과적으로 집안에 불을 낸 꼴이었다. 안향이 주자학을 처음 접한 것은 충렬왕을 호종하고 원나라에 갔을 때였다. 주자학을 만난 그는 당장에 호기심을 느꼈다. 그리고 기울어가는 고려를 위해 한 번 써볼만한 지혜의 책이라고 판단하고 필사(筆寫)를 시작했다. 그 후로도 주자학 연구를 위해 원나라를 여러 번 찾았다. 그렇게 들여온 주자학이었다. 그런데 이 주자학은 처음부터 인간의 의지가 앞선 정치적 당위를 목표로 만들어진 책이다. 주자학을 들여다가 고려에 써보자는 안향의 생각도 이 점에서는 맞아 떨어졌다고 할까?

주자학이 위험한 것은 주변의 풍성한 여지를 모두 없애고, 오직 실제에 필요한 줄가리만을 들어 세운 데 있다. 예를 들어 사람이 다니는 길을 놓고 말한대도, 길 옆에 다른 것이 있는 여러 가지를 드는 것과 같은 이치다. 가령 길옆에는 작은 시냇물도 있고 그 옆댕이에는 논두렁, 밭두렁도 있어서 풍성한 들판이 준비되는 것이다. 그 사이를 뚫고 좁은 길이 나는 까닭에 그 길은 외롭지가 않고 넉넉한 여유를 갖는다. 만약에 오직 길만을 주장하여 그 옆에 있는 다른 것들을 없애기로 든다면, 그러니까 옆에 있는 시내나 논밭두렁을 필요가 없는 것이라 하여 그 흙을 파다가 황천에다가 버린다면, 결과가 어떻게 될까?

여기서 우리는 우리에게 필요한 길이 직접적으로 소용에 닿지 않은 것들과 늘 연계되고 있다는 사실을 깨닫게 된다. 다시 말하면 개울도 있고 논밭두렁도 있고 다시 끝 간 데가 없이 이어지는 들판이 있음으로써, 그 가운데에 놓인 가는 실 같은 길이 온전하게 여겨지는 것이다. 일찍이 공자의 유교가 이런 이치를 돌아보지 않았기 때문에 괴력난신을 말 못하게 하는 궁량 좁은 틀거지로 시작을 삼았었다. 그리고 주희(朱熹)의 주자학은 공자의 유교보다도 더 소견머리가 좁은 학문인 것을 자연스럽게 들여다보게 된다.

이 주자학을 다른 말로 '성리학(性理學)'이라 한다. 주자는 남송의 대학자로서 자기 시대에 분분했던 성리설을 정리해서 집대성한 사람이다. 그래서 성리학을 주자학이라 하는 것이다. 성리학은 주자가 갑자기 생각해낸 것이 아니라, 이기설(理氣說)이 발전하다가 성리학이 된 것이다. 기왕에 피해 갈 수가 없으니 그리된 과정을 살펴보자.

이기설 앞에 기론(氣論)이 먼저 있었다. 이 기론(氣論)은 북송의 장횡거에게서 나온다. 그의 고향은 오늘의 섬서성 미현(眉顯)이었는데, 변방에 위치한 탓에 당시 요(遼)나라의 거란족 침입이 잦은 곳이었다. 청년시절에는 군사학에 뜻을 두었으나 뒤늦게 유교로 전향한 사람이다. 그는 당시에 치솟고 있는 불교가 못마땅했으므로 그 대립을 꾀하여 1태허즉기론(太虛卽氣論)'을 발표한다.

태허(太虛), 즉 우주 허공은 기(氣)로 가득 차 있다는 일종의 유물론(唯物論)이다. 기(氣)는 요샛말로 에너지를 뜻한다. 그러니까 우주는 에너지로 이미 충만해 있으므로 만물은 그 에너지에서 저절로 태어난다는 논리다. 불교를 환망설(幻妄說)[*1]로 보고 그것을 뒤집으려 한 의도가 바로 내비친다. 이 유물론이 당시의 유교에 커다란 충격으로 울려 퍼졌다. 새로운 학설이었으므로 학자들의 주목을 받은 것이다.

그러다가 이학(理學)이 등장한다. 이학은 일종의 정신학이다. 기(氣)가 물질의 원소라면 그 원소에 혼이 깃들어서 생명은 이루어지는 것 아니냐는 진화론이 나온 것이다. 그러자 당시의 유학자들이 대거 참여해서 나중에는 이기론(理氣論)으로 진보한다. 주렴계, 정명도, 정이천, 이

***

1. 환망설(幻妄說) : 허깨비 말처럼 허망하고 망령된 설이라고 해석한다. 당시 유학자들이 툭하면 불교를 그렇게 오해했다.

연평 같은 걸출한 인물들이 모두 이기론의 대가들이다. 특히 주렴계(周廉溪)가 주장한 태극도설(太極圖說)[*2]은 당시에 유명했고, 우리나라 성리학계에도 지대한 영향을 미쳤다.

이기론이 성리학으로 발전한다. 주로 주자에 의해서 완성된 학문이다. 성리학을 하는 사람들은 반드시 이기론을 알아야 성리학에 참여할 수가 있다. 기(氣)가 먼저냐 이(理)가 먼저냐. 장횡거는 기를 먼저 생각하면서 '태허즉기'라는 기론(氣論)을 주장했지만, 그 후 정명도 정이천이 이(理)를 들고 나오면서, 본격적인 갑론을박이 벌어진 것이다. 물질인 원소가 있다면 그 원소에 이미 정신적인 요소가 있다는 것이 정자이가(程子二家)의 주장이다. 정명도, 정이천이 형제였기 때문에 세상에서 그렇게 부른 것이다.

성리설은 우리나라에 와서 더욱 번창하고 무성해졌다. 퇴계 율곡이 모두 성리학자다. 사계(沙溪) 김장생, 신독재(愼獨齋), 김집, 우암(尤庵) 송시열, 수암(遂庵) 권상하…, 이들의 이름을 다 들자면 끝이 없다. 사대부와 양반이란 자들이 대개 성리학자를 자처했으니까. 이들 중에서 한 사건에만 초점을 댄다면 권상하의 문인들 중에 이간(李柬)과 한원진(韓元震)이 있었다. 그런데 이들은 한 스승 밑에서 배우면서도 서로 주장하는 바가 달랐다. 한원진은 사람이나 동물은 천성이 같은 것이 아니라 하여 인물성이론(人物性異論)을 말했고, 이간은 천성은 같은 것(人物性

***

2. 태극도설(太極圖說) : 주역을 부연하여 당시의 이기론에 혼란을 야기했던 논설. 주역은 음과 양이 우주와 생명을 생성하고 소멸한다는 변화논리인데, 음정(陰靜) 양동(陽動)을 주장하였다. 풀어서 말하면 양은 움직이지만, 음은 움직이지 않는다는 말이다. 그러나 음도 양도 잠깐도 쉬지 않고 움직이는 것이다. 낮이나 밤이나 우주는 생성하고 소멸하는 것을 멈추지 않는 것이어서 그 속에 사계의 변화가 있는 법이다.

同論)이라는 주장을 폈다.

성리학자 사이에서 두 의견을 놓고 공방이 치열해진다. 이간의 집이 서울에 있었기 때문에 그 쪽 사람들을 낙론파(洛論派)라 했고, 한원진의 집은 충청도였으므로 호론파(湖論派)로 불렀다. 중국의 주(周)나라가 낙양(洛陽)을 서울로 한 적이 있다. 그래서 '낙론파'란 이름이 생기고, 충청도는 호서(湖西)니까 '호론파'라 한 것이다. '인물성동론'과 '인물성 이론'의 불길이 전국으로 확대되어 번져가는 중에 그럼직한 사건이 또 생긴다. 고봉(高峰) 기대승과 퇴계(退溪) 이황 사이에 유명한 사단칠정 론(四端七情論)[3]이 터진 것이다.

그러나 이런 것은 밥을 버는 국민의 생활과는 아무 상관도 없다. 그저 자기들끼리나 심심파적으로 할 이야기들인데, 그것으로 아주 살림 살이를 삼은 것이 문제다.

그러나 여기까지는 그래도 심오한 철학을 논했다는 점에서 참아줄 수도 있다. 사람과 짐승의 천성이 같은 것이냐 다른 것이냐 하는 문제 는, 유교의 인·예·의·지를 넘어서 생명의 본성 곧 천지의 도덕에 접근 했기 때문에 신통하다면 신통하기까지 하다. 거기서 사단칠정(四端七 情)에 대한 논의가 나올 것도 당연하다. 그리고 그것을 하필 퇴계와 고 봉이 갑론을박을 했다는 것도 그럼직하다.

당시 성리학을 대표하는 거두들이 이 문제에 천착했다는 건 성리학 의 체면을 세워준 일로 칠 만해서다. 맹자의 성선설(性善說)과 순자의

***
3. 사단칠정설(四端七情說) : 측은(惻隱), 수오(羞惡), 사양(辭讓), 시비(是非). 이 네 가지를 사단 (四端)으로 맹자가 정의했다. 칠정(七情)은 인간 감정의 총칭으로, 희(喜)·노(怒)·애(哀)·구 (懼)·애(愛)·오(惡)·욕(慾)을 말한 것이다.

성악설(性惡說)이 사단칠정에서 나왔기 때문이다. 돈도 안 되고 밥도 못 되는 뜬구름 잡는 이야기가 고맙다는 게 아니라, 성리학을 살림살이 삼은 학자들이 이 이야기를 비켜갔다면 그나마 조선성리학의 체면이 아닐 것 같아서 위로가 된다는 말이다.

같은 내용을 반복하면서도 다른 뜻이라고 주장하고, 저도 잘 모르는 말을 장황하게 늘어놓으면서 상대방을 설득하려 드는 궤변이 낭자했던 이조의 성리학. 그것으로 정치를 하면서 옳고, 굵고를 주장하다가 결국은 붕당으로 번진 것이다. 그 종주국에서도 성리학으로 붕당을 만든 적이 없고, 물건너 일본사람도 그 따위 짓거리는 한 적이 없는데, 우리만 남의 것 꾸어다가 나라를 망해 먹은 것이다. 그리고 엉터리 태극도설을 놓고도 피해를 본 것은 우리 뿐이었다. 중국에서는 일찍이 장횡거가 태극도설을 평하여 "염계가 젊어서 내놓은 것이니, 혹 오류가 있을 것이다. 너무 천착하지 말아라."고 경계했던 것이다.

그런 태극도설과 성리학이 동인·서인을 만들고, 노론·소론으로 패가 갈리더니 나중에는 온 나라가 갈래 갈래로 나누어지고 찢어지면서 결국은 망국병이 되고 있었다. 당파 싸움은 선비들끼리의 싸움이 아니라, 아무것도 모르는 일반 백성들까지 끌어들여서 한 골목에 살아도 당색이 다르면 서로 내왕이 없고, 말을 않는 지경에 이르렀다니 나라꼴이 무엇이 되었을까? 그래서 "이발(理發) 기발(氣發)에 집안 망하고, 무극(無極) 태극(太極)이 사람 잡는다."는 속담이 온 나라에 회자된 것이다.

무지렁이 백성이 무엇을 알아서 성리학 싸움에 끼었을까? '상탁하부정(上濁下不淨)'이란 말이 있다. 윗물이 맑아야 아랫물이 맑은 법이다. 자기네 상전이란 사람이 무슨 생각을 하게 되면 그 집에 종이나 머슴도 자연히 영향을 받게 된다. 그게 집안 분위기요, 전체적으로는 사회기류다. 우리 삼대의 제왕들이 모두 자신의 수행을 무겁게 여기고, 정치 같은 건 코끝에 따라다니는 하찮은 것으로 여긴 것이 까닭이 있어서다. 자기의 일거수일투족은 그대로 관료들이 보고 배우는 모범이요, 사표다. 또 관리들의 행동거지나 말 한마디는 그대로 백성들을 이끌어가는 벼릿줄이 되어버린다. 이치가 이런데 어떻게 요새 정치인들처럼 안 보이는 데서 자기 양심을 속이는 짓거리를 생각이나 할 수 있겠는가.

그런데 여기서 빠뜨리지 못할 것은 주자의 성리학이 처음부터 불교를 배척할 요량으로 만들어졌다는 사실이다. 이 대목은 약간 지루하더라도 확실히 하고 넘어가자. 목적을 미리 세우고 이루는 학문이란 것이 이토록 위험하다는 것을 알고자 해서다. 학문만 그런 것이 아니라 말을 앞세우는 정치가 그렇고, 깃발만 요란한 기업들의 사업이 그렇고, 달라지겠다고 수없이 맹세를 해도 양아치 짓을 되풀이 하는 사법이 그렇다.

장횡거가 그런 것처럼 주희(朱熹)도 불교의 득세에 의심스런 눈초리를 보내고 있던 사람이다. 당나라를 지나 송나라에 이르렀을 때의 유교는 한껏 전성기를 맞았지만, 불교도 무르익도록 성숙했던 시기다. 특히 남송에 이르러서는 문자(文字)를 세우지 않는 참선(參禪)이 성행하고 있었다. 그 참선의 종장(宗匠)에 대혜(大慧)[4]가 있다. 그 대혜선사가 바로 주희(朱熹)의 외숙(外叔)이었다. 따라서 불교를 모를 주희가 아니었고, 참선을 안 해 본 사람이 아니었다. 그러나 그는 생각이 달랐다.

****

4. 대혜(大慧) : 참선을 더 할 수 없이 잘 설명했다는 황벽선사(黃檗禪師)의 어록(語錄)이 참선학자의 눈을 오히려 멀게 하는 병통이라 하여 불살라버리고, 각자의 마음속에 있는 불성을 직접 참구하라고 했다.

불교는 어차피 출세간의 도다. 산중에서 수행을 하는 데는 좋을지 모르지만 국가라는 현실을 통치하기 위해서는 역시 유교라야 한다. 그렇다면 이 실마리를 어디서 어떻게 풀어가야 옳으냐. 그는 주역의 곤괘(坤卦) 문언장(文言章)에 거경(居敬)해서 궁리(窮理)하라는 대목에 착목했다. 엄숙하게 앉아 사물의 깊은 이치를 참구해서 자신을 완성하라는 뜻이다. -敬以直內+義以方外=居敬窮理- 다시 말해 내면부터 바로하고 그 내면에 사물이치를 흡수하여 자신의 인격을 완성해가라는 말이다. 인간의 내면에는 성(性)이 있고, 사물 속에는 깊은 생명의 이치(理)가 있다. 그 理를 끌어들여 性으로 소화하라는 것이 성리설(性理說)의 요점이요 요체다.

그러나 주역에 거경궁리(居敬窮理)가 들어 있다고 해서, 그 거경궁리를 인간의 노력만으로 붙잡을 수 있다는 생각은 처음부터 빗나가는 짓이었음을 알았어야 했다. '거경궁리'라는 이 외길은 그 노력 자체만으로는 이루어내는 게 거의 불가능한 노릇이다. 앞서 살펴온 것처럼 이 외길 옆댕이에는 시내도 있고 논두렁 밭두렁도 있고, 그렇게 끝없이 펼쳐지는 들판이 있고야 비로소 외짝 소릿길이 완전한 법이다.

노자도 이에 견줄 수 있는 비슷한 말을 한 적이 있다. 그는 우리가 소용에 닿는다고 생각하는 모든 것은, 소용에 닿지 않는 것이 있어서 그 쓰임이 가능하다고 했다. 그는 그것을 '비움'으로 설명했기 때문에 노자를 비움의 철학으로 말하는 것이다. 가령 하나의 그릇은 곁두리에 있는 테두리가 중요한 것이 아니라, 그 테두리가 감싸고 있는 빈 공간이 있어야 비로소 그릇이 된다는 식이다. 그릇에 무엇인가를 담자면 그 빈 공간이 있어야 담을 수 있는 것과 같은 이치다. 그러므로 정작 필요한 것은 겉을 싼 테두리가 아니라, 테두리가 준비한 공간이 소용되는 것과 같다.

이런 논리로 본다면 거경궁리가 필요했다면, 그 거경궁리를 에워싼 사람 살림살이의 모든 요소가 먼저 불가피하게 요구되는 것이 이치에 맞는다. 하늘과 땅이 만물을 실어주고 덮어주어서 만물은 존재하는데, 왜 하필 사람을 귀하게 여기게 되느냐는 생각을 지나치거나 덮어두고는 안 된다. 그것은 사람의 머리가 여타의 초목이나 짐승과 다르게 하늘을 떠이고 있기 때문이다. 그래서 사람만이 큰 생각을 할 수가 있고, 사람이 중심이 되어서 홍익인세(弘益人世)를 해 낼 수가 있기 때문이다. 그러자면 천하대장군(天下大將軍)과 지하여장군(地下女將軍)이 맡은 소임을 천명하는 데까지는 생각이 미쳤어야 하고, 그 생각이 쓰여졌어야 옳았다고 할 수가 있다. 적어도 거기까지는 생각이 미쳐야 무리수가 없이 성리학을 이루어 낼 수가 있었다는 말이다.

살아있는 용은 언제라도 풍운(風雲)속에 휘감겨 있는 법이다. 그래야 그 용이 시들지 않고 온전하게 제 힘과 능력을 발휘할 수 있어서다. 그래서 용을 아는 사람들은 반드시 구름 속에 깊이 감추어진 용을 그리는 까닭이 바로 그런 까닭에서다. 그런데 성리학은 구름을 걷어내고 백일하에 드러낸 용을 그린 것과 같았다고 할 수가 있다. 그 용은 구름을 걷어내는 순간 바로 힘을 잃으면서 탈진할 수밖에 없었다. 그리하여 백일하에 드러낸 제 몸을 보호하기 위해 스스로 거품을 만들어서 견딜 수밖에는 다른 도리가 없었던 것이다. 이조의 성리학이 결국 명분 없는 당파싸움으로 치닫게 된 것이 그 증거였다고 나는 생각한다.

안향에 의해 고려에 들어온 주자학은 가히 선풍을 일으킨다. 그 무렵 고려의 학자치고 성리학을 기웃거리지 않은 사람이 없을 정도였다. 그렇게 준비된 성리학은 이성계의 이조로 인계가 된다. 고려에서 성리학 폐해가 없었던 것은 고려가 거의 끝날 무렵이어서 미처 겨를이 없었다는 게 옳을 것이다. 그 고려를 뒤엎고 새 왕조를 세우는데서 이방원의 공이 두드러졌다는 건 새삼스럽지가 않다. 그 이방원이 역시 성리학을 추종하던 사람이었고, 그와 함께 혁명에 참여했던 이조의 개국공신도 거의가 성리학자 일색이었다.

성리학은 이제 새 왕조에다 마음껏 기량을 펼칠 수 있는 기회를 잡은 셈이다. 여기서 미리 가늠을 대보자. 성리학은 아직 실험된 적이 없으니 예측이 어렵다고 해도, 성리학의 뿌리가 되는 유학(儒學)을 어림해보면 새로 세운 왕조가 어떨지 짐작이 될 것이다. 나는 앞에서 공자가 주장하는 인·예·의·지가 덕(德)과 (道)를 모르는 뿌리가 잘린 덜 된 것이라는 주장을 펼친 바 있다. 언제고 잘해 보려는 인간의 의지로만 헐떡거리기 때문에 낭패를 할 수밖에 없다는 이야기를, 우리의 장승을 말하는 대목에서 비쳤을 것이다.

그래서 공자도 자기 시대를 구하지 못하고 춘추(春秋)를 전국(戰國)으로 넘겨 천하가 살육의 난장판이 되었는데, 불교를 배척할 목적으로 출발한 주자학이 이조를 바로 세울 수 있을까? 지배계급은 혹 한 동아리로 뭉칠 수 있다 해도, 피지배계급인 백성들을 그들이 책임져 줄까? 그건 의심스럽다. 그러나 아직 초기임으로 미리 결론을 내리는 것은 옳지 않을 수 있다. 그렇다면 이조라는 새 왕조가 들어서서 처음에 한 짓이 무엇이더냐고 물을 수는 있겠다. 바로 불교를 배척하자는 기치를 세우는 것이었다.

이방원이 태종이 되자 즉시로 불교배척을 시작한다. 개국공신이라
는 주자학의 무리들이 함께 가세를 한 것은 물론이다. 누구 한 사람 나
서서 반대를 하는 시늉도 없었다. 이 대목을 두고 흔히 고려의 마지막
임금인 우왕(禑王)이 신돈(辛旽)의 아들이라는 평계를 대고 불교는 핍박
해도 좋다는 생각들을 가진다. 그러나 우왕이 죽음에 이르러 자기 겨드
랑이를 열어 보이면서 용의 비늘[5]을 가진 자신은 왕씨가 옳다는 것을
증명했다면 무어라 할 것인가.

새로 일어난 왕조는 언제나 자기들이 무너뜨린 앞에 왕조를 흠결을
내는 버릇이 있다. 그래야 그 흠결이 자기들이 그 왕조를 무너뜨릴 수
밖에 없었다는 당위가 되는 것이다. 그렇게 볼 때 남을 폄하하고 음해
하기 좋아하는 성리학의 버릇이 얼마나 없는 사실을 만들어가며 고려
를 헐뜯었을 것인가. 신돈도 공민왕의 신임을 얻어 전민변정도감(田民
辨正都監)이 되어, 당시에 문란했던 토지제도의 개혁을 단행하여 농민
의 권익을 실천했던 사람이다. 세간에서 작정없이 흘러다니는 낭설(浪
說)은 족히 믿을 것이 못 된다.

그러나 여기서 성리학의 계통을 따져보는 것은 중요한 과제에 속한
다. 사람이 조상에게서 내림한 제 피의 근본을 못 속이듯, 학문이라는
것도 그것을 전수하고 전수받은 계통에 따라서 성격이 달라지는 법이
다. 오염된 골짜기에서 흘러온 물은 맑게 보여도 안심하고 마실 수가
없는 것처럼. 이제 성리학의 계보를 더듬어보자.

***

5. 용의 비늘 : 왕건은 용의 피를 받고 태어난 사람이라 왕씨들은 겨드랑이에 용의 비늘이 있다는
   속설이 있다. 할아버지 작제건(作帝建)이 서해 용왕의 딸과 결혼해서 융(隆)을 낳았고, 융에서
   부터 증표가 있다 한다.

일찍이 장횡거의 기론(氣論)에다가 이(理)를 주장하고 나온 사람들이 있다. 정자이가(程子二家)다. 형 정호(程顥)는 '명도(明道)'라 불렸고, 아우 정이(程頤)는 '이천(伊川)'이라 불렸다. 주희는 이천의 학파 사람이다. 이들 형제는 理를 들고 나오기는 했어도 해석과 인식에는 차이가 있었다. 명도는 사람은 생명 그 자체가 성(性)이라는 쪽이었고, 이천은 기질(氣質)에 청탁(淸濁)이 있어서, 性과 기질이 부합하기 때문에 선악이 있다고 보았다. 선악이 있으므로 학문과 수양이 필요하다는 것이다. 그렇게 되면 거경궁리(居敬窮理)는 자연히 끌려나올 수밖에 없다.

이해하는 방향이 다른 것처럼 이들 형제는 학문의 태도도 달랐다. 주희가 이들 형제를 평하여, 명도는 "이치를 끝까지 밝히지만 전혀 거칠 것이 없어서 저절로 환하고", 이천은 "이치를 밝히는 과정이 성실하며 정밀하다." 는 것이다. 결국 이들의 학문하는 자세가, 형은 봄바람 같고 아우는 가을바람처럼 엄숙하다는 표현이다. 이천의 학문 태도가 얼마나 엄숙했는가 하면, 눈바람 속에 앉아서도 자세가 흐트러지는 것을 용납하지 않았다는 것이다. '좌설시립(坐雪侍立)'이라는 말은 이천의 학풍이 엄격한 데서 생겨난 말이다. 이들 형제에게 재미있는 일화가 있다.

어느 때 이 유명한 양반들이 어느 잔치에 초대된 적이 있었다. 형 명도는 술잔이 들어가니, 옷깃을 헤치고 갓은 틀어지고 박장대소를 하고, 기생을 끼고 농탕을 치는 모양이 곁에 아무도 없는 듯한 행동이었다. 그러나 이천은 반듯한 옷차림이 일어설 때까지 흐트러짐이 없었다. 이튿날 형을 만난 아우가 어제 잔치 집에서의 태도를 두고 형을 못 마땅해하며 찌푸렸다. 점잖은 선비로서 만좌중에 기생을 희롱하는 것은 더욱 있을 수 없는 짓거리였다고 바른 말을 한 것이다. 명도는 홍소를 터뜨리더니, "어제 내 맘속에 기생이 없었는데, 오늘 자네 가슴에 기생이 남았더란 말인가" 하고 일축하더라는 것이다.

이런 이야기를 왜 하는가. 이천의 학풍을 계승한 이조의 성리학은 끝까지 독선적이었다. 아니 독선 자체였다. 어떤 경우에도 저는 옳고 상대가 틀렸다고 내뻗는다. 꼬장꼬장해서 타협이라는 걸 몰랐다. 융통성 없는 이천의 몸짓을 끝끝내 버리지 못한 것이다. 같은 성리학을 하면서도 해석이 다르고 주장이 다르면 무조건 용납하지 않았다. 나중에는 그것을 사문난적(斯門亂賊)이라 하여 국가에 역적짓을 한 것과 동율(同律)로 생각했다. 그랬으니 국가가 발전은커녕 점점 기세가 죽고 오그라들어 나중에는 이상한 기형(畸形)이 되어 이놈한테 채이고 저놈한테 쥐어박히다가 끝내 왜놈 먹잇감이 된 것이다.

또 있다. 옆 사람 잘 되는 꼴을 못 보는 나쁜 버릇도 이조에 와서 성리학이 끼친 짓이다. "사촌이 논을 사면 배가 아프다."는 속담이 우연히 나온 것일까? 파당을 지어 불화를 일삼았으니 화합이나 우애가 남아 있을 턱이 없다. 오히려 반대로 옆 사람이 잘못되면 공연히 이득을 본 것 같아서 기분이 좋고, 잘 풀리고 잘 되면 무슨 손해라도 본 것처럼 아쉬운 생각이 드는 것. 그런 심리가 팽배했었다는 걸 그 속담에서 읽을 수 있다.

그런 비틀리고 억눌린 심리는 민속놀이에까지 남아서 오늘의 우리가 생각없이 전해가는 게 있다. 윷놀이다. 윷은 상대편 말을 공략하고 방해하는 재미로 노는 놀이다. 앞서가는 상대를 붙들어서 도와주고 따라가는 법은 없다. 어떻게든지 딴지를 걸고 거꾸러뜨려야 재미다. 자꾸 못가도록 붙잡고 늘어지고 무너뜨려야 한다. 두 동 석 동 엎고 가는 말을 잡으면 제 승리가 가까우니 더 기고만장해진다. 이게 무슨 비틀린 심사일까. 혹시 동인, 서인 찾아가며 피바람을 부르던 시절의 버릇일까. 아니면 자객을 보내서 일가족을 몰살하던 취미일까.

서토인들이 전한(前漢)시대에 와서 남긴『신이경(神異經)』이란 책이 있다. 그 책에서 우리 민족을 평가했다.

동방에 있는 사람들은 모두 허리에 띠를 두르고, 머리에 검은 갓을 쓴다. 여자는 다 문채 나는 옷을 입으며, 항상 공손하게 앉는다. 서로 얕보는 법이 없이 서로 칭찬하며, 비방하는 일이 없다. 누구의 근심스런 일을 보면 죽기로써 구해주니, 얼른 보면 어리석은 것 같으나 곰곰이 생각해보면 착한 사람들이다.

이런 민족이 무슨 험난한 역사를 살아왔기에 사촌이 논을 사면 배가 아픈 사람들이 되었는가. 옆에 사람이 곤란한 지경을 당하면 제가 죽는다는 생각을 못하고 뛰어들던 사람들이 어쩌다가 헐뜯고 비방함을 즐기는 몹쓸 민족이 되었는가.

추어보면 까닭이 있을 것이다. 사람이 갑작스럽게 죽어도 단서가 있고 느리게 서서히 죽어도 죽는 원인이 있는 법이다. 그런데 500년이나 지속되던 국가가 망했는데, 거기에 어찌 원인이 없을 것인가. 망해도 좋게 망한 것이 아니라 바다 건너 야만으로 무시하던 섬나라에 주권을 내주고 대강이를 밟힌 것이다. 그렇게 되게 만든 책임을 성리학에서 찾으라는 이야기다.

다시 아리랑 한 수를 얹는다.

근본에서 멀어지는 살림은 누가 책임을 지나, 속절없이 하늘을 보며 애간장만 끓이네/ 아리랑 스리랑 아라리가 났네, 아리랑 고개고개를 넘어간다/ 종래로 믿어왔던 검님 샌님을 피하고, 생판 낯선 공자맹자는 뉘집 귀신인가/ 아리랑 스리랑… / 급기야 동인 서인 파당을 짓더니, 한 골목에 마주쳐도 눈길을 피하네/ 아리랑 스리랑 … / 차라리 동구에 섰는 장승벅수 믿어라, 가을 하늘 외기러기가 우는 소리 들어라/ 아리랑 스리랑 … / 바이칼 적 검님 샌님 어드 메에 계신고 신시시절에 재세이화는 아주아주 끝났나/ 아리랑 스리랑…….

배 속의 벌레 친일파

이성계의 조선은 그렇게 망했다. 밥을 먹고 돈을 벌고 힘을 쓰는 정치가 아니라, 허공에 뜬구름 잡는 이야기로 나라살림을 경영하다가 망한 것이다. 밥을 벌고 옷을 벌고 희망을 벌면서 살아야 사는 맛이 나는 백성을, 그저 쥐어짜기만 하면 젖이 나오는 젖소로 알고, 풀 한 주먹 거두는 법이 없이 짜기만 하다가 결국 소가 죽으니 저희도 죽은 것이다. 당연하게 망한 왕조였고 잘 망한 왕조였다.

어떤 경우에 정부는 망할 수 있다. 잘못된 정부는 속히 망하고 새 정부가 서는 것이 옳다. 그 정부도 잘못하면 망해야 한다. 그리고 잘하는 정부가 맡으면 된다. 그러나 국가가 망해서는 안 된다. 국가는 끝까지 지켜내야 한다. 국민이 살 터전이기 때문이다. 국민에게 있어서 국가는 최후의 보루(堡壘)다. 더 이상 물러 설 데가 없는 한계가 국가다. 그렇기는 하지만 그 국가도 국민을 제때에 보호하지 못하면 망할 수 있다. 아니 국민이 먼저 그런 국가를 원하지 않으므로 저절로 망하게 돼 있다. 이조는 그렇게 망한 왕조였고 국가였다.

그 왕조의 끄트머리가 이번에는 왜놈 손에 들어간다. 아직까지는 이런 일이 없었다. 조선이 망할 때는 북부여가 쇠잔한 조선을 잇다가 고구려에 전했고, 고구려는 대진국(大震國 : 발해)이 계승했다. 대진국을 물려받은 것은 고려였고, 고려는 이성계의 조선인 이조(李朝)가 맥을 이었다. 그런데 그 이조는 물 건너 왜놈한테 나라를 빼앗긴 것이다.

왜 신라의 삼국통일을 치지 않느냐고 물을 수 있다. 그러나 생각이 있다면 신라 통일은 민족역사에서 따로 세우는 것이 옳다. 당나라 군대를 불러들여서 형제 집에 불 지르고 이루어낸 통일은 치욕이기 때문이다. 그리고 고구려 땅을 다 잃고 대동강 이남으로 바짝 줄어든 국토를 생각하면 더욱 그렇다. 또 잃은 국토를 찾으려고 애를 썼느냐 하면 그것도 없다. 삼국통일을 이루었다는 문무왕이 하는 짓을 보아도, 섬나라 왜(倭)가 동해안에 노략질 하는 것을 막겠다고 호국용이 되려고는 했지만, 정작 당나라에 빼앗긴 고구려 국토는 언급조차 안 했다. 또 당나라 문물을 수입해 들여서 단군의 정신을 후퇴시킨 신라 정치권의 작태도 다시 생각해야 한다.

단군의 국토에서 사대모화(事大慕華)를 시작한 것도 신라다. 그것이 이성계의 이조에 와서 성리학 때문에 더 노골화했던 것이다. 그리고 그 끄트머리에서 마침내 왜놈을 끌어들였다. 언제나 첫 번 시작이 어려운 것이지 그 다음부터는 쉽게 여겨지는 것이 인지상정이다. 김춘추나 김부식이 망설였다는 증거가 없는데, 하물며 이완용이나 이병도가 망설일 양심이나 있었겠는가. 을사오적(乙巳五賊)[1]이 다 그랬을 것이다.

***

1. 을사오적(乙巳五賊) : 단기 4238년(서기 1905년)에 왜놈들이 조선의 외교권을 빼앗기 위해 강제로 맺은 조약. 그러나 대한제국의 황제인 고종이 참석하지 않은 상태에서 이등박문이 일방적으로 끌고 간 것이라 원천무효일 수밖에 없다. 이날 조인식에 참석해서 기꺼이 도장을 찍어준 다섯 놈들을 말함. 이완용, 이지용, 이근택, 박제순, 권중현.

이런 분위기가 들불처럼 번지면서 민중 속으로 파고들었다. 하찮은 밀정에서부터 정부 관료에 이르기까지 친일파가 고루 깔리는 세상이 되고 있었다. 그러는 중에 조선일보와 동아일보가 나타난다. 이 신문들이 나타나는 데는 배경이 있었다. 대한제국의 황제 고종이 이완용 일파에 의해 독살되는 사단이 벌어지자 온 국민이 들고 일어나 거센 항의를 한 것이다. 이른 바 3·1운동이다. 이 거국적인 저항으로 일제는 강경한 무단정치에서 온화한 문화정책으로 통치의 틀을 바꾼다. 조선 통치의 수단이 급격하게 선회한 것이다. 그것의 일환으로 얻어낸 것이 조선의 언론이었고 자체신문이 허락되었다.

그리하여 만세사건이 있던 그 다음 해로 두 신문이 나란히 등장한다. 굳이 말하자면 3월 5일에 조선일보가 창간호를 내었고, 4월 1일에 동아일보가 나온다. 민족의 아픔을 가지고 출발된 신문들이었기에 총독부의 기분을 거스르게 하는 기사를 쓸 수밖에 없었던 것은 당연하다. 탄압의 정간(停刊)이 거듭되지만 두 신문은 굽히지 않는다. 자연히 재정이 문제가 되지 않을 수 없었다. 그러다가 조선일보는 방응모(方應謨)가 인수하게 되면서 사정이 달라진다. 당시 조선일보 사장이던 조만식(曺晚植)이 광산업으로 치부를 한 방(方)을 만나는 자리에서 인수를 권한 것이다.

그때부터 조선일보는 일본의 개 노릇을 하는 신문이 되어버린다. 일본 천황을 위해 죽는 것이 영광이라 하여 학도병(學徒兵)을 선동하는 등 친일파 기사로 도배를 하더니, 해방 후에 이승만의 괴뢰 노릇을 하다가 박정희의 시녀를 자처하다가… 정권이 바뀔 때마다 정치의 파도를 타고 오늘에 이른 것이다. 동아일보도 조선일보와 크게 다르지 않았다.

그러나 중년에는 한때 민족 혼이 살아 있던 신문이다. 박정희의 독재에 맞서다가 광고탄압이라는 전대미문의 수난을 당하기도 했다. 그러나 오늘에 와서는 그런 줏대와 순교정신을 찾아볼 수가 없는 너절하고 해로운 신문들이 되어버렸다.

너무 앞서간다고 어리둥절하겠지만 세월의 선후를 따질 것이 없이 민족을 배신하는 짓거리에 편안히 길들여지는 우리들의 사회적 분위기를 말하고 싶은 것이다. 배신하는 자들에게도 조선의 피는 흐를 터이다. 그 머리 속에 바이칼에서 내림한 혼이 배신하는 자신을 향해 눈을 부릅뜨는 것도 사실일 터이다. 그러나 결국은 배신을 택하게 된다. 당장의 몇 푼짜리 이익 때문에 큰것을 돌아볼 줄 모르게 되고, 눈앞에서 어른대는 미끼의 유혹에 전체를 잊어버린 것이다. 자꾸 소시민 지향의 좁쌀이 되어간다. 기독교가 가세하는 탓이다.

해방 이후 한국기독교의 득세는 아마 유례가 없을 것이다. 짧은 시간에 이렇게 급속도로 번지는 종교가 외국에도 있을까 싶다. 이웃나라 일본도 중국도 아직 기독교는 거의 캄캄한 상태인데 우리만은 일찍부터 뿌리를 내리고 충분히 안착을 한 것이다. 이유가 뭘까? 많은 사람들이 기독의 신 '야훼'를 '하나님'으로 번역한 데에 까닭이 있다고 한다. 유일신(唯一神)을 하나님으로 해석했다는 것이다. 옳은 말이다. 잘 해석한 것이고 우리 정서에도 매우 합당하다. 원래 우리는 하늘에 있는 님이라는 뜻으로 '하느님'으로 불렀고, 천도교에서는 우주를 창조한 큰 울타리의 임이란 뜻의 '흔울님'으로 부른다. 그것을 하나님이라 했다는 건 열 번 잘한 번역이다.

그런데 왜 기독교가 우리를 눈앞의 이익에만 밝은 좁쌀로 만들어간다 하는가. 기독교인이나 교회가 들으면 손사래를 쳐가며 반대를 할지도 모른다. 이렇게 되면 더디게 가더라도 설명을 할 수밖에 없다. 고의적인 나쁜 생각이 있어서가 아니다. 기독교는 풍토가 원래 그렇게 되어 있다. 앞에서 나는 우리나라 아리랑이 지방마다 산천이 다르고 그 산천의 호흡이 다르기 때문에 경상도, 전라도, 충청도, 강원도가 각각 말의 억양이 달라진다고 했다. 억양이 다른 만큼 풍속도 약간씩은 달라질 것이다. 크게 보면 종교도 그것 이상을 넘어가지 못한다. 그러니까 풍토의 호흡을 닮아 자생적으로 그렇게 되는 것이지 무슨 딴 이유가 있어서가 아니라는 이야기다.

쉽게 가보자. 기독교가 태어나는 이스라엘은 우리나라 강원도만한 땅이다. 구약성서에 의하면 야곱의 열두 아들이 지배한 나라가 이스라엘이다. 손바닥만한 땅에서 열두 개나 되는 지파의 족속이 복작거리고 살자면, 우선 급한 것이 먹을 것이 충분하느냐의 문제일 것이다. 그 땅이 몽땅 초록색 초원이었다면 이야기가 달라지지만 불행하게도 사막의 땅이다. 그들이 지팡이로 염소를 몰고 다니면서 목축을 하는 구약의 여러 내용은, 먹을 것이 충분하지 못한 데서 오는 부득이한 노릇이던 것이다. 기왕에 선택의 여지가 없었으므로 파리한 염소 몇 마리를 고단한 지팡이로 부지런히 모는 수뿐이다.

사막의 돌 틈서리에 보이는 풀을 찾아 헤매자면 흩어지는 염소가 길을 잃고 방황하기도 할 것이요, 그런 염소를 찾아내는 게 목동의 주요 일과였을 것이다. 그런 일이 다반사로 생기다 보니, 아흔아홉 마리의 양보다 잃어버린 한 마리가 더 소중하다는 휴머니즘의 비유도 나왔을 것이다. 먹을 것과 사람의 비율이 얼마나 되느냐. 밥은 열 그릇인데 먹을 사람은 열셋, 열넷쯤 되는 비율이다. 당연히 먹을 것에 대한 관심이 비상할 수밖에 없다. 이것은 초원에서 살아온 사람들의 상상을 훨씬 초월하기 때문에 우리의 헤아릴 바가 전혀 아니다.

오늘 저 유대인들이 고리대금의 대명사처럼 돈에 악착한 것이 무엇인가. 국가끼리 전쟁을 유도하여 무기장사를 하고, 전쟁이 터지면 그것을 기회로 막대한 부를 축적하는 것은 또 어떤가. 남이 생산해 놓은 물건에만 손을 대는 장사꾼은 하되 결코 생산업에 뛰어 드는 짓은 피한다. 그래서 공장을 짓는 일이 없다. 세계 금융의 복판에 서서 돈의 위력으로 못하는 짓이 없다가, 뉴욕에 있던 쌍둥이 빌딩*2이 무너진 것도 내용은 유대인들의 도를 넘는 탐욕이 불러들인 결과였다는 말이 공공연하게 나돈다. 그 쌍둥이 빌딩이 유대인들의 것으로, 유럽과 아메리카 은행들의 총본산이었기 때문이다. 이런 것은 또 어떻게 설명해야 하는가.

돈만 보면 무슨 짓이든 하고, 그 돈을 아끼기만 하는 사람을 우리는 '수전노(守錢奴)'라고 부른다. 유대인들은 내놓고 수전노 짓거리를 사양하지 않는 사람들이다. 수전노의 특징은 오직 돈을 알뿐이지 체면이나 염치를 돌아보지 않는다는 점이다. 그들의 피에는 사막의 더운 바람이 흐르는 탓에 먹을 것이 부족한 풍토의 조건을 잊을 수가 없는 것이다. 그래서 지독한 수전노가 되는 것인데, 제2차 세계대전 때 이 버릇을 남용하다가 히틀러에게 된통 서리를 맞는다.

유대인을 600만이나 가스실에 보내서 처형한 배경에는 그들의 도를

***

2. 쌍둥이 빌딩 : 미국의 뉴욕에 있는 세계은행의 총본산. 1875년에 쿤, 롭, 볼프라는 3인의 독일계 유대인이 뉴욕에 '쿤 롭 앤드 컴퍼니' 은행을 창설하였다. 이것이 유대인의 미국점령의 시작이었다. 그리고 그 결과가 뉴욕에 있는 쌍둥이빌딩 사태로 나타났다.

넘는 고리대금업이, 당시의 독일 민중을 철저하게 착취했다는 전과도 한몫했던 것이다. 그런데 이 수전노의 버릇이 기독교를 통해 이 땅의 민중에게 그대로 유입된 것이다. 반세기 전만 해도 돈 때문에 부모를 죽이는 자식은 없었다. 그러던 것이 이제는 아주 예사가 되어간다. 십 년 전만 해도 천인공로 할 짓으로 여겨서 목소리를 낮추고 쉬쉬하던 것인데, 이제는 뉴스거리도 아니게 세상이 돌아간다.

그것이 꼭 기독교나 유대인들의 영향만은 아니다. 이조의 성리학 때문에 세상이 많이 틀어졌고, 그런 끄트머리에 친일파가 동족을 쉽게 배신하는 풍조를 빚어냈는데, 기독교가 들어와서 아주 보편적 일상이 되었다고 말하는 중이다. 기독교가 가져온 것이 또 있다. 흔히 휴머니즘이라고 말하는 인본주의 사상이다. 서양 사람들에게는 최고의 가치겠지만, 홍익인간을 피내림으로 전해 오는 우리 쪽에서 본다면 신통할 것도 없고, 오히려 사람만을 지나치게 강조하여 여타의 것은 중요하지 않게 여기는 버릇이 좋지 않게 보인다.

그 휴머니즘이 우리 국토의 틀을 크게 바꾸기 시작했는데, 병을 보는 의료법(醫療法)이 그중의 하나고, 사람 사이의 옳고 그름을 가리는 재판법(裁判法)이 그 하나다. 이 두 가지 악법이 민족 본래의 풍속을 크게 훼손하면서 사람 사는 도리를 아주 망치고 있다. 어엿한 사람의 사회를 짐승의 세계로 유도하는 것이다. 그러면서도 반성을 촉구하는 생각이나 몸짓이 한 번도 있어 본 일이 없다. 당연하다. 그 두 개의 악법은 해방 이후에 친일파들이 자기들을 위해서 만들었으니까, 국민이야 어떻든 돌아볼 이유가 없는 것이다. 이 문제는 좀 차근차근 돌아볼 필요가 있다. 그러기 전에 아리랑 한 수가 있음직하다.

이조 왕 만년에 왜 난리가 나서 삼천리 강토가 흙발에 밟혔네 / 아리랑 아리랑 아라리요 아리랑 고개로 넘어간다 / 세상이 변해지니 신문이 생긴다. 조선일보 동아일보가 생겼구나 / 아리랑 아리랑 아라리요 아리랑 고개로 넘어간다 / 그러나 아서라 조선일보, 방인모가 나서더니 왜놈 밑을 핥네 / 아리랑 아리랑 아라리요 아리랑 고개를 넘어간다/ 비가 올라나 눈이 올라나, 이놈의 신문이 장차 무엇이 될라나 / 아리랑 아리랑 아라리요 아리랑 고개를 넘어간다 / 사람이 건강하자면 몸에 피가 맑고 세상이 건강하자면 바른 신문이 나는데 / 아리랑 스리랑 … / 더럽다 조선일보 왜놈 밑구녕을 핥으니 장차 될 나라꼴이 미리 한심하구나 / 아리랑 스리랑…….

한국의 의료법 이대로 좋은가!

이 문제가 옳고 그르고는 먼저 일정한 표준이 있어야 할 것 같다. 먼저 의사가 되려는 사람들이 엄숙하게 선서하는 〈히포크라테스의 선서〉를 들 수가 있겠다.

나는 나의 은사에 대하여 존경과 감사를 드리노라.
나는 나의 양심과 품위를 가지고 의술에 임하리라.
나는 환자의 건강과 생명을 첫째로 생각하리라.
환자가 알려 준 모든 것에 대하여 비밀을 지킬 것을 맹세하노라.
의료의 고귀한 전통과 명예를 죽을 때까지 유지하리라.

나는 동업자를 내 형제처럼 여기리라.

나는 인종과 종교와 국적 그리고 정당관계, 또는 사회적 지위 여하를 초월하여 오직 환자에 대한 나의 의무만을 생각하겠노라.

나는 인간의 생명을 그 수태시기로부터 더없이 존중하리라.

비록 위협을 당할지라도 나의 지식을 인도(仁道)에 어긋나지 않게 쓰겠노라.

그리고 이어서 〈나이팅게일 서약문〉을 내쳐보기로 하자. 부언하는 말이지만 〈나이팅게일의 서약문〉은 눈물 없이 읽을 수가 없다. 그 서약문이 천의무봉(天衣無縫)의 명문이어서도 아니고, 인류사에 그만이 소신공양(燒身供養)을 했대서도 아니다. 하나의 인격이 어떤 허영이나 가식도 없이, 가장 담백하고 겸허하게 자기의 일을 찾아냈다는 그 감동에서일 것이다.

나는 나의 일생을 깨끗하게 살며 내 직무에 충실할 것을 하느님과 여기 모인 사람들 앞에서 선서합니다.

나는 인간의 생명에 해로운 약이나 의술은 자기와 남에게 다 같이 쓰지 않겠습니다.

나는 의료의 수준을 높이기 위하여 전력을 다하겠으며, 내 일을 통하여 알게 된 개인이나 가족의 비밀은 끝까지 지키겠습니다.

나는 성심으로 의사와 협조하겠으며, 간호를 받는 사람들의 안녕을 위하여 끝까지 헌신하겠습니다.

이러한 의사들의 선서와 간호사의 선서가 있음에도, 정말 국민의 보건을 위해 의료법이 있는 것인가 하는 문제다. 내 보기에는 이런 선서는 이제 한낱 관행에 불과하다고 보이기 때문이다. 물론 국민의 건강과 보건을 위해서 병원이나 의사는 존재한다고 할 수는 있다. 그러나 까놓고 말한다면 한국의 의료법은 의사와 병원을 위해서 성안된 것이라고 할 수밖에는 없다. 상황이 이러하니 이런 한심한 작태에서 국민은 돈은 돈대로 쓰고 죽어간다. 병원에 찾아오는 환자를 20%~30%만 고쳐 내고 나머지 환자는 손을 못 쓴다는 것은, 한국의학의 성공수치를 넘어서 세계적인 의료통계에 속한다.

경락(經絡)을 모르는 서양인들은 신경계통의 병은 거의 손을 못 쓴다. 그건 이제 다 아는 일이다. 우리의 전통 민방의료가 신통해서 병원이 못 고치는 병을 대부분 고쳐 내지만, 합법이 아니라는 이유로 늘 쇠고랑을 차는 것이 민방의료 의원들이다. 결론적으로 국민은 병이 나면 다발 돈을 마련해서 들고 병원에 가서 죽어야 한다. 그게 합법이고 의료법이기 때문이다.

또한 병을 보는 방식이 서양과 동양이 다른데, 왜 굳이 서양방식만을 주장하느냐는 것이다. 인체의 병을 다스리는 데는 물론 의사라는 전문가가 필요하다. 그러나 전문가가 못 고치는 병도 고쳐 내는 사람이 있다. 침을 쓰고, 뜸을 뜨고, 부항으로, 사혈로 만져서 고치는 수기(手技)로 어렵지 않게 고치는 사람들이 있다. 이럴 경우 우리는 병자의 병을 고치는 사람이 의사라고 생각할 수 있다. 굳이 대학을 나와서 면허증을 가지는 사람만 의사가 아닌 것이다. 한국의 민방의료의 달인들은 대개가 이런 사람들이다. 그런데 이런 민방의료의 달인들을 면허가 없다는 이유만으로 쇠고랑을 채우는 데가 여기 한국이다. 그래서 민방의료의 달인들이 한국을 피해서 외국으로 가는 사례가 늘고 있다.

이제 병자를 살펴서 병을 진단하는 방법을 보기로 하자. 어느 병원에 환자가 들어왔다 치자. 앰뷸런스에 실려서 응급실로 들어온 환자는 일단 체온부터 잰다. 그 다음으로 의사가 하는 일은 시계를 보면서 맥박을 체크하고, 호흡을 체크한다. 문제는 여기서 부터다. 일분에 뛰는 맥박은 60회에서 80회까지가 정상이다. 호흡은 14회에서 20회까지를 정상으로 본다. 그 이상이나 이하가 문제인 것이지 그 수치 안에 드는 것은 정상치이기 때문에 문제를 삼지 않는다.

그러나 한의들은 양의와 다르게 호흡과 맥박을 파악한다. 하긴 맥박이나 호흡은 청진기를 든 양의가 하는 짓이지 한의에게 맥박 체크는 첨부터 당하지 않는 말이다. 그러나 기왕에 말을 해본다면 양의처럼 60에서 80이라는 애매한 말은 하지 않는다. 확실하게 맥박은 1분에 72회, 호흡은 18회라고 못을 박는다. 인간의 몸은 천체의 호흡을 닮은 작은 우주라고 보는 것이 한의다. 아래『동의보감』첫 쪽에 나오는 글장을 보면 이런 논리가 쉽게 이해가 될 것이다.

천지는 제 안에 사방(四方)과 사유(四維)로 방향을 삼는다. 둥근 것은 하늘의 모양이요 네모난 것은 땅의 생김이라. 하늘에 사계(四季)가 있으므로 사람에게 사지(四肢)가 있고, 하늘에 오행(五行)이 있어서 사람에게 오장이(五臟) 있다. 하늘에 육극(六極)이 있어서 사람은 육부(六腑)를 가진다. 하늘에 8풍(風)이 있음은 사람에게 8절(節)로 나타나고, 하늘의 9성(星)은 사람 몸의 아홉 구멍(竅)과 같다. 하늘에

12시(時)가 있는 것은 사람에게 12경락(經絡)이 있음이다. 하늘에 24 절후가 있음은 사람에게 24유(兪 : 혈맥)가 있는 것이다. 하늘에 365 일(度)이 있음은 사람의 뼈마디가 365인 것이고, 하늘에 일월(日月)이 있는 것은 사람의 두 눈(眼)이다. 하늘에 밤낮이 있으므로 사람은 자고 깨는 것이며, 하늘이 우레하고 번개치기 때문에 사람은 기뻐하고 성낸다. 하늘에 비와 이슬이 있어서 사람은 눈물, 콧물이 있다. 하늘이 음양(陰陽)을 두매 사람은 춥고, 덥고 한다. 땅에 샘이 있어서 사람은 혈액을 두고, 땅에 초목이 있어서 사람은 모발(毛髮)이 있다. 땅이 금석(金石)을 감추매 사람은 이(齒牙)가 난다. 그러므로 사람이 천지에서 나누어 받지 않은 것은 첨부터 없다.

다른 것은 다 이해가 쉬운 것들이다. 허나 앞부분에서 하늘에 팔풍(八風)이 있어서 사람에게 팔절(八節)이 있다고 한 것은 조금 설명이 필요할 곳이다. 먼저 하늘에 팔풍은 방향을 따라 달라지는 바람을 말한 것이다. 곧 팔방의 바람이다. 동북에서 부는 바람을 염풍(炎風), 동방에서 부는 조풍(條風), 동남에서 부는 경풍(景風), 남방의 바람을 거풍(巨風), 서남방에서 부는 바람을 양풍(凉風), 서방의 바람은 요풍(飂風), 서북 바람은 여풍(麗風), 그리고 북방에서 부는 바람을 한풍(寒風)이라 한다. 팔절(八節)은 일 년 중 기후가 변하는 여덟 절기(節氣). 곧 춘분, 추분, 하지, 동지, 입춘, 입하, 입추, 입동을 말하는데 이는 하늘의 바람을 따라 달라지는 지상(地上)의 절기가 팔풍과 어떤 관계인지를 설명한 것이다. 지상의 절기가 달라지는 것은 그대로 인체에 영향을 주기 때문이다. 이런 팔풍과 팔절이 인체에 닿는 것은 그대로 경락의 변화를 말함이다. 그래서 이런 이치를 모르는 양의사가 신경계통의 병을 다스리지 못하는 것이다.

이런 동양의 의학에는 발전이란 말이 없다. 서양의학은 끊임없이 발전을 추구하는 반면 동양에는 처음부터 '의학의 발전'이라는 말을 모른다. 서양의학의 발전은 늘 실험을 통해서 얻어내는 결과물이다. 그래서 사람의 몸뚱이가 늘 실험대상이 된다. 어느 때까지 이런 일이 반복될지는 모르지만, 사람을 죽을 때까지 실험을 해버리고, 죽은 뒤에까지 시체를 해부해서 의학의 발전을 꾀하는 서양의학은, 동양의학에서 본다면 어린애들이 벌이는 유치한 소꿉놀이 짓거리에 불과한 것이다.

의학도 그렇지만 철학을 두고 말해도 그들은 발전이니 발달이니 하는 말을 좋아한다. 의학을 이야기 하다가 갑자기 또 철학이냐고 할지 모른다. 그러나 신통하게도 철학의 틀이 의학의 틀과 궤적을 같이 한다. 이야기를 쉽게 풀어내기 위해서는 그래서 철학이 부득이 하게 끌려 나오는 것이다. 의학이 육체의 학문이라면 철학은 내면적인 정신의 학문일 수 있다. 그래서 안팎으로 자연스럽게 한 컬레를 이루는 말일 것이다.

아는 바와 같이 서양철학은 항상 달라진다. 언제라고 제 자리에 가만히 머물러 본 적이 없다. 끊임없이 자리를 바꾸고 관점을 바꾸면서 새로운 이야기를 해댄다. 물론 그때그때 말을 바꾸는 철학자가 달라지는 것도 어쩔 수 없는 일이기는 하다. 그러나 동양의학이 발전이라는 말을 모르듯 철학도 그렇다. 동양의학은 새로운 병을 만나도 언제나 고전(古

***
3. 신농씨 : 태호복희씨를 이어 진(陳)나라를 통치했던 동이족의 사람. 처음으로 농사일을 가르친 데 서 '신농(神農)'이라는 명성을 얻었다. 사람이 많이 모이는 한낮의 우물가에서 처음 물물교환을 하게 했고, 온갖 풀(百草)을 맛보아 의약을 처음 알게 했다. 중국 호남성 영원현에 사당이 있다.

典)을 파보고 고전으로 돌아간다. 철학도 마찬가지다. 의학이 신농씨[*3]

『의학강목(醫學綱目)』이나 황제의 내경(內經)으로 돌아가서 경락을 살피고 맥(脈)을 짚어보듯이, 동양에서는 『주역』이 모든 철학을 대변한다. 어떤 심오한 이론도 『주역』에서 찾는다는 말이다. 단, 『주역』에서는 이학(理學)이라 했지만.

왜 동양에서는 철학이나 의학이나 발전이라는 것을 모르는가. 앞에서 동양의학이 사람을 작은 우주로 파악한다는 것을 말했지만, 그보다 먼저 천체의 움직임을 정확하게 꿰뚫고 있었기 때문에, 그것이 수학과 과학 그리고 의학과 철학 등의 모든 학문에서 원천이 되었던 것이다. 말하자면 하늘의 별들이 어떤 호흡체계로 이루어지는가를 너무 잘 알았다는 이야기다. 서양에서는 이런 밑천이 전혀 없기 때문에 항상 실험을 통해서 이치를 추구 한다. 그리고 그때그때 나오는 값을 얻으면 그것을 합리(合理)라고 말한다. 이치에 합쳐졌다는 뜻이다. 또 그것을 발전이라고 생각하는 것이다. 참 어설프고 설익은 사람들이 아닐 수 없다.

그러면 동양에서는 별들의 호흡을 과연 어떤 방식으로 파악했는가. 먼저 28수(宿)[*4]를 경(經)으로, 수·화·목·금·토의 오성(五星)을 위(緯)로 정한다. 28수는 하늘의 별을 에워싼 스물여덟 개의 별자리에 붙여진 이름이다. 그러니까 그물코를 싸서 거느린 벼리 줄이 28수에 비유된다. 그물은 언제나 벼리 줄에 의해 펼쳐지고 끌려 다니듯이, 하늘에 많은 별들도 항상 자기들을 에워싼 28수에 의해 통제된다. 그물에 손잡이

***

4. 28수 : 하늘에 깔린 별들을 긁어 모으는 벼릿줄로서의 28개 성좌를 가리킨다. 먼저 동쪽에서 북쪽을 향해 각·항·저·방·심·미·기, 다음에 북쪽에서 서쪽을 향해 꼽는 별자리가 두·우·여·허·위·실·벽, 서쪽에서 남쪽으로 세는 별자리가 규·루·위·모·필·자·삼, 마지막으로 남쪽에서 동을 향해 꼽는 별자리가 정·귀·유·성·장·익·진이다.

줄은 그물코들을 통제하는 벼리 줄의 연장된 것이지 다른 것이 아니다. 손으로 쥐는 그 벼리 줄을 우리는 특별히 강(綱)으로 부른다.

그물코를 통제하고 있는 벼리를 기(紀)라 하는데, 직접 손잡이 줄은 강(綱)인 것이다. 흔히 기강이 서고 안서고 하는 말은 여기서 나온 말이다. 그런데 하늘에 28수를 기(紀)로 한다면, 강(綱)으로 부를 수 있는 손잡이 줄에 해당하는 것은 무엇일까? 북두칠성이다. 북두칠성[5]은 하루에 한 바퀴씩 돌면서 시간을 정한다. 바로 요광성(搖光星)이 어느 별을 가리키고 있느냐에 따라 자 축 인 묘 진 사 오 미 신 유 술 해 하고 셈을 놓는 12시(時)가 정해진다. 이런 천체의 리듬을 그대로 법 받아서 사람의 맥박과 호흡이 정해지는 것이다.

이런 철학을 구비 못 한 서양의학이 찾아오는 환자를 열에 두세 명밖에 못 고치는 것은 당연하다. 최근 들어 대체의학이니 대체요법이니 하는 말이 돌아다닌다. 독일 의사들이 자기들의 서양의학에 한계를 깨닫고 세계의 민방의료를 찾아 나선 것이 시원이라고 한다. 독일이 효과를 보자 프랑스가 가세를 했다는 말도 들린다. 나는 그 대목에서 독일인의 솔직함에 경의를 표한다. 어떻게 해서든지 병을 고쳐내야 하는 병원에서 겨우 30%가 효과를 보고 나머지는 속수무책이었다면, 자기들이 모르는 민간요법의 의료를 찾아 나설 수밖에 도리가 없었을 것이다. 그런데 그런 방법 중에서 탁월한 효과를 보게 된 것이 우리의 고려침술이라 한다. 반갑고 장한 일이 아닐 수 없다.

그런데 정작 침술의 종주국인 우리는 침술이 위험하다 하여 엄격하

***

5. 북두칠성 : 자미성(紫微星), 곧 북극성과 가장 가까운 별을 '천추성(天樞星)'이라 부른다. 이 천추성을 축(軸)으로 해서 시계바늘과 반대 방향으로 도는 별을 천추(天樞) 천선(天璇) 천기(天璣) 천권(天權) 옥형(玉衡) 개양(開陽) 요광(搖光) 으로 부른다. 이것이 북두칠성의 이름이다.

게 규제를 하고 있다. 그게 대한민국의 현행 의료법이요, 의료제도라는 얘기다. 그뿐이라면 좋다. 침술이 위험하다는 핑계로, 침술은 허가 사항이 아니라 하여 침술을 핍박하고 고발하고 쇠고랑을 채우는 그렇게 못난 짓을 하는 의사를 키우는 데가 한국이다. 창피한 노릇이다.

의사들끼리도 다툼이 있다는 소리가 들린다. 한의가 청진기를 썼다 하여 양의가 고발을 하고, 양의가 침을 썼다고 한의가 양의를 고발하는 나라. 그런 의료법을 잘하는 것으로 쳐주는 나라가 대한민국이다. 이것은 순전히 국민을 저당잡고 저희들 밥그릇을 다투는 일이지, 국민의 건강을 위해 병원이나 의사가 있는 것은 아니라는 얘기다. 이런 것을 의료법이라고 만들어 놓고 국민의 보건이나 건강을 그들 손에 붙여 놓고 있다.

내가 살아본 연변(延邊)만 해도 의사 면허가 세 종류다. 먼저 침술의가 있다. 그 다음 중의(中醫)가 있고, 서의(西醫)가 있다. 물론 병을 진료하는 방식이나 치료하는 것은 각기 다르다. 그러나 서의가 침술을 하거나 중의가 쓰는 방법을 썼다고 말썽이 생기진 않는다. 중의나 침술의도 한가지다. 무슨 방법을 쓰건 환자가 병이 나으면 그뿐이다. 또 있다. 방법은 따질 것 없고 환자를 많이 보아왔거나, 병을 치유한 경력이 있는 사람은 국가가 의사 자격증을 발부한다. 생각건대 국민을 위한 의료법은 그렇게 되어야 옳다. 환자를 두고 자기들의 주머니에 들어오는 돈을 먼저 계산하는 우리와는 얼마나 판이한가.

해방이 되고 처음 선 공화국은 이승만의 공화국이었다. 그때 시골 노인네들이 이런 말을 했었다. 병원에 의사나 법원에 법관은 죄다 허가낸 도둑놈들이라고. 나는 그 말뜻을 미처 새기지 못했다가 십여 년 전에 재판을 하면서, 그 말이 얼마나 옳은 말인지를 온몸으로 실감했다. 지금 내가 몸담고 있는 가산사를 내 앞서 살았던 대처승 아들이 제 개인 사찰로 등기를 해서 시작된 재판이었다. 엄연히 조계종에 등록된 사찰이고, 1,300년 역사를 가진 전통사찰인데, 법을 좋아해서 여러 사람 살림을 들어먹은 전쌍억이 옥천군청 지적정보계장 박개종이와 짜고 일을 벌인 것이다.

그야말로 왜정 때나 일어날 수 있던 일이 대명천지 밝은 세상인 대한민국 옥천군청에서 아무렇지도 않게 태연히 일어난 것이다. 처음부터 너무 빤한 사건이라 재판이란 말이 굳이 성립이 안 되는 데도 5년이라는 시간이 지나서야 결론이 났다. 도대체 상식이 통하지 않는 데가 법원이라는 것도 그때 처음 알았다. 법은 판사, 검사, 변호사끼리나 주고받는 특허물이지 일반 국민하고는 아무 상관이 없이 겉도는 유령이었다. 다른 사람들이 재판을 하는 경우는 내가 모를 일이다. 그러나 최소한으로 내가 당하고 내가 치러낸 재판은 재판이 아니라 개판이었다.

검사가 일껏 부재리원칙(不在理原則)을 들면서 서류를 다시해서 올리면 자기는 빠지고 다른 검사가 기소를 하게 돼 있으니, 서류를 처음부터 다시 꾸며 올리라는 말에, 그 말을 하늘처럼 믿고 며칠씩 걸려 다시 만든 서류를 이번에도 제가 나서서, 일언반구 해명도 없이 또 기각처리해 버렸다. 그건 또 그렇다 치자. 검사가 바뀐 걸 모르고, 검사님을 직접 만나서 말씀드릴 부분이 있다고 (검사한테) 실수를 했더니, 그게 기분이 상했던지 엉뚱하게도 '기소중지'가 떨어졌다. 문구(文句)가 전에 없이 이상했으나 그게 그걸 테지 하고 마음에 두지 않았는데, 옆 사람들이 보고는 불심검문에라도 걸리면, 신원이 확인이 될 때까지는 당해 경찰서에서 보호하게 되는 내용이라는 거였다. 검사를 못 알아본 '괘씸죄'에 걸리면 그렇게 된다고들 했다.

유전무죄(有錢無罪)니 무전유죄(無錢有罪)니 하는 소리를, 그저 항간에 떠도는 실없는 말로 여겼는데 사실이었다. 아무리 나쁜 놈이 죽을죄를 저질러도 돈만 있다면 해볼 수 있는 게 대한민국 재판이다. 이기지는 못할지언정, 지지도 않을 수는 얼마든지 있으니까. 그 재판 이야기는 '법치국가의 민초들이 운다'는 제목을 붙여 책이 되어 나왔다. 견딜수 없는 분한 마음에, 이 나라 법을 지성의 양심에다 고발을 한다는 심정으로 써내려간 것이다. 그 책의 작은 제목에 '판검사는 허가 낸 도둑놈인가?' 하는 것이 있다. 그리고 정확하게 허가 낸 도둑놈들이라고 힘주어 말했다. 이제 그때 일을 다시 입에 올리고 싶지는 않으나 한 마디는 두어야겠다.

이 나라가 이렇게 엉터리로 굴러가도 아무렇지도 않은 것은, 친일파가 장악해서 친일파들이 경영하는 국가이기 때문에, 국민은 거기에 익숙해진 탓이라는 것을 환기시키고 싶은 것이다. 이 나라 법은 제1공화국의 이승만이 첫 단추를 잘못 꿰면서 내리내리 틀어지고 어긋날 수밖에 없도록 판이 짜여 있다. 그 당시 친일부역자나 민족반역자를 색출해서 처단하려는 민중의 분위기를 업고 반민특위(反民特委)가 결성이 되었는데, 이승만[6]이 갖은 훼방을 다 놓더니 끝내는 해체를 해버렸다. 그

***

6. 이승만 : 고종황제 손자인 이석(李鍚) 선생을 모시고 어느 때 여담자리에서 나온 말이다. "선생은 같은 집안사람이라 이승만을 어찌 생각하실런지 모르지만, 저는 그자를 역사의 죄인으로 봅니다. 오늘 대한민국을 친일파들이 경영하도록 만든 장본인이 그자니까요." 이래놓고 선생의 눈치를 살피는데, 무거운 입을 열었다. "그놈은 부관참시를 당해 싸요. 상해임정에서 하와이로 도망을 가면서 독립자금 200원을 훔친 못난놈이기도 하구요." 전주 승광재(勝光齋)에서의 일이다.

때 이승만이 이런 명분을 만들었었다. "뭉치면 살고 헤어지면 죽는다." 결국 친일파들만 뭉쳐서 살도록 그들 세상을 만들어버린 것이다.

친일파들이 경영해가는 한국은 일본이 늘 만만하게 본다. 그래서 독도 문제도 생떼를 쓰면서 자기 땅이라고 주장한다. 100년 전에 제놈들이 훔쳤다는 것은 누구보다 훔친 놈들이 먼저 아는 일이다. 그러나 만만한 상대이기 때문에 그렇게 대차게 나온다. 북한은 일본이 무서워한다. 친일파를 철저하게 숙청해버렸으니까. 프랑스는 2차 세계대전 무렵에 독일에 협력한 자들을 2만 명이나 교수형에 처했다. 철저하게 색출했고 철저하게 국가를 배신한 죄를 따져 물은 것이다.

겨우 5년의 식민지 생활에 반역자가 2만이었다면, 36년이나 인고를 겪은 우리는 과연 친일파들을 얼마를 처단해야 될까? 그러나 우리는 한 놈도 죽이지 못했고 늘 그들이 국가유공자처럼 행세해 왔다. 그러다가 뒈져서 송장이 되면 당연한 듯이 국립묘지에 가서 눕는다. 이게 친일파들이 경영해가는 대한민국의 실상이다. 민족의 정기도 이미 다 죽었고, 과거는 들출 것이 없이 그냥 이대로 가자고 한다. 그러면서 친미파가 생긴다. 늘 그놈이 그놈이다. 친일파가 다시 친미파가 되는 것뿐이다. 다시 아리랑을 부른다.

친일파가 만든 법은 제놈 살자 만든 법, 국민이야 어찌 되던 안중에 없지 / 아리랑 아리랑 아라리요 아리랑 고개를 넘어간다 / 무슨 놈의 의료가 경락을 모르나, 그러고도 인술이라니 한심하구나 / 아리랑 아리랑 아라리요, 아리랑 고개를… / 우리 옆집 할아버지는 침대롱만 들면, 병원에서 못 낫는 병을 쉽게 쉽게 낫지 / 아리랑 아리랑 아라리요 아리랑 고개… / 병 잘 보는 그 할아버지는 허가증이 없다고, 병을 낫고도 어이없이 쇠고랑을 찼네 / 아리랑 아리랑 아라리요 아리랑 고개를 … / 앞산아 뒷산아 왜 무너졌냐, 경락을 모르는 서양 돌파리가 너무 한심해서다/ 아리랑 아리랑 아라리요 아리랑 고개…….

사형제도는 없애는 것이 옳은가

오늘 세계의 모든 헌법은 게르만족들의 관습에서 시작되었다고 보는 것이 통념이다. 4세기 후반에 터키 지방에서 소몰이를 하던 훈족(薰族)이 흑해 연안에 살던 고트족을 침범한 것이 계기가 되어, 다급해진 고트족이 로마로 쫓겨든다. 이때부터 유럽은 균형이 깨지게 되고, 배가 고픈 사람들이 칼을 거머쥐고 남의 국토를 무시로 넘나드는 소위 민족 대이동이라는 것이 시작되는데, 그 기간이 200년이 넘게 걸린다. 그 200년 동안 게르만인들이 유럽 각지에 퍼뜨린 관습이 유럽 사람들에게 영향을 주었고, 나중에는 그들의 법령을 제정하는데 기초가 되었던 것이다.

오늘 세계의 모든 헌법이 비슷하게 된 것은 그들의 유럽법을 모방한 데서 이유를 찾을 것이요, 불문율이나 성문율은 그때그때 그 사람들의 국민정서에 의해 결정이 된 것뿐이다. 미국의 방울소리를 듣고 미국을 따라가는 대한민국은, 미국헌법이 성문율(成文律)이라서 우리도 성문율이 된 터다. 그냥 그렇게 된 것이라 앞으로도 미국헌법이 또 어떻다 하면 그대로 따를 것이 자명하다. 참 뱃속 편한 국가다.

그런데 문제는 그렇게 남의 나라 법으로 재판을 해야 되는 국민은 영 편하지가 않다. 편하지 않은 정도가 아니라 아예 죽을 맛이다. 그래도 국가의 지도자라는 멍청이들은 남들이 하는 대로 따라갈 것을 강하게 요구한다. 국민의 핏줄에는 홍익인간의 피가 흐르고, 그 머릿속에는 바이칼의 혼이 들어서 더 높고 활기찬 세상을 바라보는데, 애써 대강이를 잡아 누르면서 이대로 해 가자는 것이다.

그것이 그들한테는 더 편하고, 한 번 맛을 본 권력이 영원히 제 손에 있을 것 같아서 그런 것이겠지만, 그러나 아무리 억지를 써도 역사는 달라지는 것이요 세상은 변하게 마련이다. 그들도 언젠가는 권력의 자리에서 내쫓기는 날이 올 것이다. 그때는 여느 국민들처럼 권력의 횡포를 받아들이고 바로선 세상을 원할 것이다. 그러나 국민의 심성이나 정서는 어지간히 비틀리고 망가진 뒤라 회복이 어렵게 되어 있을 것이다. 우리는 망하는 국가에서 살고 있는 국민이다. 국가 따위는 망해도 좋은데 민족을 망치는 국가에서 산다는 게 한스럽다.

텔레비전을 보면 형사가 범인을 체포할 경우 범인의 권리를 말해 주는 것을 볼 수 있다. 당신은 변호사를 부를 권리가 있으며, 묵비권이 있으며, 지금 하는 말이 법정에서 불리하게 적용될 수가 있으니 생각해서 말을 골라 하라는 것이다. 이것은 최근 20여 년 전부터 보여 주는 짓거리다. 박정희의 공화국 때만 해도 아니 전두환이나 노태우 시절에도, 범인의 권익을 위해서 경찰관이 친절할 필요는 없었다.

그냥 쇠고랑을 채웠고 기분 따라 귀싸대기 한두 대 올리는 것쯤은 당연하게 받아들이고 있었다. 취재 중에 경찰이 주먹과 발길질로 용의자를 때려죽이기도 했고, 여대생을 성폭행으로 모멸감을 주면서 혐의를 캐는 일도 있었다. 그 후로 오면서 인권문제가 자꾸 수면으로 올라왔고, 그렇게 해야 된다고 목소리를 낸 것이 주효해서 경찰관이 범인한테 무어라고 일러주는 시늉을 하고는 있다. 말하자면 좋아지고 있다는 것인데, 내가 보기에는 이것은 좋아지고 있는 것이 아니라 자꾸 서양화가 되는 것 같아서 오히려 걱정스럽다는 얘기다.

게르만 관습이든 로마의 인습이든, 또 그리스인의 버릇이든 서양인의 관념이 우리 민족의 홍익인세 관념을 디디고 선다는 것은 있을 수가 없는 야만의 짓거리로 보여져서다. 유리할 말만 골라서 하는 자리는 이미 진실이 죽은 자리다. 그런데도 검사와 변호사는 제가 유리하다고 생각되는 부분만을 열심히 강조하고 드러낸다. 또 서로의 말을 꼬투리 잡아서 사실을 제 유리한 쪽으로 유도하고 부풀린다. 판사는 다 듣고 나서 그럴듯한 쪽의 손을 들어준다. 그리고 그것을 정의로 규정한다.

그러나 동양인의 정의는 진실을 밝혀 내는 것이다. 정의라는 명분은 다 같은데, 그것을 드러내는 방법이 서로 다르다는 말이다. 동양의 정의는 하늘이 정한다. 서양은 사람이 정한다. 사람이 정하기 때문에 현란한 말 따먹기가 불가피해진다. 그러나 동양은 이미 정해져 있기 때문에 사실을 통째로 드러내고 시비를 가린다. 그래서 사실을 통째로 요구하는 것이다. 사실을 통으로 드러낸다면 어린아이 눈에도 옳고 그르고가 보이는 법이다. 그래서 예로부터 동양의 재판은 사실대로 불어라, 이실직고(以實直告)하라고 볼기를 쳐가며 을러댔던 것이다.

얼른 보면 서양인들 하는 짓이 그럴듯해 보일 수 있다. 피차에 할 말을 다하고 유감없는 자리에서 결론을 내는 것이 꽤나 바른 짓처럼 오해되는 탓이다. 그러나 진실이 실종되고, 현란한 말의 결과가 만들어 낸 진실은 바로 명백한 거짓이다. 오직 자기가 살기 위해서 동원하는 수단과 방법은, 홍익인간으로서는 차마 할 짓이 아니고, 해서도 안 된다. 전체로 볼 때 틀어지고 어긋난 것이기 때문이다.

그런데 서양인들이 사형제를 폐지한다니까 행여 뒤질세라 우리도 따라 하겠다고 나섰다. 나는 사형제도가 있건 없건, 그건 그쪽 사람들이 자기들의 관습을 가지고 옳고 그르고를 따지다가 하는 짓인데, 왜 멀쩡한 우리가 그들 장단에 놀아나느냐는 말이다. 이건 참 자존심 상하는 일이다. 일찍이 바이칼에서 동서로 2만여 리 남북으로 5만 리 국토를 누리면서, 온 인류를 바이칼 문명으로 먹여 살렸던 사람들의 후예가, 반도에 올챙이로 졸아들더니 어쩌다가 이렇게까지 되었느냐는 자탄이 절로 나온다.

그렇게 사형제도를 폐지하면 우리도 문명한 국민이 되는 것인가? 아니 미국이 너희 대한민국도 인권을 존중하는 나라라고 대강이를 쓰다듬기라도 할까? 정말 그러기를 바라고 하는 짓인가? 그러나 아서라. 기왕에 못난 짓을 해오기는 했지만 이것만은 우리대로 따로 생각해보자. 사형제를 없애고 나면 사회가 얼마나 헝클어질지 나라꼴이 어떻게 되어갈지 생각해 보아야 한다.

컴퓨터가 등장하면서 각종 강력한 신흥 범죄가 기승을 부리고 있다. 그야말로 하루가 다르게 사회가 어두워지는 중이다. 무엇인지 급하게 내리구르기만 한다는 느낌은 누구에게나 있다.

사형제를 반대하는 사람들은 흔히 잘못된 재판의 판결을 받고 죽은 사람들 경우를 이야기한다. 과거 정치범들이 재판의 희생양이 되는 경우가 허다했다. 특히 박정희와 전두환의 공화국 때 죽이지 않을 사람들을 형식적인 재판을 거쳐서 많이 죽인 것이다. 이제 와서 생각할 때 사형제만 없었어도 그들이 죽지는 않았을 거라는 후회다. 그러나 재판을 소신껏 못하고 독재자의 말에 따라 꼭두각시 노릇을 한 검사나 판사는 왜 늘 자유로운가. 사람을 죽인 죄를 다스린다면 그들 법관한테 먼저 살인의 죄를 물어야 할 일이다. 그런데 그들에게는 책임을 묻지 않고 왜 사형제만 탓을 하는가.

옛날의 왕권시대에는 연좌제(緣坐制)라는 것이 있었다. 가령 임금을 바꿔 내는 범죄는 삼족을 멸하는 끔찍한 것이었다. 아무리 못된 폭군이라도 국가법령이 그렇게 되어 있었다. 가령 연산군을 폐위시킨 중종반정도 거사(擧事)가 성공했기에 망정이지 실패했으면, 꼼짝없이 멸문의 화를 당하는 시절이었다. 사람이 하는 짓은 역시 완벽한 것은 없다는 생각이 새삼스럽게 든다. 그렇기는 하나 광주사태를 일으키고도 대통령을 해먹고, 지금도 비서를 두고 살면서 국가가 뒤치다꺼리를 해야 하는 전두환 같은 경우라면, 묵은 죄를 들추어낼 만도 할 터이다. 그러나 그는 국가법령이 보호하고 대우를 하는 중이다. 잊었던 아리랑 가락이 문득 생각나는 것은 왜일까?

우리네 동양재판은 말 따먹기가 없지, 사실을 다 헤쳐 놓으면 누구나 알 일을 / 아리랑 아리랑 아라리요 아리랑 고개로 넘어 간다 / 검사 따로 변호사 따로, 진실을 숨기고, 서양 법을 따라서 말장난만 무성해 / 아리랑 아리랑 아라리요 아리랑 고개로 넘어… / 말 따먹기 재판에 사람이 죽어도, 사람을 죽인 법관은 왜 자유롭나 / 아리랑 아리랑 아라리요 아리랑 고개로 넘어…….

마침내
양아치 대통령까지
나오는 나라

장자(莊子)가 어느 날 군데군데 꿰맨 헌옷을 입고 헤어진 짚신 신고 위나라 무후(武侯)를 찾아갔을 때, 무후는 문득 장난기가 발동했던지 농을 걸었다.

"선생은 어쩌다가 이렇게 피폐(疲弊)했습니까?"

그때 장자의 대답이 이랬다.

"이것은 가난한 것이지 피폐한 것이 아닙니다. 가난한 누더기를 몇 번씩 꿰매고 발가락이 나오는 신발을 신는 것쯤이야 빈한한 사람들은 항용 있는 일입니다. 가난한 것이야 시절을 만나지 못하면 누구라도 피하지 못하는 일시적인 불운이지만, 선비로서 도를 알면서 행하지 못한다면 그것이야말로 돌이키지 못하는 피폐가 아니겠습니까? 하긴 오늘 같은 끄트머리의 세상에 당신 같은 사람이 임금의 자리에 있어서, 가난과 피폐를 구분하지 못하는 것을 보니 아마도 피폐한 세상인지는 모르겠습니다."

'피폐'라는 말은 요새 양아치와 같은 말이다. 왜 양아치가 되었느냐고 묻는 임금의 말에, 가난과 양아치는 다르다는 것을 확실하게 설명하고 있다. 양아치는 정신이 무너진 쓰레기 인생이다. 무엇을 두고 하는 말인가. 선비로서 실천해야 할 도덕이 무엇인지를 알면서도, 그 도덕을 실천하지 못하면 그게 곧 쓰레기다. 이유가 무엇이든 그게 양아치다. 제 양심의 소리를 듣고 무엇으론가 그럴듯한 핑계를 대면서 제 양심에서 도망치는 것이 양아치의 본성이다. 한 번 걸레가 되면 빨아도 걸레이듯이, 양아치로 돌아서면 영원한 양아치다.

그러나 지금의 나는 때를 만나지 못한 선비일 뿐이다. 저 나무를 타고 노는 원숭이를 알 것이다. 그놈이 소나무나 참나무 같은 미끈한 나무를 만나면 건너뛰고 흔들거리면서 제 기세를 자랑하지만, 엄나무나 탱자나무 같은 가시돋힌 나무를 만나면, 몸을 옹송거리고 벌벌 떨고 주위를 힐끔거린다. 그것을 일러서 시절을 만나지 못했다는 것이다.

한때의 가난이야 원숭이의 가시돋힌 나무와 같아서 언제고 벗어날수가 있지만, 제 양심을 속이고 핑계를 만들어서 남에게 그럴듯하게 보이려고 애쓰는 당신이야말로 막장에 도달한 인생이다. 장자에게 양아치 농담을 했다가 오히려 임금이 양아치 소리를 듣는 이 대목은 무엇인가로 통쾌하다는 느낌으로 와 닿는다.

읽는 사람들은 너무 앞서간다고 생각할 수도 있다. 그러나 다음 이야기를 읽고 나서도 내가 앞서간다고 생각을 할 수 있을지를 보자. 장자는 지금 임금에게 돈을 빌리러 온 것이다. 돈 빌리러 왔다는 것을 눈치채고 있는 임금이 장자를 쫓아버리기 위해서 일부러 농담 비슷하게 기분 나쁜 수작을 건넨 것이고, 그런 임금의 속셈을 간파하고 있는 장자가 임금의 방망이를 빼앗아 임금을 휘갈겨버린 것이다.

장자는 지금 네가 보는 대로 내 처지가 당장 궁하니 쌀가마니 값이나 보태라고 한다. 그러자 임금 대답이 왈, 내가 지금 이웃나라에 빚을 받으러 가는 중이다. 내가 돌아오면 너에게 삼백금(三百金)을 줄 터이니 기다리라고 또 핑계를 댄다. 어떻게 하든 쫓아버릴 대상이지 도와주고 싶은 상대가 아니다. 그래서 말로만 생색을 내고 실제로는 한 푼도 줄 생각이 없다. 친구한테 양아치짓을 하면서도 양아치라는 생각을 못하는 것이다. 그러자 장자가 웃으면서 이렇게 빗댄다.

"내가 여기를 오는 도중에 나를 부르는 소리가 있어 뒤를 돌아보니, 마차바퀴가 지나간 길가에서 붕어가 나를 불렀더구나. 한 줌이나 남은 흙탕물에 몸을 적시고 헐떡거리는 처지가 참으로 딱하더라. 그러면서 하는 말이 자기는 동해의 사자(使者)인데, 사신을 다녀오는 길에 이런 위기를 만났다. 원컨대 물 한 동이만 가져다 주면 살 것 같으니 제발 적선 좀 해라. 내가 그랬다. 내가 지금 위나라 무후를 만나러 가느라고 바쁘다. 기다리거라. 내가 돌아오는 길에 서강의 강물을 끌어다 널 살려주마. 그랬더니 붕어가 무어라고 한 줄 아는가? 이 양아치 같은 인간아. 지금 내 처지를 보면서도 그 따위 소리가 나오느냐? 네가 서강의 강물을 끌어올 쯤에는 나는 이미 죽어서 마른 포(鮑)가 돼 있을 테니, 차라리 건어물 전에서 내 시체를 찾아라 하더라. 지금 네가 삼백금 운운하는 게 저 붕어의 서강의 강물과 무엇이 다르냐."

냉소적이긴 해도 여유 있는 대꾸로 갚아준 것이다.

장자의 말에 양아치라는 말은 생략이 되어 있지만, 그러나 우리는 글자의 행간에서 양아치소리를 읽어 낸다. 이것이 장자를 읽는 묘미라면 묘미일 것이다. 그런데 이런 이야기를 왜 하는가. 바로 우리가 뽑은 대통령 중에 이런 양아치가 있었기 때문이다. 그러면 그런 대통령을 뽑은 국민은 양아치일까? 아니다. 그저 잠깐 속았을 뿐이다. 속은 것이 죄라면 죄겠지만, 그런 양아치인 줄 알았으면 애시당초에 표를 주지 않았을 것이다. 속았기 때문에 땅을 치면서 분해하고, 표 찍은 제 손을 내려다보면서 후회하기를 마지 않는 것이다.

그게 누군가. 이명박(李明博)이다. 그자의 하는 짓이 장자를 대하는 위나라 무후와 많이 닮았다. 한 나라의 임금이면서도 제 것이라면 됫박쌀도 아끼는 위인이다. 장자를 대하는 태도에서 보듯이 그런 핑계와 거짓말이 아주 몸에 배어 있다.

그건 양아치들이 하는 짓거리다. 하는 짓마다 천박한 짓거리만 하는 그를 나는 아예 천박한 자로 불렀다. '이천박(李賤薄)'이 내가 부른 이름이고 주변에서 더러 동조하기도 했으므로, 우리끼리는 '淺博'으로 통했다. 천박이 대통령을 하는 동안 나는 9시 뉴스를 보지 않았다. 한겨레신문을 보다 끊어버리고, 3사 텔레비전의 뉴스 채널도 함께 끊었다.

그자의 양아치 같은 언행을 볼라치면 배 속의 부레가 끓고 눈에서 핏발이 섰다. 그런 내가 싫어서 그자를 보지 않기로 한 것이다. 덕분에 나는 사회가 무엇을 하는지, 국가가 어떻게 돌아가는지 전혀 모르는 멍청이가 돼버렸다.

말하건대, 이자는 정치의 기본을 몰랐다. 정치(政治)는 질서를 바르게 펼치는 것이다. 그 끝은 언제나 홍익인세에 닿는다. 政은 正과 攵이 합쳐진 글자다. 먼저 하나(一)에서 그치는 것(止)이 正이다. 풀어서 말

하면, 만물을 낳아서 먹여 살리는 하늘과 땅의 도덕을 하나(一)라 한 것
이요. 거기에 닿는 것을 그치는 것(止)이라 한 것이다. 夊(복)은 攵(복)과
같다. 손에 회초리를 든 상형이다. 그러니까 政은 무위한 천지의 도덕
에 머물도록 회초리를 들고 감시함을 나타낸다. 治는 다스린다는 의미
이전에, 어느 지역 물 이름이다.

곧, 오늘의 산동성(山東省) 곡성현(曲成縣)을 흐르는 시내 이름이다.
이 시내에 고인 물이 특별하게 조용하고, 살아 있는 듯 품성이 어질었
으므로 옛 사람이 정치를 말하는 대목에서 끌어다 비유를 삼은 것이다.
그러니까 政이 다스림의 원칙을 주장하는 것이라면, 治는 그 요령을 가
르키는 말일 수가 있다. 공자가 살았던 주(周)나라 이전에 나온 말일 것
이다.

그러니까 정치는 만물을 이끌어내는 하늘 숨을 본받고, 하늘이 이끌
어낸 만물을 실수 없이 길러내는 땅의 덕을 기본으로 한다. 그런 후에
치우침이 없이 고르게 펼치는 물의 품성을 배워서, 사회와 국가를 경영
해가는 홍익정치를 목표로 삼아야 한다. 그냥 그뿐이다. 마치 햇빛이
나 달빛은 어떤 선입감을 두지 않고, 만물을 차별 없이 고르게 비추는
것이요, 여름에 내리는 비나 이슬은 고르게 만물을 어루만지는 것이다.
그런 치우치지 않은 공평한 심정을 가지고, 자칫 소홀하기 쉬운 구석진
곳과 외롭고 그늘진 곳을 찾아, 가난하고 병든 사람을 먼저 위로하고
격려하는 것이 소위 말하는 정치의 원론이다.

그러나 이 천박한 인사가 하는 짓은 번번이 제 기분과 감정을 앞세워
서, 제 눈길이 닿는 것 그리고 제 손길이 닿는 것을 한계로 경영했다. 그
결과가 부익부 빈익빈에다가 아주 심각한 골을 파서, 다시는 회복할 수

없도록 나라꼴을 만들어버린 것이다. 집권하자마자 여러 개의 방송국을 제 손아귀에 넣고 언론을 통제한 것이나, 신문에다 무슨 명목을 붙여서 뒷돈을 조금씩 대주고는 저희들 마음에 드는 기사를 쓰게 한 것이 진작에 그런 조짐이기는 했었다. 저 같은 부스러기 인간들로 판을 짜고, 그런 소인배 양아치들 위주로 정부의 관료를 임명해서, 겨우 자리잡아가는 민주주의를 후퇴시키고, 국토의 허리에 철조망이 있는 민족역사를 원래대로 되돌려버린 것이다. 누구 한 사람 안 된다는 소리도 없었고, 너무 일방적으로 흘러간다는 자성 한 마디가 그들한테서 나오는 일도 없었다.

고양이한테 생선가게를 맡긴다는 속담처럼, 한갓 이재(理財)에 밝은 무리들이 모여서 저희 기분대로 핑계나 명분을 만들어 붙이면서 이익을 챙기고 도둑질을 했으니, 국가나 민족은 애초에 그들의 관심사가 아닐 수밖에 없었다. 썩은 검찰과 썩은 언론들이 앞에 뒤에 든든히 막아서서 인의 장막을 치고, 국민의 눈을 가리고 입을 틀어막으면서 들러리 노릇을 했으니, 이승만 정권 이래로 그런 굴레에 길들여진 국민이란 바보는 당연한 듯이 생각했고, 어떤 꼬집힘을 당해도 아프다는 생각을 못하도록 판을 몰아간 것이다.

민주주의는 다수결의 원칙이 된다던가? 사태가 이 지경이 되었는데도 그들 편에 서는 사람은 있기 마련이다. 당연히 가난한 서민층에는 그런 이가 없고, 대개는 부자 층에서 그 양아치 대통령을 반겼다. 국가 전체를 생각하는 어진 마음 −良心− 보다 눈앞의 제 이익에만 만족한 것이다. 대체 어쩌다가 배달민족의 바탕이 이 지경에 이르렀는가. 지치고 힘들면 쉬어간다던가? 이렇게 역사의 고갯길이 가파르고 험난하니,

장승 서 있는 주막이나 짓고 잠깐 쉬면서 옛 아리랑이나 불러볼까.

아리랑 아리랑 아라리요, 장승 벅수 아리랑 불러나 보세/ 하늘에 성근 별 밭은 조상님네 길이요, 어제 오늘 걷는 길은 가시밭 길이네/ 아리랑 아리랑 아라리요, 장승 벅수 아리랑 불러보세/ 핏대 속에 옛 영화는 천상(天上)꿈이 편한데, 아서라 이 당장은 목젖이 마른다/ 아리랑 아리랑 아라리요, 장승 벅수 아리랑 불러나 보세/ 신라왕 김춘추가 당나라에 가서, 당군대 빌려달라 고두백배(叩頭百拜)한 것이/ 아리랑 아리랑 아라리요, 장승 벅수 아리랑 불러를 보세/ 고려때 김부식은 서토 뙤놈 되자고, 벅수 장승을 천하다 괄시를 했지/ 아리랑 아리랑 아라리요, 장승 벅수 아리랑 불러보세/ 성리학 양반학 생지랄을 치더니, 급기야 왜놈하네 민족이 망하네/ 아리랑 아리랑 아라리요, 장승 벅수 아리랑 불러보세/ 친일파 이승만은 박정희를 낳고, 뼛속까지 친일파 천박이 놈은/ 아리랑 아리랑 아라리요, 장승 벅수 아리랑 불러보세/ 생선곳간에 도둑괭이 아주 시절을 만났네, 친일파 보수세력 제 시절을 만났네/ 아리랑 아리랑 아라리요, 장승 벅수 아리랑 더는 못 부르겠네.

성리학이 창궐하면서 멀쩡한 신분계급을 나누는 몹쓸 병균이 고루 퍼졌고, 왜정을 지나면서 민족을 배신하는 친일파가 크게 부끄럽지 않다가, 돈이면 무슨 짓이든지 하는 유대인의 근성이 기독교라는 물줄기를 타고 이 국토에 잠식했던 게 원인이라고 진단하기는 했다. 민족의 정신이 크게 마비가 된 것이다.

예전 같으면 하늘이 무서워서 차마 못할 짓을, 태연하게 저지르고도 아무렇지 않을 수 있는 것은, 기독의 신 야훼를 하나님이라 번역했고, 그 하나님을 종래의 우리들 하느님으로 착각을 했기 때문에 죄의식이 없어진 것이다. 그런데 이 양아치 대통령이 바로 이 조건들을 두루 갖추고 있었다. 우연이라 하기에는 너무 맞아떨어지는 우연이어서, 차라리 필연으로 말하는 게 옳지 않을까? 이 양아치 대통령이 아무렇지도 않게 국가를 말아먹은 내역을 드러내 보자. 여기에는 어느 새 함께 양아치가 되어가고 있는 우리들의 모습이 투영되고 있어서다.

　첫째, 그자는 친일파다. "내 동생은 뼛속까지, 뼛속의 골수(骨髓)까지 친일정신과 친미정신으로 무장돼 있다."는 말은 자기 형 이상덕이 미국 대사관에서 한 말로 기록되어 있다.

　둘째, 그는 타고난 기질이 거짓말을 예사로 하는 소인배다. 대통령이라는 중책을 떠안기에는 너무 협소하고 모자라는 위인이었다. 텔레비전에 나와서 제 입으로 국민하고 약속한 사안을 아무렇지 않게 뒤집고도, 그렇게 뒤집었다는 자체를 모르는 위인이었다.

　셋째, '고소영'이란 말에서 드러나듯, 인물 기용을 전혀 모르는 자다. 한 국가통치를 제 이웃사촌 하고만 하는 밴댕이 배포다. 고려대학과 소망교회와 영남사람을 중심으로 각료를 임명한데서 나온 소리다.

　넷째, 돈을 보면 무조건 거머쥐고 보는 작은 장사치의 근성을 끝내 못 버렸다. 아주 치사한 망신을 늘 자초하는 것이 바로 이런 까닭 때문이다.

　우리 민족의 기개나 정서로 볼 때 친일파 대통령이 나온다는 것은 있을 수 없는 일에 속한다. 그런데 그런 대통령이 나왔다. 그만큼 민족의 정서가 오염되고 타락했다는 반증일 것이다.

다음으로는 이명박 대통령 집권 당시부터 쇠고기 수입 문제가 큰 이슈로 등장했다. 광우병에 걸린 소고기를 수입하지 말라는 국민의 염원을 깨끗이 묵살하고, 연일 검증도 불확실한 미국산 소고기를 수입해 들이자, 마침내 국민이 일어선 것이다. 지방은 그만두고라도 서울시청 앞이 밤만 되면 촛불시위로 연일 난리였다. 어린 손자 손을 잡고 나오는 할머니 할아버지에서부터 유모차에 갓난아이를 태우고 나오는 젊은 주부까지.

밤마다 수십만 명의 시위대가 모여서 드디어 청와대로 진격할 기미를 보이자, 경찰들은 안 되겠던지 수십 개의 컨테이너를 가져다가 방어용 성벽을 쌓고, 물대포를 쏘고, 시위에 못나간 사람들은 텔레비전을 보면서 정부를 타박하는 등으로 국민의 관심이 집중되고 있었다. 국회도 연일 가동하면서 수입 쇠고기를 놓고 갑론을박을 하는데, 여당인 한나라당은 시민들의 집회를 불법으로 몰아갔다. 유모차를 끌고 어린 손자의 손을 잡고 나온 사람들을, 정부 허락을 받지 않은 집회임으로 불법이라는 것이다.

국가의 권력은 국민으로부터 나온다는 헌법 조항도 모르는 듯한 발언이었다. 그러나 몰라서가 아니다. 국민들이 옳고 그름을 분간하지 못할 것으로 믿은 일종의 마비성(痲痺性) 발언이다. 그런 발언이 나오자 조·중·동[1]은 마치 기다렸다는 듯, 불순한 세력이 뒤에서 부추기면서 조종하고 있다고, 근거도 없는 기사를 써대기 시작했다.

***

1. 조·중·동 : 조선일보, 중앙일보, 동아일보를 말함. 온갖 비열한 짓을 다 동원하면서 언론시장을 장악하고 있는 거대신문들이다.

온 나라가 달을 넘기면서 총체적으로 들썩거린 것이다. 드디어 대통령이 텔레비전에 나타났다. 밤이면 청와대 뒷산에 올라가서 제 눈으로 그 현장을 모두 보았다고 했다. 그러면서 하는 말이 정말 국민이 무섭다는 것을 알았다. 앞으로는 국민의 의견을 존중하고 따르겠다고 했다. 이명박 정부는 대선공약이 '국민을 섬기는 정부'였으니 이번에야말로 국민을 섬길 거라고 다들 안심했다. 그러나 아무 것도 달라진 것은 없었다. 내가 언제 무슨 말을 하더냐는 식으로, 아주 모르쇠로 내뻗으면서 쇠고기도 당초의 약정대로 수입했다. 일말의 양심이라도 있었다면 그렇게 태평스런 낯빛을 할 수가 없었을 것이다.

나는 그때부터 뉴스를 끊고 신문도 끊었다. 말레이시아 같은 후진국도 30개월 미만의 나이 어린 소를 수입한다는데, 우리는 그런 조건을 달지 않고 아무 쇠고기나 들여오기로 한 것이다. 광우병은 특히 뼈에서 많이 이루어지는데, 뼈를 좋아하는 한국인의 취향은 뼈까지 마구잡이로 들여온다. 물론 서민에게 먹이자는 것이니 돈 있는 사람들과는 상관이 없을 수도 있다. 단 그들이 바깥 외식을 않을 경우에 한정해서다.

천박한 자의 거짓말은 대선을 앞두고 불거진 BBK사건에서 여지없이 드러난다. BBK는 사이버 금융회사다. 그러니까 이 천박한 자가 인터넷 금융회사를 창립한 것이다. 서기 2007년에 이명박이 대통령 후보로 나왔을 때 이 문제가 뜨거운 화제로 등장해서 연일 텔레비전에 도배를 하다시피 했었다. 지금도 -단기 4346년 5월 현재- 인터넷을 열고 'BBK 진실'이란 제목에 들어가면, 제법 책 한 권 분량의 내용이 상세하게 쏟아진다. 미국의 교포 김경준이란 사람이 이명박과 30억씩을 투자해서, 자산이 60억 되는 회사를 하나 창립한다. 이 회사가 국민을 상대로 계획적인 사기를 쳤기 때문에 문제가 터진 것이다.

회원이 무려 5,200명에 달하는 사람들이 600억 규모의 재산 피해를 입은 것으로 되어 있다. 처음부터 주가를 조작하는 불법사기로 큰돈을 긁어 들이고는, 문제가 터지기 직전에 김경준이 370억 원을 횡령하여 미국으로 도피를 한다.

이때 이명박 회사나 다름없는 '다스'라는 회사가 190억이라는 돈을 투자했다는 것이다. 그런데 당시 스위스 은행의 옵셔널벤처스 계좌에 140억 원이 있었다. 다스와 옵셔널벤처스는 서로 그 돈이 자신들의 것이라면서 주장하다가 미국 법원에 소송하기에 이르렀고, 결국 다스는 패소하고 옵셔널벤처스가 승소하였다. 이에 일반투자자들은 스위스 계좌에 숨겨진 이 돈을 찾아오기 위해 소송을 준비하고 있었다. 그런데 2011년 2월, 스위스 법원은 은행에 동결되어 있는 140억 원을 다스 계좌로 송금하라는 명령을 내린다. 이로 인해 일반 투자자들은 한 푼도 보상받지 못한 상태가 되었다. 이는 이명박이 대통령이 되고나서 일반 투자자들이 돌려받을 돈까지 공권력을 동원하여 그 돈을 몽땅 가져 갔다고 생각할 수밖에 없어서 일반 국민들은 아연실색하지 않을 수가 없었던 것이다. 또한 일부 대기업의 투자금도 다 돌려주었으므로, 결국 손해를 본 것은 돈 없고 힘없는 서민들이 대부분이었다. 국민을 섬기겠다는 공약은 어디에도 찾아볼 수가 없는 대목이다.

왜 다스라는 회사는 그런 큰돈을 투자했고, 김경준은 실수 없이 그 돈을 돌려주었을까? 나중에 밝혀진 일이지만 '다스'는 이명박이 자기 큰형 명의로 차린 이명박의 자동차 부품회사였다. 그러니까 실제 주인은 이명박이었고, 형은 겉으로 내세운 이름뿐인 사장이란 말이다. 거기서 생산되는 부품은 당연히 현대자동차로 납품되었고, 다른 회사 납품 회사들과는 달리 높은 가격에 특혜를 받는 유별난 회사였다.

이명박이 현대건설의 사장을 했으니 특혜는 그렇다 쳐도 투자는 무슨 속셈인가? 다른 투자자를 선동하고 안심시키기 위한 사기수법이요 그런 요령이었을 것이다. 전 재산을 잃고 자살하는 사례가 속출했고, 온 국민의 시선이 집중할 수밖에 없도록 일이 커지고 있었다.

문제의 김경준이 급기야 미국에서 소환되는 지경에 이르렀는데, 그가 깜짝 놀랄 이야기를 폭로했다. BBK는 이명박이 저지른 짓이고, 자기는 바지사장에 불과하다는 진상을 터뜨린 것이다. 이명박은 자기도 피해자 인데 무슨 그런 말이 나오냐고 펄쩍 뛰었고, 국민들은 헷갈릴 수밖에 없었다. '다스'가 말밥에 오르고, 도곡동 땅이 어떻고, MKE라는 회사가 끌려 나오고 온 국토가 지진이라도 만난 것처럼 들썩였다. 검찰이 나서고, 한상률 국세청장이 조사를 받고, 고승덕 변호사가 이명박을 변호하고, 후일에 감사원장에 추대되었다가 무수한 비난을 받고 낙마한 정동기 검사가 회자되고, 한나라당이 떼거리로 나서서 이명박을 감싸고, 최재경 부장검사가 등장하고, 연일 조용한 날이 없도록 시끌시끌했다.

그런데 중요한 단서가 불거졌다. 서기 2000년에 이명박이 광운대학에서 강연을 한 영상자료가 텔레비전에 방영된 것이다. 그는 이렇게 말했다.

"저는 요즘 제가 다시 한국에 돌아와서 인터넷 금융회사를 창립했습니다. 해서 금년 1월에 BBK라는 투자자문회사를 설립을 하고, 이제 그 투자회사가 필요한 업무를 위해 사이버증권회사를 설립하기로 생각을 해서 지금 정부에다 제출했는데, 며칠 전에 예비허가가 나왔습니다."

그는 또 이런 말도 했다.

"인터넷 금융회사를 창립했는데, 예비허가가 6개월 걸려서 나왔습니다. 물론 BBK투자자문회사는 금년에 시작했지만, 이미 9월 말로 28.8%의 이익이 났습니다."

이명박의 BBK 공식 명함이 공개가 되고, 2000년 10월 16일자로 중앙일보에 '사이버 금융에 승부 걸겠다.' -증권사 대표로 재계 복귀한 이명박 씨-는 인터뷰 기사가 다시 공개되는가 하면, 월간 중앙에 실린 2001년 3월호 기사 역시 "…지난 해 초에 벌써 BBK라는 투자 자문회사를 설립해 펀드를 몰고 있는 상태입니다. 그 자문회사가 필요로 하는 것이 증권회사입니다. 그래서 설립한 것입니다." 하는 따위의 기사가 거듭 거듭 텔레비전 뉴스에 공개되고 있었다.

그러나 결과는 어땠나? 온 국민이 보는 앞에서 자기 죄를 자기 입으로 까발렸는데도, 그런 모든 죄가 증발을 하고 없어진 것처럼 멀쩡했다. 이명박은 BBK와는 아무 상관이 없는 사람으로 미끈하게 처리되었고, 김경준만 사기꾼으로 몰려서 감옥에 갇히는 몸이 되었다. 한나라당의 갖은 억지와 방어막, 더럽고 구질구질하게 타락한 검사들, 진실을 외면하는 조·중·동의 거짓 기사, 혓바닥을 몇 개씩 가진 변호사 등이 결탁을 해서, 이명박을 대통령에 앉히게 된 것이다. 아는가? 이게 대한민국의 실상이다. 제 입으로 말한 광운대학의 동영상을 두고도, 나와 BBK는 상관이 없고, 나도 모르는 일이라고 내뻗어도 그것이 아무렇지도 않게 통해지는 나라가 대한민국이라는 말이다. 다시 아리랑으로 심화를 끄자.

아리랑 스리랑 아라리요, 비비케이 아리랑 불러나 보세/ 이명박과 김경준이 삼십억씩 투자로, 사이버 금융회사 비비케이를 만드네/ 아리랑 스리랑 아라리요, 비비케이 아리랑 불러보세/ 김경준은 바지사장 이명박은 실세라, 그러고도 믿는 것은 조중동일테지/ 아리랑 스리랑 아라리요, 비비케이 아리랑을 불러보세/ 출발부터 유령회사 사기 치기 위한 것, 그런 사기꾼이 대통령이 되네/ 아리랑 스리랑 아라리요, 비비케이 아리랑을 불러보세나/ 그런데 무슨 일로 대기업돈은 갚구요 김경준이 미국으로 도망을 쳤지/ 아리랑 스리랑 아라리요, 비비케이 아리랑은 점입가경/ 다스돈 백구십억도 미리 죄다 갚고요, 오천이백 회원들은 육백억을 날렸네/ 아리랑 스리랑 아라리요, 비비케이 아리랑 불러보세/ 도망친 김경준이 잡혀와서는, 나는야 바지사장 이명박이 시켰소/ 아리랑 스리랑 아라리요, 비비케이 아리랑은 갈 수록 재밌네/ 명박이 펄쩍 뛰면서 나도 또한 피해자, 다스와 도곡동 땅이 말밥에 오르고/ 아리랑 스리랑 아라리요, 비비케이 아리랑은 속내를 몰라/ 한상덕 국세청장 고승덕 변호사, 한나라당 국회의원들 똘똘 뭉쳤네/ 아리랑 스리랑 아라리요, 비비케이 아리랑 갈수록 재밌어/ 그러던 중 광운대학의 동영상이 터져서, 명박이 제입으로 사실대로 말했지/ 아리랑 스리랑 아리리요, 비비케이 아리랑 도깨비 아리랑/ 그 후에 명박이는 대통령이 됐구요, 만만한 김경준이 가막소로 갔네/ 아리랑 스리랑 아라리요, 비비케이 아리랑은 엉터리 아리랑/ 그런 썩은 국가기강은 없느니만 못하지, 친일파 조중동이 신바람 났네/ 아리랑 스리랑 아라리요, 비비케이 아리랑은 못 부를 아리랑.

이런 패륜아가 대통령이 되고나서 국가가 어떻게 되었나? 부익부 빈익빈의 골이 더 깊어지고, 정치는 서민보다 노골적으로 부자들만 챙겼다. 친일·친미파들 세상이 된 것이다. 지난날 김영삼이 3당 합작*2을 이룬 뒤로 한탕주의가 생겼었다. 그 이전에는 서민층이 착하게 살고도 희망이란 것이 있었는데, 그 희망이 없어진 것이다. 이명박이 대통령이 된 뒤로는 사람들이 아무렇지도 않게 양아치 짓을 한다. 양심을 내다파는 건 예사로운 일이 되었고, 사악한 범죄로 사회가 몸살을 했다. 윗물이 맑아야 아랫물이 맑다는 속담은 확실하게 유효했다.

이쯤에서 자꾸 양아치들이 판을 치는, 그래서 사회가 양아치화하는 국토의 현실을, 그런 우리들의 자화상을 총체적으로 돌아다보자. 해방 이후 이승만의 공화국에서 박정희, 전두환을 거쳐 이명박의 시대를 대충 훑어보자는 말이다. 물론 전문가가 못 되는 사람의 피상적인 의견이므로 신통한 것은 없을 것이다. 그러나 30년이 넘는 시간을 민족역사를, 아니 상고사를 해온 사람의 안목이니 아주 모자라는 이야기만은 아닐 것이다.

또 40년을 시주 밥을 먹으면서 위로는 붓다 석가모니로부터, 붓다의 혜명(慧命)을 이어 온 수많은 불조(佛祖)들, 그리고 아래로는 승단에 의식주를 제공해 준 이 국토의 국민들에게 빚을 지지 않고자 노력했다는 이야기는, 언제라도 부끄럽지 않게 할 수 있는 사람의 이야기다. 홍안령에서 우연히 불러본 아리랑이 중국에 10년 동안 부를 수 있는 아리랑

2. 3당 합작 : 전두환의 5공화국을 이어 받은 것이 노태우다. 그 노태우 대통령 밑으로 김종필을 데리고 들어간 것이 김영삼이었다. 그러니까 김영삼 당과 김종필의 당, 그리고 노태우 당이 합쳐진 것이 3당 합작이다.

의 자긍심이었다면, 지금부터 토해 내는 것들은 아무 종작없이 헤매는, 향방이 없는 아리랑이 될 것이다. 그것은 해방 후의 민족의 역사가 실로 그래왔음을 반증하고 있음이다.

해방 후의 정국(政局)

제목은 이렇게 정했으나 정국이 어수선해지는 원인을 읽어내자면, 종교에서부터 교육 그리고 정치판에 꼬이는 인물들의 성향을 총체적으로 살피는 것이 옳을 일이다. 모든 것이 그렇게 된 데는 그렇게 될 수밖에 없는 까닭이 반드시 전제되기 때문이다. 이른바 원인에 대한 결과다. 곧 인과법칙(因果法則)을 벗어나지 못한다는 말이다. 콩 심은 데 콩 나고, 팥 심은 데 팥 나는 것이 우리가 아는 상식이다. 팥을 심어놓고 어떻게 콩을 기다릴 것이며, 가지 밭에서 수박이 열리기를 바랄 것인가.

이치(理致)가 망했다면 혹 상식 밖의 것을 기다리기도 하겠으나, 해는 여전히 동에서 떠서 서로 넘어간다. 우주의 리듬이 달라진 것이 없는데 어떻게 가지나무에서 수박이 달리는 일이 있을 수 있겠는가. 그러나 우리는 상식이 안 통하는 짓을 저질러 놓고 상식의 결과를 기대했다는 감이 없지 않다. 그 결과가 민족역사의 범법자들이 대통령도 되고 국가를 책임지는 각료(閣僚)도 되는 오늘 대한민국의 현주소에 도달한 것이다.

해방이 되고 교육현장이나 정치판에 몰려든 것은 대개가 왜정 때 일본이나 미국 혹은 프랑스나 독일에서 공부를 했던 인텔리들이었다. 그 사람들이 정부를 만든 것이다. 그 사람들을 외국에 보내서 공부를 하게 한 것은 그들의 부모들이겠는데, 돈 많은 신흥갑부나 이조 때 사대부를 지낸 양반의 후예가 대부분이었다. 그들의 머릿속에는 이미 성리학의 폐단이 골수에까지 차 있었다고 해도 옳을 사람들이다. 그런데 밖에 나가서 다시 해로운 병균을 수입해 가지고 들어온 것이다.

그것은 민주주의라고 불리는 자본주의였다. 그 사람들이 이승만을 축으로 남한에 '대한민국'이라는 간판을 걸고 그들의 정부를 세웠다. 여기서 중요한 것은 그 전에 이미 고종황제의 '대한제국'이 있었다는 점이다. 이 대목을 생각없이 지나치면 이명박이라는 친일파가, 이승만을 건국의 아버지로 불러서 친일파들의 반민족행위를 정당화하려던 음모에 싸잡힌다는 것을 모르게 된다.

물론 민주주의는 좋은 이념으로 무장된 사상이다. 그러나 자본주의도 공산주의도 끝난 지금에 와서 돌이켜보면, 그들의 사상은 늘 좋은 부분만을 들고 나와서 선전했지, 부정적인 면까지를 한꺼번에 말하지 않는다는 숨은 폐단이 있다. 그러나 부정적인 것은 마침내 드러나기 마련이고, 들어나도 어쩔 수 없이 함께 수용해야 되는 필연과 만난다. 여기서 갈등과 모순이 시작된다는 건 지나온 역사의 경험으로 우리가 익히 아는 바다.

이승만의 공화국이 꾸려지던 무렵의 민중은 태반이 문맹이었다. 그들의 캄캄한 머릿속은 성리학의 횡포에 시달리던 이조시절의 관념과 일제시대의 친일파들 등쌀에 부대끼던 경험이 그대로 들어있었다. 그나마 역사의 수면 위로 한 단계 올라 선 건 양반과 상놈을 나누던 반상의 차별이 없어졌다는 것을 아는 정도였지만, 그것도 머릿속에서 그렇다는 것이지 가슴으로는 여전히 관존민비(官尊民卑)를 고스란히 받아들이고 있었다.

이승만의 공화국이 여전히 수탈을 일삼고 이름뿐인 민주주의로 독재를 자행할 수 있었던 것도 거기에 원인이 있었다. 한 가지 달라진 것이 있다면 평등세상이 왔다니까 그 혜택을 자기들도 누리기 위해서 자식들을 학교로 내몰았다는 점이다. 토지개혁 덕분에 처음으로 손에 쥐어본 금쪽 같은 토지대장을 남에게 넘기면서도 자식을 가르치려 든 것이다. 그것이 오늘의 학력인플레현상을 빚어냈다. 고려 이후로 오면서 글을 가진 세력들한테 당한 횡포와 설움이 뼈에 사무친 결과다.

그러나 급하게 먹는 밥이 체한다는 속담처럼 한국의 교육은 남의 것을 부지런히 흉내나 내고 모방해 왔을 뿐 제 주체성이 없는 학문이었다. 그 결과가 대학을 나와도 정작 국가가 필요한 인재가 없다는 것이요 그런 대학을 들어가기 위해 애먼 사교육에 정신을 파는 사회가 된 것이다. 모든 것이 임시 임시여서 정권이 달라지면 교육의 지표가 달라지는 것이 다 그런 까닭이다. 사교육을 없애자고 목소리들이 높지만 왜 사교육은 없어지지 않고 기승을 부리는가. 깊은 이유가 있다.

해방이 되고 생각 있는 사람들이 뉴욕에 가서 우리의 문화재를 전시하자고 한 적이 있었다. 말하자면 반만년 역사를 가진 민족의 문화유산을 서양인들에게 선 보여서, 우리가 그렇게 만만한 사람들만은 아니라는 것을 알리고 싶었던 것이다. 그런데 그것을 완강하게 반대하는 사람들이 있었다. 당시 미국에 나가 있던 한국의 유학생들이었다. 그들은 정부를 향해 '대체 누구 망신을 시키려고 하는 짓이냐' 며 핏대를 올렸다.

그 사람들이 돌아와서 교과서를 만들고 교육을 책임지는 자리에 앉게 된 결과가 오늘의 교육현장이다. 홍익인간의 민족정신을 던져 버리고는 밖을 향해 끊임없이 두리번거린다. 국어, 영어, 수학을 잘해야 대학에 붙는다는 것이 우리시대의 통념이다. 단기연호를 버리고 서력기원을 국가 연호로 쓰면서도 아무도 반성하거나 부끄러워하는 기색이 없다. 황소 팔고 수렁답을 팔고 자식을 학교로 보낸 할아버지들의 교육열은 아직도 식을 줄을 모르는데, 정작 교육의 현장은 이렇게 엉터리로 돌아가는 것이다.

그것이 벌써 이승만 정권 때 그렇게 정해지고 있었다는 이야기다. 미국 유학을 마치고 온 어느 장관집 딸이 한국말을 잊어버린 시늉을 했다는 말도 당시에는 있었다. 도대체가 조선인은 내 것보다 남의 것에 흥미를 느끼고 쉽게 부러워하는 것이 탈이다. 그것의 결과가 유행에 민감한 민족으로 나타난다는 이야기는 앞에서 했을 것이다. 수만 년을 산을 타면서, 어쩌면 수십만 년이 될지도 모르는 세월을 산에서 산으로 이동하면서, 늘 새로운 지역에서 해의 뿌리를 찾으려한 그 시절의 유전정보가 핏대 속에 흐르는 민족이어서 그렇다는 말도 했다.

대한민국의 헌법은 이승만의 정부가 들어서고 국회가 생기고 하는 와중에 태어난다. 그것이 게르만들의 관습에서 유래가 되어 세계의 모든 국가의 헌법이 되는데, 말하자면 이것도 잘못된 것이다. 된장뚝배기를 끼고 살아온 조상들이 창피해서, 억지로 구린내 나는 치즈와 커피로 제 창자를 바꾸면서—환장(換腸)을 하면서—배운 영어이니 그들의 선진문화(?)가 무조건 좋아 보이기는 했을 터이다. 그런 머리통들이 홍익인세는 깜박 잊었다 해도, 그래도 생각이 있었다면 성문율이 아닌 불문율을 기본으로 하는 것이 옳았을 것인데, 근본 없는 잡동사니들의 나라 미국을 따르느라 무조건 성문율로 골격을 짠 것이다.

게르만들의 관습이 세계 헌법의 졸가리가 되었다는 것은 앞에서 말했다. 라인강의 동쪽, 다뉴브강의 북쪽 지역에 살던 사람들을 로마 사람들이 싸잡아서 게르만이라고 불렀던 데서 이들 이름이 유래한다. 그러니까 게르만이란 이름은 어느 특정한 민족을 일컫는 말이 아닌 것이다. 거친 숲과 늪지대로 된 지역이어서 약간의 농사와 목축으로 근근이 연명을 했으므로, 여차하면 로마를 침범하는 골칫거리였다. 로마의 티베리우스 황제가 이 골칫거리들을 정리하려고 원정을 시도했으나, 실패한 것이 계기가 되어 도리어 로마의 일부를 양보해야 했다.

그러고나서 이 골칫거리가 민족 이동을 단행한다. 그 무렵부터는 고트족으로 불리는데 4세기 말에서 6세기 말까지 약 200년 동안을 유럽의 각처에 분포하기 시작하면서 자기들의 관습과 인습의 씨앗을 뿌렸다고나 할까. 동양에서는 400년의 한(漢)나라가 무너지고 5호 16국이 분립했던 시기요, 우리는 고구려, 백제, 신라가 서로 아웅다웅 할 때다. 어쨌거나 굴절어를 쓰는 유럽인들은 게르만족의 관습을 쉽게 받아들였고, 로마의 전통과 기독교의 율법이 함께 녹아들어서, 근세의 프랑스 혁명을 계기로 수면에 뜬 것이다. 오늘의 하버드가 옥스퍼드의 분신이라면, 영국은 미국의 어머니에 해당할 것이다. 그런데 미국의 헌법은 성문율이어도 영국은 불문율로 되어 있다. 불문율은 자국의 국민들이 몸에 밴 관습을 이미 중시한다는 의미요, 성문율은 국민들에게 그런 통일된 관습이 없으므로 일방적인 법조문의 틀을 짜놓고, 그 틀에다 국민의 정서를 맞추고 길들이면서 국가를 운영하는 방식이다. 성문율은 다분히 강제와 억압이 전제되지 않고는 성공하기가 어려운 반면에, 불문율은 기존의 전통과 성향을 존중하도록 마련되어 있으므로 문제가 생기면 그때그때의 정황에 맞게 길을 터가는 식이다.

불문율이 성숙한 어른들의 법이라면 성문율은 말이 안 통해서 어쩔 수 없이 매를 들고 가르쳐 가는 설익은 법이다. 왜 미국은 영국이 하는 짓을 보면서도 자기들은 다른 길을 선택했을까? 당연하다. 미국은 국가라는 것이 잡동사니들이 몰려들어서 만들어 낸, 근본이 없는 국민들로 이루어진 나라이기 때문에 당근과 채찍을 함께 쓸 수밖에 없는 한계점이 있다. 유럽에서 야심을 가진 사람들이 기회의 땅으로 알고 몰려든 데가 미국이다. 유럽에서 죄를 지은 범법자들이 질서가 없는 신생국가 미국으로 숨어들었다는 것도 모두가 아는 사실이다. 그런 근본도 없는 패거리들은 결코 호락호락하지 않은 법이다.

그러나 영국은 다르다. 하는 짓이 어른스런 데가 있다. 저 유명한 자동차 회사 롤스로이스라든가? 세계에 유례가 없는 명품 자동차를 만들지만 독재자한테는 결코 팔지 않는 나라가 영국이다. 우리에게도 박정희가 그 차를 원했지만 독재자라는 오명(汚名)만 흠씬 듣고 망신으로 물러선 경험이 있다. 또 야구에 틈을 엿보아 기회를 훔치는 '도루'라는 룰을 싫어해서 야구를 않는다는 신사들의 나라다. 거기에 비해서 미국은 세계 야구의 종주국이라 해도 무방하다. 도루가 있으면 어떠냐는 식이다. 그런 정신의 전통이 제 아비를 죽인 살인자라도 돈만 들고 오면, 숨겨주고 반기는 국가인 것이다. 모든 독재자와 살인범들이 뭉치 돈을 들고 미국으로 가서 어깨를 펴고 산다는 것을 알고 있다. 그래서 미국은 영국의 불문율을 보면서도 성문율로 국가헌법을 만들 수밖에 없었을 것이다.

여기서 우리는 생각이라는 것을 펼쳐 보자. 일찍이 동서로 2만여 리 남북으로 5만 리 국토를 펼치고 홍인인세라는 훌륭한 정신으로 세계 인류를 두루 먹여 살렸던 우리가, 여기 아시아의 동쪽 물가에 새우등마냥 꼬부리고 있는 반도에 붙어서 쪽박살림을 한다고 해도, 잡동사니들의 법을 가져다가 성문율을 하는 것이 과연 옳은 짓인가를. 그러나 미국의 법을 그냥 베껴낸 사람들도 생각이 아주 없지는 않았을 터이다. 국가의 법을 만드는 사람들이 영국의 불문율을 몰랐을 이치가 없다. 그렇다면 그 대목에서 비교하고 검토하는 일이 분명 있었을 터이다. 또 조선의 법은 불문율이 되는 것이 옳다는 생각도 했으리라.

그런데 왜 미국을 따랐을까? 나는 그렇게 된 원인을 이승만에게서 찾는다. 그가 초대 대통령이었고 반민특위를 해체하는 과정에서 보여 준 야비한 짓거리들로 보았을 때, 국민 따위는 안중에도 없었다고 비쳐지기 때문이다. 결론부터 말한다면 그는 제 권위와 권력에만 치중하는 정치인이었지, 세금을 내는 국민은 돌아볼 필요가 없었던 것이다. 이조 성리학의 폐단이 남긴 잘못된 관념이 이승만에게 그대로 전수되었다고 생각하면 그리 놀랄 일이 아니기는 하다. 거기에 국토를 왜놈에게 내주고 친일세력들이 저마다의 이익을 챙기느라고 기세를 떨치던 점을 감안하면 더욱 그렇다.

여기서 이승만이 어떤 인물인지 잠깐 스쳐보기로 하자. 이승만은 황해도 평산에서 태어났다. 어려서 한학을 배우다가 신학문을 가르치는 배재학당을 졸업하고, 미국으로 건너가서 조지 워싱턴 대학을 졸업하고는, 이어서 하버드 대학과 프리스턴 대학에서 각각 석사와 박사과정을 단 5년 동안에 마친다. 그러니까 머리는 좋은 사람이다. 거기에 천부적인 외교능력과 사교성까지 타고난 사람이다. 그러나 이런 조건도 마음이 바로 설 적에만 그 재주가 빛을 발하는 법이다. 그러나 불행하게도 이승만은 그런 인물이 아니었다. 아니 그런 인물이 못 되었다. 결론부터 말한다면 그는 순전히 제 개인적인 이익을 위해서 일생을 소모하고 허비한 딱한 사람이다.

우선 그가 당시 하와이에 정착한 교포들 사회에서 한창 힘을 뻗어가던 '국민회'*1에다 갑자기 분열과 대립의 분위기를 조성해 준 것부터가 그렇다. 하와이 이민역사는 서기 1902년부터 시작된다. 처음에 102명이 하와이에 정착한 것을 시작으로 3년 사이에 7,200명으로 그 숫자가 늘어난다. 그들은 거의가 사탕수수밭에서 품을 파는 사람들임에도, 거기서 '국민회'라는 것을 결성했다. 왜놈 치하에 있는 조국을 생각하면서 가입비 10달러씩을 자발적으로 모으는 애국적인 단체를 만든 것이다. 당시 그들의 월급이 35달러였던 것을 감안한다면 결코 작을 수가 없는 액수였다. 거기에 매년 10달러씩을 후원금으로 모았다.

그러던 1913년 이승만과 박용만(朴容萬)이 하와이에 나란히 상륙한다. 이들은 일찍이 대한제국의 고종황제 정부가 무능한 것을 비판하다가 당시 황국협회의 무고로 함께 옥살이를 했던 감옥의 동기생이기도

***

1. 국민회 : 1909년에 미국에서 결성된 항일운동단체. 1908년에 장인환(張仁煥)과 전명운(田明雲)이 샌프란시스코에서 한국정부의 외교 고문이던 친일 미국인 스티븐스를 저격한 사건이 일어나자, 재미교포들의 항일 열기가 고조되고, 박용만과 이승만을 중심으로 애국단체들의 규합운동이 벌어져, 하와이 합성협회와 미국 본토의 공립협회를 통합한 국민회의가 창립되었다. 이들은 교포의 권익뿐 아니라 조국의 독립을 위하여 노력했으며, 1909년에는 안중근 의사의 변호를 위한 의연금 모금운동을 벌리기도 했으며, 대한민국 임시정부 후원에 힘쓰기도 했다.

했다. 박용만은 일찍이 헤이스팅스 대학에서 학위를 받고 곧 조국광복을 위한 무장투쟁을 결심하여 '대조선국민군단(大朝鮮國民軍團)'을 만들고 점차로 세력을 키워나갔던 사람이다. 그러던 박용만이 갑자기 국민군단을 해체하고는 미국을 떠버리는 사건이 생긴다.

이승만이 당시에 하와이에 정박 중이던 일본군함 '출운호(出雲號)'를 박용만이 폭파하려 한다고 법원에다 밀고했기 때문이었다. 왜 이승만은 이렇듯 동지를 파는 비열한 행동을 서슴지 않았을까? 자신의 이익과 출세를 위해서였다. 그 무렵 그가 유력한 일간지에 낸 기사를 보면 이승만의 가슴속에 꿈틀거리는 야심이 얼비친다. 그가 낸 투고 내용은 "나는 어떤 반일적 내용도 가르치지 않는다. 다만 보편적인 인류애를 강조할 뿐이다. 그러므로 이 지역 일본신문들은 내가 반일감정을 일으킨다는 오해를 하지 말기 바란다."고 되어 있다. 그 무렵의 이승만은 교포 사회에서 나름으로 교육에 열을 올리고 있었던 것이다.

박용만이 없어지자 그는 노골적으로 제 야욕을 드러낸다. 그는 앞서 이야기 한 국민회에 곧 검은 마수를 뻗쳤다. 국민회의 기금과 통제권을 노린 것이다. 가량하다 시피 당시 하와이 이주민들은 교회를 다니는 사람이 대부분이었다. 감리교 신자들이 특히 많았다고 한다. 그런데 그들 사이에 해괴한 유언비어가 떠돌고 있었다. '감리교를 선택하든 이승만을 선택하든 둘 중에 하나를 선택하라'는 것이었다. 그는 제 추종자들을 향해 항상 '아무것도 생각하지 말고 맹목적으로 자기를 따르라'고 가르쳤다는 것이다. 그의 높은 학벌과 우수한 영어실력은 가뜩이나 학벌에 주눅이 들어 있는 당시의 교포들에게 잘 먹히고 있었으므로 이승만은 어렵지 않게 그런 민중의 우상이 될 수가 있었을 것이다.

그리하여 하와이 이민사회가 분열과 대립의 혼잡한 양상으로 치닫고 있었다. 벌건 대낮에 총성이 울리는 테러가 끝도 없이 자행되었지만, 그것을 그칠 방법은 없었다. 모두가 이승만이 일으킨 분쟁이었다. 그들은 끊임없이 국민회의 대표 자리와 자산의 통제권을 요구하고 있었다. 자산의 통제권이란 기금의 관리와 운영권을 말한다. 그러니까 국민회를 털도 뜯지 않고 통째로 먹겠다는 말이나 진배 없었다. 그리고 마침내 이승만이 제 야욕을 채우던 날 이민사회의 테러의 총성도 멎었다.

이런 이승만을 임시정부에서 국무총리로 추대한 것은 순전히 그의 학벌을 중시해서였을 것이다. 그것은 우리 국민 된 사람들의 자연스런 정서이기도 했다. 그러나 그는 국무총리가 아닌 대통령을 자처했다. 그리고 자신을 대한민국의 국부(國父)나 된 듯이 여겼다. 모든 공문서에 대통령으로 표기하고, 공채를 발행하는 등으로 월권행위가 매우 심했던 것이다. 그것도 임시정부가 아닌 미국에 체류해 있으면서 그런 엉터리 짓을 남발한 것이다. 보다 못한 임시정부에서는 대통령을 사칭하지 말 것을 권했으나, 그는 오히려 이미 모든 외국문서에 대통령으로 되어 있으니, 그것으로 왈가왈부 떠드는 것은 피차에 득 될 것이 없으니 임시정부는 조용하라고 맞받았다.

그리고는 마침내 임시정부의 정통성까지 부인하는 데 이르렀으며, 모든 권력과 재정을 자기에게 귀속시키려고 든 것이다. 그러면 이승만은 임시정부를 비워두고 미국에서 무엇을 하느라 바빴나? 노랑머리와 푸른 눈을 가진 여자들 틈에서 어려운 임시정부의 돈을 펑펑 써 대면서 개인적인 사치를 즐겼을 뿐이다. 그는 임시정부의 거사를 획책하여 일본정부의 요인들을 암살하는 일도 마뜩치 않게 여겼다. 이봉창 의사가 일본 천황을 암살하려다 실패하고, 이어 윤봉길 의사가 상해 홍구공원에서 폭탄을 투척하여 세계의 이목을 집중시킨 것도 옳지 않게 생각한 것이다.

당시 윤봉길 의사의 홍구공원 거사는 상하이 파견군사령관을 현장에서 즉사시키고 많은 요인들을 다치게 해서, 모처럼 임시정부의 존재를 만방에 과시하는 계기가 되었고, 민족의 독립정신을 고취시키고 있었지만, 이승만은 그런 테러 행위로는 독립이 있을 수 없다며, 외교에 의한 독립만이 희망이라는 주장을 폈다. 물론 이승만은 고급 대학에서 의회 정치와 외교에 대해서 배운 사람이다. 그가 제 배운 신념에 따라서 제 주장을 폈다는 데는 말을 보탤 이유가 없다. 그러나 당장에 국민의 사기가 오르고 임시정부의 위상이 높아지는 것을 보면서도 그 확실한 것을 반대했다면 오히려 문제가 있는 사람 아닐까?

당시 장개석(蔣介石)이 윤봉길 의사의 거사를 뭐라고 평가했느냐 하면 "우리가 30만 군대를 가지고도 못 해낸 일을 한 한국인이 해냈다."고 극찬했고, 곧 임시정부와 손을 맞잡는 데 주저하지 않았던 것이다. 그런데 외국여자의 치마폭에나 싸여 지내던 이승만, 제 행실은 돌아보지 않고 민족이 한덩어리지는 데에 비관론을 내놓았다는 것은 이해하기 어렵다. 그러다가 결국 외국여자[2]에게 장가를 들어서 체면을 구긴 사람이 이승만이던 것이다.

그러다가 해방을 맞았다. 이승만은 잽싸게 맥아더에게 붙었다. 당시

***

2. 외국여자 : 프란체스카라는 호주 여자가 이승만의 처다. 어느 날 대통령과 거리에 나왔다가 개장국집을 발견하고는 저게 뭐 하는 음식집이냐고 묻자 당황한 대통령이 기지를 발휘하여 '국장개'로 읽는다고 대답을 했다. 그리고 이화장에 돌아와서는 매우 화를 내어 아직도 개를 먹는 국민이 세계 어디에 있느냐고 한 것이 실마리가 되어, 개장국이 보신탕으로 바뀌지게 된다.

맥아더는 태평양 전쟁을 승리로 이끈 극동지역의 총사령관으로써, 일본의 항복문서에 조인했고, 명실공히 극동 실세의 우두머리였기 때문이다. 그의 야심은 대한민국에서 대통령이 되는 데 있었으므로 한국에 대하여 모든 권한을 가진 맥아더에게 잘 보이는 것이 최고의 목적이었던 것이다. 그리하여 맥아더의 속생각을 읽어내고 반소(反蘇)와 반공(反共)을 최선책으로 들고 나왔다. 그것은 맥아더의 속생각과 완전히 합치를 이루었다. 그뿐만이 아니었다. 대통령이 되기 위하여 그는 사설 정보국까지 가동시켰다. 그리고 마침내 맥아더의 뒷배의 힘을 빌려서 대통령이 되었던 것이다.

그러나 국토를 반으로 쪼개고 이루어낸 반쪽짜리 대통령이었다. 당시 김구(金九)는 국토를 분열시키고 민족을 반반으로 쪼개는 이 반쪽짜리 정부에 크게 반대하고 있었다. 그렇게 되면 장차 닥칠 민족의 운명이 서로를 미워할 수밖에 없고, 미워하는 분위기가 불러올 피차의 상잔(相殘)이 어떻다는 것을 미리 내다본 선각자적 판단이었다. 그런 김구의 예상은 마침내 적중하여 한국전쟁이라는 민족의 비극을 연출하고야 만다.

이런 이승만의 선험적인 친미행각은 다시 출세를 위해서 물불을 가리지 않는 풍조를 만들어 낸다. 이미 일제시절에 민족을 배신한 경험이 있는 다수가 이런 대열에 합세하리라는 건 불문가지다. 당시 이승만은 기독교를 믿고 있었다. 그 이승만의 기독교적인 영향은 기독교를 믿는 민중에게 쉽게 친미의 성향을 주입하고 있었다. 성리학의 유교가 모화 사대주의였다면 기독교도들은 친미사대주의 성향으로 나타나게 된 것이다.

여기서 정리를 해보자. 김춘추가 잘못된 당나라 외교에서 모화의 병균을 처음 수입해서 퍼뜨린 것이 첫 번째 실수였다. 그것이 안향의 성리학 수입으로 이어져서 그에 나라를 망친 것이 성리학의 모화사대주의다. 그 사대주의는 스스로 우물 안의 개구리가 되어서 중국을 섬기는 것으로 업을 삼더니, 종당에는 아주 폐쇄적으로 흘러서 성리학의 공리공론(空理空論)으로 국가정책을 만든다. 그것의 결과가 사색당쟁(四色黨爭)이었고, 인민에게 등급을 매기는 반상제도(班常制度)로 나타났다. 특히 적서(嫡庶)의 차별은 가슴속에 웅지를 품은 많은 서자(庶子)들을 과거시험에서 제외시킴으로써, 그들로 하여금 국가에 보탬이 되게 한 것이 아니라 위험한 시한폭탄이 되어 한세상을 원한 속에서 떠돌도록 만들었다. 거기에 대원군의 쇄국정책은 결정적으로 바다 건너 왜놈에게 나라를 내어주는 결과가 된 것이다.

거기서 생긴 친일파들의 가지가지 배신은 민족정신을 병들게 했고, 또 한차례 죽을 구덩이로 곤두박질치게 했다. 거기에 다시 친미라는 나쁜 병균이 보태진 것이다. 역사에 이렇듯 제 민족의 얼과 혼을 놓고, 남의 땅의 숨결이나 병집을 쉽게 쉽게 가져오는 민족이 우리 말고 다시 또 있을까?

그러다 보니 모든 것이 아직 아직이요 임시 임시로 되어갈 것은 자명한 이치다. 특히 국가의 백년대계를 결정한다는 교육이 머저리로 제 노릇을 못하게 된 것이 큰 낭패였다. 일단 밖에서 무슨 문화가 들어오면 곧 토착화시키고 써먹는 버릇 때문이다. 그 버릇을 '유행 감각'이라고 진작에 설명했다. 이 유행 버릇이 교육에 닿는 것은 어느 모로나 좋을 것이 없다. 그런데 우리는 교육도 그때그때의 형편에 따라서 임시 임시로 해왔다. 이 바람직하지 못한 풍토는 현재까지도 진행 중에 있다. 해방 이후 제대로 된 교육의 지표가 없기 때문에 늘 임시 임시다. 그 결과가 사교육 시장을 부채질했고, 엄청난 사교육비를 부담하는 사회가 된 것이다.

아리랑이 한 곡조 없을 수가 없는 대목이다.

파미르고원을 나설 때에 거푸거푸 넘든 고개, 이제와 생각하니 유행유행 고개라/ 아리랑 아리랑 아라리요 아리랑 고개고개를 넘어 간다/ 아리랑 고개는 작정이 없어, 되는 대로 닥치는 대로 넘는 고개네/ 아리랑 아리랑 아리리요 아리랑 고개고개를 넘어 간다/ 어저께 고개도 아리랑 고개, 그저께 넘은 고개도 아리랑 고개네/ 아리랑 아리랑 아라리요 아리랑 고개를 넘어 간다/ 아리랑 고개는 쉬어가는 고개, 힘들고 지치면은 쉬어가는 곳이네/ 아리랑 아리랑 아라리요 아리랑 고개를 넘어간다/그런데 어쩌자고 쉬는 곳이 없는가, 날 어둡고 배고픈데 쉴 곳이 없네/ 아리랑 아리랑 아라리요 아리랑 고개를 넘…….

이승만의 반민특위 해체

　제2차 세계대전 이후 식민지를 경험한 국가에서는 당연하게 과거사 청산이 당면한 역사적과제로 대두되었다. 중국의 국민당 정부는 1945년 한간(漢奸 : 우리의 민족반역자에 해당함.) 처단에 무려 13개 원칙을 세워서 이를 적극 추진했고, 중국의 공산당도 곧 한간 재판을 단행하였다. 프랑스 드골 대통령 또한 1944년 나치 협력자 처단에 대한 훈령을 기초로 정부수립 후 대숙청을 단행했다. 이와 같이 과거청산은 새 국가의 정체성을 확보하려는 모든 나라들의 필수적 과제가 되어 갔다. 더욱이 민족적 정체성을 확보하려는 노력에서 비롯된 우리의 경우는 해방이 되면서 더욱 친일파 숙청을 통해 새나라를 세우려는 의지가 매우 공고하게 익어갔다.

　그러나 남한을 점령한 미군정은 이런 민족적 열망에 전혀 부응하지 않았고, 그들식의 민주주의에 탐착한 나머지 우리의 기회를 수수방관하는 처지였다. 그리하여 미군정(美軍政)은 반소(反蘇) 반공기지(反共基地)[1]를 건설하려는 생각뿐이었고, 이런 그들의 정책에 위배되는 것이면 어떤 세력이든 배제하려 들었다. 이 과정에서 김구의 임시정부 세력과 여운형[*2]의 건국준비위원회는 자연 배제되었고, 반면 친일파 세력과 친일의 비호집단이었던 한국민주당[*3]은 미군정의 핵심세력이 되어갔다. 미군정은 행정관료, 군, 경찰 등 사회 각 영역에 친일파를 대거 기용하자 자연스럽게 국가 권력의 요직을 장악하기에 이르렀다. 민족해방운동세력을 체포하던 일본제국주의 경찰이 그대로 미군정의 경찰이 된 것이다.

그러나 사회는 전체적으로 친일파를 처단하자는 분위기에 휩싸여 있을 때였으므로 당시에 우후죽순으로 난립하던 각 파의 정당이란 것도 친일파를 미워하던 것은 비슷하게 닮아 있어서, 친일파에 대한 정강(政

***

1. 반공기지 : 미국은 처음부터 소련과 다르게 공산주의를 부정하는 노선을 택하였다. 특히 아시아 지역에 그 세력을 심고자 애쓰던 차에 마침 남한과 북한이 서로 다른 길을 모색하게 되자, 남한에 그 교두보를 삼기에 이른 것이다. 그리하여 아시아에 그들이 발붙일 명분을 마련하였고, 이어 남한과 북한은 각각 미국과 소련의 괴뢰정부 역할을 맡게 되었으므로, 그 영향이 해방이 된 지 60년이 넘도록 국토가 양분되는 지경에 이른 것이다.

2. 여운형 : 1886년~1947년 사이를 살다 간 독립운동가이자 정치가. 1933년 조선중앙일보사 사장으로 취임하여 언론을 통한 항일투쟁도 하였다. 1934년 조선체육회장에 취임하였으나, 1936년 손기정 선수의 일장기 말살사건으로 조선중앙일보가 폐간되자 사장직을 물러났다. 1944년 일본의 패망을 예상하고 조선건국동맹을 전국적으로 조직하여 조국광복에 대비하였으며, 광복이 되자 조선건국준비위원회를 조직하여 조선인민공화국을 선포하였고, 인민당을 결성하여 당수가 되었다.
그는 1947년 서울 혜화동 로터리에서 한지근(韓智根)의 총탄에 서거하기까지 공산주의의 길을 걸었다. 그 무렵의 흔한 정치가의 한 사람이기는 했으나, 그의 행적에는 스스로 다부진 민족주의 이념이 있었다.

3. 민주한국당 : 8·15광복 직후 우익세력이 조직한 정당. 약칭하여 '한민당'이라고 한다. 이 당은 그 창당선언에서도 밝히고 있듯 조선인민공화국의 타도와 중경에 있는 대한민국임시정부를 맞아들이겠다는 것을 원칙으로 했고, 임시정부의 환국 후에도 그 뜻을 일관했으나, 1946년 제1차 미소공동위원회가 결렬되면서부터는 이승만의 남한단독정부수립에 동조하여 임시정부와 정치노선을 달리하는 이승만의 추진세력으로 변했다. 이로부터 한민당은 보수를 자처하는 정당이 되었다. 특히 반민족행위처리법에서 미온적인 태도를 보여 친일파집단이라는 비난을 받아왔다.

綱)은 너나가 없이 한목소리를 내었다. 첫째, 선거권과 피선거권을 배제하는 정치적 활동이 규제되고 있었다. 두 번째로 칠 것은 그들의 토지를 무상으로 몰수하여 농민에게 분배할 것을 결의했다는 점이다.

첫째, 문제는 우선적으로 일제시기에 중추원 부의장이나 고문 혹은 참의가 된 적이 있는 자, 일제시기에 정부나 도(道)의 고문 그리고 결의 기관의 의원이었던 자, 일제시대의 고등관으로서 3등급 이상의 지위에 있던 자와 훈(勳) 7등 이상을 받았던 자, 또 일제시기에 판임관 이상의 경찰관 및 헌병이나 헌병보 또는 고등경찰직에 있던 자, 그리고 그 밀정행위를 한 자들은 선거권과 피선거권을 없애서 어떤 정치적 활동도 할 수가 없다는 것을 분명히 했다.

두 번째로 그들의 토지 몰수 건에 대해서다. 우선 친일분자 들의 준동(蠢動)을 철저히 소멸할 것과 친일파들에게서 몰수한 대기업은 국가 소유로 하고, 친일세력들에게서 몰수한 토지는 토지가 적은 농민과 아예 토지가 없는 농민들에게 무상으로 분배한다는 원칙을 세우고 있었다. 그런데 이 과정에서 친탁(親託)과 반탁(反託)이 첨예하게 대립한다. 친탁, 반탁은 또 무언가? 요컨대 남북이 나뉘어서 두 개의 국가를 만들자는 의견이 반탁이요, 통일 된 국가를 세우자는 쪽이 친탁이다.

친탁이니 반탁이니 하는 것은 1945년 12월 소련 모스크바에서 영국과 미국 그리고 소련의 대표자들이 모여 앉아서 향후 우리 민족의 살림에 대한 것을 결정한 것을 말한다. 말하자면 일제 36년을 지나와서 우리는 해방을 맞이하기는 하였지만, 엄격히 말해 2차 대전에 패망한 일본이 연합군 세력에 밀려서 조선의 독립을 더 이상 관여할 수가 없게 된 데서, 연합국의 대표자들이 조선을 어떻게 할 것인지를 놓고 벌인

회의였다. 여기서 미국과 소련이 합심하여 5년 동안 신탁통치를 하자는 쪽으로 결론이 난 것이다. 그러나 이 결론은 국민들의 완강한 반대에 부딪혀서 결국 시행이 안 된다.

이 대목에서 짚고 넘겨야 할 저간의 빠뜨릴 수 없는 사정 하나가 있다. 흔히 김구를 친탁 쪽에 세우려는 이들이 있어서다. 그러나 김구는 반탁을 끝까지 주장했던 사람이다. 오히려 지나치게 반탁을 주장하다가 일을 망친 인물로 김구를 지적하는 것이 옳을 것이다. 그것을 알자면 모스크바의 삼상회의의 내용을 아는 것이 먼저 중요하다. 그것은 유엔헌장이 정의하는 신탁과는 매우 동떨어진 유례가 없는 친탁이었다.

먼저 조선의 임시정부를 인정하느냐 마느냐가 회의의 첫째 주제였고, 그 임시정부가 원하는 바에 따라서 친탁을 결정한다는 것이었다. 그러므로 임시정부를 먼저 인정받은 다음 친탁은 반대하면 될 일이던 것이다. 김규식(金奎植)[4]은 모스크바의 삼상회의의 의견을 수렴하기로 손을 들었다. 이승만도 물론 찬성 쪽이었는데, 오직 김구는 친탁을 반대하고 나섰다. 그는 친탁이란 말에 필요 이상의 알레르기 반응을 보였다. 그래서 김규식이 나서서 겨우겨우 설득하여 김구도 나중에는 찬성을 하기로 하였는데, 이번에는 소련이 반대를 하고 나섰다. 친탁반대를 전제로 하는 임시정부는 인허할 수가 없다는 것이었다. 그래서 일건 합의를 본 신탁문제는 없는 것이 되고 말았다. 이 점이 세상에서 김구를 친탁 인물이라고 말하게 된 것이다.

***

4. 김규식(金奎植) : 1948년의 남한의 단독선거에 김구와 함께 반대한 독립운동가. 끝까지 통일정부를 주장하였으나 실패한 정치지도자였다. 한국전쟁 때 납북되었다가 그해 12월에 병으로 입적(入寂)했다.

우리는 앞에서 상해 임시정부 시절 이승만이 국제연맹의 친탁에 의존하자는 발언을 했다가, 단재 선생이 "이완용은 있는 나라를 팔았지만, 이승만은 아직 생기지도 않은 나라를 파는 매국노다." 하는 일갈과 함께 문을 박차고 나갔다는 이야기를 한 바가 있다. 그리하여 '모스크바에서 삼상회의'[5]를 주최했던 소련을 원수로 여기게 되는데, 소련만이 친탁을 찬성한 것은 아니로되 미국이나 영국은 자연히 그 회의의 책임에서 빠지고, 소련이 도맡아 덤터기를 쓰게 된 것이다. 그리하여 소련을 미워하는 감정이 민족 사이에서 팽배하게 되자 미국과 영국은 책임에서 자유로울 수가 있게 된다.

사실을 말한다면 미국도 소련도 우리에게는 침략군이요, 점령군이었다. 미국을 해방군으로, 소련을 침략군으로 교과서가 가르치고 있지만, 그들이 하는 짓을 보라. 소련은 그들 붉은 군대를 일찌감치 철수해서 돌아갔다. 그들이 정말 점령군이었다면 끝까지 남아서 자기들 몫의 이익을 챙기려고 들었을 것이다. 그런데 그런 이익에 연연하지 않고 선선히 철수를 해갔다.

그러나 미국은 아직까지도 자국의 군대를 우리 국토에 주둔시키고 있다. 이것이 해방군의 군대일 수는 없는 일이다. 또 소련은 신탁통치를 강조했고, 미국은 즉각적인 독립을 주장했다는 것도 그들 친일파세력과 당시의 한국민주당, 그리고 이승만의 휘하에 있던 독립촉성국민회의 같은 단체들, 그리고 친미신문이 나서서 선동했던 결과였다.

***

5. 모스크바 삼상회의 : 1945년 12월의 모스크바에서 열린 영국과 미국 그리고 소련의 대표자들이 2차 대전 종결 후에 처리해야 할 국제문제들을 놓고 벌인 회의를 말한다. 특히 일본에서 떨어져 나온 지역의 관리 문제가 주안점으로 떠올랐는데, 얄타협정에 의거한 한국의 독립 문제가 관심사였다.

당시의 극동부 사령관이었던 더글러스 맥아더가 남긴 포고령(布告令)이 있다. 맥아더는 그 포고문에서 점령군의 자격으로 우리에게 온 것을 분명히 하고 있다.

"나의 지휘하에 있는 군대는 북위 38도 이남의 조선영토를 점령한다."는 것이다. 그리고 점령자의 명령에 따를 것을 발표하는데, 거기서도 '점령 조건'이라 했다.

"모든 사람은 급속히 나의 명령과 나의 권한 아래 발표된 명령에 복종해야 한다. 또 점령부대에 대한 모든 반항행위나 공공안녕을 문란케 하는 행위는 엄중히 처벌하라."고 못을 친 것이다.

거기에 비하면 소련군 대장이었던 차스차코프의 포고문에서는 오히려 따뜻한 우정이 느껴진다. 당시 달콤한 소리일지언정 그는 이렇게 말한다.

"조선 사람들이여! 기억하라! 행복은 당신들의 손 안에 있다. 당신들은 자유와 독립을 찾았다. 조선의 노동자들이여! 노력해서 영웅심과 창작적 노력을 발휘하여라. 해방된 조선인민 만세!"

어쨌거나 그런 와중에서도 '제헌의회'는 헌법 제101조에 의거 '반민특위'를 구성한다. 그때가 서기 1948년 8월이었다. 당시 특위는 국회의원 10명이 조사위원이 되어 1, 2, 3조로 편성되어 각 부서마다 조사관이 5명, 그리고 서기관이 5명씩 딸려 있었고, 각 도마다 도지부가 있었다. 그리고 같은 해 9월 22일에는 제헌국회에서 '반민족행위 처벌법'을 제정하기에 이른다. 이렇게 나라 국민의 총체적인 의분심이 모여서 발족한 것이므로 이제 친일파 척결은 그야말로 시간을 다투는 확정적인 일로 보였다.

그러나 어찌하랴. 반민특위는 겨우 5개월을 활동하고 중단이 된다. '국민계몽협회'라는 친일파 단체가 주동이 되어서 항의 시위를 계속하였고, 미군정 아래에 있던 경찰은 '반민특위대원'을 연행하여 조사하는 등의 행패를 부렸다. 마침내 1949년 8월 22일 국회는 '반민족행위자 특별조사위원회 폐지안'을 통과시켰던 것이다. 이것은 민족역사에서 두고두고 한을 남기는 결과였다.

그러자 이제까지 친일파 재산 몰수로 시끄럽던 민중이 그 초점을 잃어버리고, 갑작스럽게 방향을 바꾸어서 삼상회의를 주관했던 소련에다 정신을 파는 사이, 이승만도 그 바람에 자기 과거가 들추어지는 일이 없이 미끈하게 덮어지면서 그런 민중의 분위기에 편승을 해버린다. 그리하여 민중과 한가지로 신탁을 반대하는 목소리를 내게 되는 것이다. 여기서 우리는 이승만의 교묘한 변신과 어수선한 시대 민중의 외골수적인 관심사가 합쳐서 이루어낸 엉뚱한 역사의 드라마를 생각할 수가 있다.

또 하나, 이렇듯 어수선한 사회 분위기에서 우리는 진정한 민족주의자요, 지도자였던 김구를 잃게 되었다는 점을 놓칠 수가 없다. 당시 육군 소위였던 안두희가 김구를 테러했던 것이다. 그러나 안두희는 이렇다 할 조사도 받은 바 없이, 아니 당국의 조사를 받기는커녕 오히려 승승장구하는 출세의 가도를 달리게 된다. 지금까지도 김구의 저격은 의문 속에 남아 있는 미제(未濟)사건이지만, 그러나 김구를 죽인 자는 바로 이승만이라는 사실을 이 나라 국민들은 알고 있다.

이런 정치의 속성을 생각하면서 삼상회의를 주관했던 소련만을 미워했던 민중을 염두에 두면, 그렇게 일이 돌아간 것이 그냥 우연만은 아니라는 생각이 문득 든다. 미국과 영국도 다 같이 한국을 식민지화하는데 찬성을 했는데, 영국이나 미국에 대해서는 이렇다 할 감정이 없고 하필 소련만을 겨냥해서 미운 감정을 드러냈다면, 무언가 이상하다는 생각이 든다는 이야기다. 물론 그 회의에서 러시아가 종당에 가서 일을 틀었기에 모스크바가 도마에 오를 수는 있다. 그런데도 다른 두 나라는 책임에서 전혀 자유로워지고 하필 소련만이 책임을 느껴야 한다?

여기서 우리는 보이지 않는 손에 의해 조종이 되고 있는 민중이란 것이 어떻게 무기력한 것인가 하는 또 하나의 정치적 본질과 만나게 된다. 민(民)은 본래 그런 것이다. 제 손가락으로 제 눈을 찌르는 것이 民이다. 민은 그렇게 어리석다. 때로는 갇혔던 봇물이 터지듯 아무것도 두려워하지 않고 분출하는 힘이 있다. 그것이 민중의 자발적인 계몽으로 된 것이면 그때는 그것이 거칠 것 없는 혁명이 된다. 그러나 대개는 갇힌 물처럼 조용한 법이다. 이 갇힌 힘을 이용하고 응용하는 것이 정치라고 하면 틀린 말일까? 우리는 여기서 민중의 관심을 다른 데로 돌린 이승만의 정치 수완과 만나게 된다.

다시 말해 친일파들에 대한 관심이 극명하게 떠올랐던 당시의 상황을 갑작스럽게 모스크바의 삼상회의로 돌려서 소련을 미워하게 만들어버린 이 어이없는 상황을 이승만의 정치수완과 연관 지을 적에 우리는 요령이 트이는 것이다. 그러니까 친일세력들은 자신들의 설자리가 한없이 불안하던 차에 모스크바 삼상회의에서 자기들이 살 길을 찾았다고 볼 수 있다. 그런 점을 간파하고 있던 이승만이 그 친일세력을 부추겼다면 결과는 어떻게 될까?

정권을 잡은 이승만은 반공(反共)을 국시의 일의(國是一義)로 삼았다.

공산주의를 반대한다는 명분이다. 거기까지는 그럴 수 있는 일이다. 문제는 북한을 주적(主賊)으로 규정했다는 사실이다. 가장 미워해야 할 적이 북한이 된 것이다. 그러나 북한은 남한을 형제들의 나라로 가르친다. 한 탯집에서 나온 동포라고 인정했다는 말이다.

동포요, 형제라는 인식에서는 그렇게 미운정이 없는 법이다. 그러나 주적이 되면 상황은 달라진다. 하는 짓마다 밉고 위험한 일처럼 보일 수 있다. 이조 300년의 당파 싸움이 아직 피 속에 진하게 흐르는 민족이니 그 미움의 정도는 훨씬 심각할 것이 당연하다. 그런데 이 바람직하지 않은 위기를 부추기는 세력이 있었다. 조선일보다.

국민의 여론을 주도하는 언론이 나서서 이승만의 개가 되었으니, 국민은 그 개가 먹이는 독에 고스란히 길들 수밖에 없이 판이 돌아갔다. 그리하여 친일파 대통령 박정희와 전두환, 노태우 등을 거치면서 영영 고칠 수 없는 고질병통이 된 것이다. 대통령을 지낸 김대중을 빨갱이라고 했다가 빨갱이가 아닌 것이 밝혀지자, '아니면 말고' 했던 이회창의 언행은 아직까지도 사람들 입에 회자되고 있다.

임시정부 시절에 단재를 격노케 했던 이승만의 신탁주장이, 이제 민중이 펼치는 대세의 흐름을 따라 반탁으로 돌아선 것과 결부지어서 생각할 수 있는 대목이다. 본래 이승만은 용병술(用兵術)의 달인이라고 일러 왔다. 그만한 용병술이 없었다면 그 많은 정적들을 어떻게 다루고, 고비마다 굽이마다 밀어닥치는 정치의 파도타기를 모면하고 그때마다 제 자리를 지켜냈을 것인가. 일례로 김두한을 써먹고 버리는 이승만의 용병술을 한번 들여다보자.

어느 날 김두한이 이승만을 찾아간 적이 있더란다. 아는 바대로 김두한은 주먹 하나로 천하를 호령했던 당대의 협객이다. 그가 반공을 위해 목숨을 아끼지 않은 것은 바로 자기의 부친 김좌진이 공산주의자의 총탄에 숨진 것을 알고부터였다. 이승만이 단독 정부를 꾸린 것부터가 이북의 김일성이 소련을 뒤에 업고 있었으므로 소련을 미워해서 반공세력을 눈엣가시로 여겼던 것이라고 할 수가 있다.

이 둘은 서로가 배포가 맞았다. 그런데 인사를 끝내고 나오는데 이승만이 가만히 쪽지 하나를 건넸다. 돌아와서 쪽지를 펴본 김두한은 이승만(李承晩)의 晩자 하나가 쓰인 쪽지를 발견하고 이승만의 충성스런 개가 되기로 작정한다. 그리하여 반공청년단을 만들어서 그 나름의 애국을 하기 시작한 것이다. 그러기를 5~6년 하는 사이에 김두한이는 반공을 외치는 정치깡패로 소문이 나기 시작했다. 정치인들은 김두한을 두려워하였고, 그의 이름이 온 나라에 회자가 되었을 무렵, 한번은 이승만이 김두한을 만난자리에서 문득 상을 찌푸리면서 "이 사람 김두한이, 자네 사람 좀 그만 죽이게." 하더라는 것이다. 김두한이 그래서 넋을 놓았다는 이야기는 유명하다. 이승만은 자기가 목적 하는 바 수없는 정적들을 김두한의 충성심을 이용하여 없애고 나자, 백성들의 두려움의 대상인 김두한이 더 이상 필요가 없게 되었기 때문이다.

이야기가 흘러졌지만 당시 민중은 신탁통치 문제로 하여 좌익과 우익을 첨예하게 나누게 되었고, 우익에 선 사람들은 반공논리를 앞세워서 좌익을 사정없이 몰아세우는 계기가 된다. 그들은 군정당시부터 일제시절의 관공리였기 때문에 친일파 처단 문제가 요원의 불길처럼 일어나는 것을 보고 내심 불안한 처지에 있던 사람들이었다. 신탁에 반대하지 않으면 곧 민족반역자를 만들어서 자기들 스스로가 민족주의자가 되는 시절이었다. 그렇게 친일파들은 자기들의 신분을 세탁하여 민족주의자로 변신한다.

사실을 말한다면 반공 논리는 신탁문제가 터지기 전에도 있어 왔다. 그 당시로서는 좌익세력을 일제시기에 독립운동을 해 온 사람들로 여겨서 똑같이 애국자로 대접하고 있었던 것이다. 그런데 당시 미군정에 참여했던 친일파들에 의해서 좌익과 우익으로 편을 나누기 시작한 것이다. 순전히 제 발 저린 자들의 저희 살기위한 방편에서 나온 짓거리였다. 그러던 그들이 모스크바 삼상회의을 정점으로 해서 극우로 돌아섰다. 그리고 그 몹쓸 것이 보수를 자처하기 시작한다. 해방이 되고 70년이 지난 지금도 이런 엉터리들이 그냥 보수 행세를 하는 것이 우리 현실이다.

차제에 보수가 무엇인지를 한번 짚어보자. 국어사전에 의하면 "오랜 관습이나 제도 등을 소중히 여겨 그대로 지킴"으로 되어 있다. 그러니까 한 국가의 보수라고 한다면 그 나라의 오래된 관습이며 제도를 여실하게 지켜 내는 세력을 보수라고 한다는 말이다. 그러나 정치적으로 보수는 전통이나 관습만을 고집하는 것으로 끝나지 않는다. 그 관습과 전통을 뿌리로 해서 국민이 새로운 용기와 희망을 가지도록 비전을 제시해야 한다.

다시 말해 그 국민 된 사람들의 습성과 자질을 잘 파악하여 그들이 고루 잘 먹고 잘 살도록 방향을 설정하고 희망을 잃지 않도록 간수하는 일을 말한다. 그리하면 그 국민은 과거의 전통에 충실하면서도 언제나 새로운 가치를 추구하고 미래를 꿈꿀 수가 있다. 그것이 진정한 보수로서의 책무인 법이다.

그런데 한때의 식민지 시절에 부끄럽게도 민족을 배반했던 세력이 저들 살기위해서 문득 찍어다 붙인 색깔론이, 그 색깔론을 지금도 일컬어 보수라 한다면 그건 개가 웃을 노릇이다. 그 색깔론이 보수로 자처해온 데는 물론 그만한 이유가 있었다. 당시 민중은 문맹률이 너무 높았으므로 자기 의견을 가지지 못했던 데에 가장 큰 이유가 있을 것이다.

세금 고지서가 나오면 그 세금이 어떤 세금인지 내용을 따져 보기는 커녕, 당장 그 고지서를 읽을 줄을 몰랐으므로, 글자를 아는 사람한테 가서 할당된 세금액수를 알아와야 했던 시절이다. 가령 돈으로 치면 얼마고 나락은 몇 가마니를 공출해야 한다는 식이었다. 그런 어둑한 시절이었으니 보수가 뭔지 진보가 무엇이지 모르는 채로 살았고, 그저 남들이 하는 대로 좌로 가라면 좌로 가고 우로 가라면 우로 가면서, 저 사람 빨갱이다 하면 빨갱이로 알았던 시절이었던 것이다.

그런데 그 시절의 색깔론이 지금까지도 유효해서 보수와 진보를 나누는 푯대가 되고 있다면 그건 이 대명천지를 사는 선진국의 국민이 아니다. 어쨌거나 이승만은 용병술의 귀재답게 캄캄한 민중들을 제 정치 수단으로 주무르면서 그들의 무지를 한껏 이용해 제 더러운 독재 야욕을 채우다가 바이칼 민족의 근본을 망쳐 버린 망종 인간이다.

그러나 말하건대 우리에게 진정한 보수는 없다. 보수다운 보수가 없는 나라가 과거의 대한민국이었다고 보면 된다. 바로 말해서 보수할 내용도 없는데, 보수를 자처하는 세력만 잔뜩 독이 올라 있는 것이 해방 이후의 나라꼴이다. 그러니까 무슨 말이냐? 부러지게 말해서 정치적인 아무 이념도, 대안도 없는 정치꾼들이 몰려들어 저들 개개인의 이익을 위한 정치를 정치적 수단으로 내세우는 것이 보수라는 말이다.

이승만의 자유당부터 이 색깔론을 앞세워 소위 말하는 보수정권을 유지했고, 그 후 박정희 시절도 역시 색깔론에 의지해서 지탱한 보수주의 정권이었을 뿐이다. 전두환도 노태우도 그 밥에 그 나물이었지, 역사의 진보에 걸맞게 혹은 국민의 자각의식에 알맞도록 정치가 성숙한 적은 한 번도 없었던 것이다.

오늘의 대한민국은 과거 까막눈 백성이 국민 노릇을 하는 나라가 아니다. 호적 서기에게 담뱃값을 집어 주고 호적을 발급받던 시절이 아니라는 것은 우리 모두가 다 안다. 그런데도 색깔론에 휘감겨서 정치를 보수와 진보로 나누는 것은 까막눈 시절에서 한 개도 달라진 것이 없다. 지금도 대선 때만 되면 어김없이 북풍(北風)이 불고 그게 선거판을 좌지우지하는 것이 이 나라다.

아리랑 한마디가 생각나는 대목이다. 이승만이 아리랑이다.

아리 아리랑 스리 스리랑 아라리가 났네 아리랑 음음음 아라리가 났네/ 이승만이 몰고 온다 서양 먹장구름을, 멀쩡한 동포끼리 좌익 우익 나눈다/ 아리 아리랑 스리 스리랑 아라리가 났네 아리랑 음음음 아라리가 났네/ 등 넘어 김첨지 좌익이라 부르고 둠벙가에 이첨지 우익이 되더니/ 아리 아리랑 스리 스리랑 아라리가 났네, 아리랑 음음음 아라리가 났네/ 멀쩡한 시절이 차차 수상해지자, 친일파가 나서서 눈을 부릅뜬다/ 아리 아리랑 스리 스리랑 아라리가 났네 아리랑 음음음 아라리가 났네/ 본시 이승만은 상해임정 시절에, 이 민족을 국제신탁에 맡기자 했지/ 아리 아리랑 스리 스리랑 아라리가 났네 아리랑 음음음 아라리가 났네/ 어느 새 차차로 친일파가 나서서, 국정을 농단토록

판이 돌아가네/ 아리 아리랑 스리 스리랑 아라리가 났네, 아리랑 음음
음 아라리가 났네/ 성리학 오백 년에 동인 서인 나누어, 나라를 거덜
낸 솜씨들이 살아나/ 아리 아리랑 스리 스리랑 아라리가 났네, 아리랑
음음음 아라리가 났네/ 가뜩이나 독이 오른 보수세력들, 보수할 내용
도 없는 엉터리 보수들/ 아리 아리랑 스리 스리랑 아라리가 났네, 아
리랑 음음음 아라리가 났네/ 미운 놈은 무조건 빨갱이 죄를 씌워라,
빨갱이 부적만 달아놓거라/ 아리 아리랑 스리 스리랑 아라리가 났네
아리랑 음음음 아라리가 났네.

이승만이 제 정치 야욕을 위해서 시작한 색깔론이 광복이 되고 70년
이 지난 지금까지 보수와 진보를 나누는 분계선이 되었다는 것은 국민
의 정체성을 생각할 적에 다시금 생각하게 하는 단초가 될 것이다. 그
리고 이승만이 친일파와 야합하여 역사의 첫 단추를 잘못 꿰인 것이 오
늘에 이르고 있다면, 이런 엉터리 나라에서 국민 노릇을 했다는 자체가
묘한 자괴감으로 부끄러워지는 일이다. 보수가 이렇다면 진보 또한 보
잘 것이 없을 것은 당연하다. 본디 여당과 야당은 새의 양 날개와 같은
것이므로, 이 둘은 서로 닮기 마련인지라 그저 빨갱이라는 지적만을 피
하는 것을 다행으로 여겼으니 그런 사람들의 사유 속에서 무엇 하나 제
대로 된 것이 나올 이치가 없었던 것이다.

어쨌거나 친일파들로 구성된 우익 여당이라는 자유당은 민족 살림을
위해 무엇 하나 옳은 것을 생각하거나 참신한 뜻을 세울 수 있는 풍토
가 아니었다. 그저 부화뇌동(附和雷同)으로 빨갱이 사냥을 하는 것만이
마치 옳은 민족정신인 것처럼 타락하는 세태가 연속되다 보니 걸걸하

던 민족정신은 마구 해이해지고 뒤쳐져서 결국 양아치의 나라가 되어 갔다. 그렇게 창궐한 것이 마침내 서양문명을 따라잡는 것이 그중에 큰 일처럼 된 것이다.

본래 서양 문명이란 것이 그리스에서 로마로, 로마에서 구라파로, 그 구라파에서 번진 것이 아메리카 문명인 것은 다 아는 일이다. 그런데 초기 그리스 문명은 수메르에서 촉이 튼 것이었다. 그리고 수메르는 저 바이칼 시절에 바이칼 흔국(桓國)의 한 연방국이었던 것을 우리는 기억한다. 동서로 폭이 2만여 리였고 남북으로 길이가 5만 리였던 이 나라는 삼신사상으로 기틀을 삼았기 때문에, 홍익인세라는 매우 볼만한 무위이치(無爲而治)의 나라일 수가 있었던 것이다. 무위이치는 일삼아 다스리지 않고도 백성들이 끌려오는, 저절로 되어가는 나라였다는 뜻이다.

오늘의 서양문명을 한 마디로 말한다면 끊임없이 실험을 하고 또 실험을 하면서 그렇게 발전을 거쳐온 역사로 말할 수가 있을 것이다. 그래서 서양철학은 끊임없이 발전하면서 변천해온 철학이다. 의학도 그렇다. 동양에서와 같은 경락(經絡)이 없기 때문에 그들의 의학은 신경계통에는 거의 캄캄하여 무지에 다름없는 것이다. 이런 서양에서 무엇을 배워들인다는 게 애초에 잘못된 것이지만, 세계는 변하고 있고 또 그중에서 어떤 것은 배울 수밖에 없도록 판이 짜여지고 있으므로, 결국 서양문명도 배워들일 수밖에 없었던 것이다.

그중에 하나가 국방을 지키는 군인이 대포와 화약을 배워야 했던 것일 수가 있겠다. 그러나 그런 일부를 제한다면 서양의 과학기술이란 것도 그다지 쓸모가 있을 것은 아니다. 엄격하게 말한다면 어차피 다툼질이 있는 세상이니까 그 다툼질에서 밀리지 않기 위해 서양인의 감각과 그런 기술이 우리에게도 잠시 필요할 뿐이라는 얘기다. 그러나 근본을 파고 들어가면 바이칼 문명은 그렇게 늘 실험을 하면서 그것을 발전이라고 불렀던 역사가 아니다. 모든 것은 미리 준비되어 있고 완벽하게 갖추어진 체제이기 때문에, 그 갖추어진 길을 그냥 따라가기만 하면 만사가 저절로 이루어지는 그런 문명이요. 역사인 것이다.

이것은 앞에서 장승과 벅수에 새겨진 홍익인세를 말하는 대목에서 거의 이야기가 된 부분이다. 그러나 이 자리를 당하여 미흡했던 점이 있다면 다시 들춰낼 수도 있을 것이다. 유념해서 살피어 본다면 천하대장군에 앞서 먼저 지하여장군을 준비시키는 것을 볼 수 있다.

곧 아직 기(氣) 있기 전에 먼저 물을 낳게 하여, 태수(太水)로 하여금 북방에 있으면서, 사명(司命)으로 검은 색을 관장케 하시고, 아직 기(機) 있기 전에 먼저 불을 낳게하여, 태화(太火)로 하여금 남방에 있으면서, 사명으로 붉은 색을 관장케 하시고, 아직 질(質)도 있기 전에 먼저 나무를 낳으시더니, 태목(太木)으로 하여금, 동방에 있으면서, 사명으로써 푸른색을 관장케 하시고, 아직 형(形)이 있기 전에, 먼저 태금(太金)을 낳아 태금으로 하여금 서방에 있으면서, 흰색을 관장케 하시고, 아직 체(體)도 있기 전에, 먼저 흙을 낳더니 태토(太土)로 하여금 중앙에 있으면서, 노란색을 관장케 하니라.

왜 지하여장군을 천하대장군보다 앞에 두어서 먼저 준비시키는가. 이것은 정신보다 육신이 먼저 준비되는 것을 말하고 있음이다. 다시 말하면 영혼보다 육체가 먼저임을 말한다는 뜻이다. 생각해보라. 일단은 육신이 있어야 정신이 생기는 것이고, 몸뚱이가 있어야 몸뚱이에 깃드는 영혼이 있는 것이다. 그래서 "아직 氣가 있기 전에 물을 낳게 하여, 太水로 하여금 북방에 있으면서, 司命으로서 검은색을 관장케 하시고…" 하는 말이 자연스럽게 흘러나올 수 있는 것이다. 그러고나서 남방의 태화(太火), 동방의 태목(太木), 서방의 태금(太金), 그리고 중앙의 태토(太土)를 차례대로 설정해 내는 식이다.

이것은 사람의 몸뚱이가 지(地), 수(水), 화(火), 풍(風)으로 구비되어 있다는 것과 같은 이치다. 아직 설명이 부족하다고 느끼는 이가 있을 것이다. 사람의 몸뚱이는 탯집 속에서 물로 시작이 된다. 그래서 "아직 氣 있기 전에 물을 낳게 하여 그 太水로 하여금 북방에 있으면서…"라고 설명하는 중이다. 그런 다음에 남방에 있는 화(火)가 사람 몸에 체온을 일으켜서 지키는 것을 비유한 것이고, 그 다음으로는 사람 몸에 신경선과 혈맥이 생기는 부분은, "아직 質 있기 전에 먼저 나무를 낳아…"라고 설명한다. 그 다음 몸뚱이에 뼈와 이빨이 있는 것은 서방의 금(金)의 역할에 해당시킨다. 그리고 끝으로 중앙에 토(土)는 사람 몸뚱이의 살과 살갗(皮膚)에 비유시키고 있다. 이것이 사람에게 정신보다 먼저 몸뚱이가 있는 이유인 것이다.

이렇게 몸뚱이가 완전하게 구비된 연후라야 비로소 말하는 정신이 마련되는 것이고, 영혼이란 것이 깃드는 법이다. 그러니까 지하여장군이 먼저 준비된 다음에 천하대장군이 나오는 순서를 따른 것인데, 실제는 천하대장군이 먼저 나오는 것은 무슨 뜻인가. 비록 늦게 나오는 것이지만, 언제라도 정신이나 영혼이 항상 우리의 머리 위에 있어서 그 사람의 개성이나 인격을 결정하기 때문에 그런 것이다.

"사람과 물건은 같은 삼진(三眞)을 받았으나, 다만 무리는 땅에 혼미하여 삼망(三妄)이 뿌리를 내리고, 진(眞)과 망(妄)이 어울려 삼도(三途)를 이룬다." 역시 태백일사의 삼신오제본기에 나오는 말인데, 같은 형체를 갖춘 사람들일지라도 서양인과 동양인은 그 하는 짓이 판이하게 다른 것은 어째서 인가를 생각게 하는 대문이다. 다시 말해 서양인들이 철학이나 의학에 있어서, 늘 실험에 의지하고 거기서 얻는 결과를 그때그때 형편에 따라서 항상 발전이라고 말해오는 것이, 바로 삼망(三妄)에 뿌리가 내린 사람들의 짓거리라는 이야기다. 사람의 이목구비(耳目口鼻)는 얼핏 같아 보여도 삼망에 뿌리를 둔 사람이란 이렇듯 모자란다는 말이다.

이제 근본으로 다시 돌아가 보자. 오늘 서양문명이 대단한 것 같아도 철학이나 의학에서 늘 실험에 의지하는 것을 볼 때는 그들의 문명 자체가 별 것이 아니다. 그런데 우리처럼 잘난 민족이 왜 그런 삼망(三妄)에 끌려 다니는 반쪽짜리 문명을 선호하는지 모를 일이다. 또 서양 것을 배워들인다 쳐도 정신없이 허둥대는 모습을 보이는 것은 여간 꼴새 사나운 것이 아니다.

우선 국가의 백년대계라는 교육이 그렇다. 도대체 이 나라 교육이라는 것은 일정한 목표가 없는 듯이 보인다. 한창 뛰어놀고 분방한 자유 속에 성장기를 보내야 할 아동들이 점수에 매달리는 교육을 받다 보니, 좋은 점수를 받기 위해서 낭만과 꿈을 스스로 반납한다. 학교에서 가르치는 교과서 외에도 여러 가지를 제 손수 알아서 해야 하는 것이 대한민국의 학생이다. 어려서부터 피아노에 태권도에 미술에까지 소질을 키우다 보니 아이가 전혀 아이답지 않은 환경에서 사육되고 있는 것이다. 이렇게 크는 아이는 대학을 갈 때까지만을 한계로 공부를 접는다. 정작 공부를 할 수 있고, 해야 하는 대학시절의 청년 시기는 그 좋은 상생(相生)의 에너지를 몽땅 낭비하고, 공부를 안 해도 좋도록 된 편제(編制)가 짜여진 것이 우리의 교육현장이다. 이렇게 앞뒤의 환경을 바꾸어 공부를 시키면서 허둥대는 나라가, 과연 무엇 하나 제대로 잘 하는 것이 있을 성 싶지가 않다.

우리의 피 속에 있는 정체성을 잃어버리고 소위 말하는 선진국을 따라잡기에만 급급한 것이 우리의 현실이다. 이렇게 올바르게 커야 될 학동 하나를 제대로 못 키우는 것이 오늘 우리의 주제꼴이다. 그런 결과가 올바로 된 헌법이 없어서 재판을 하게 되면, 판사·변호사·검사가 저희들 임의대로 법을 주무르면서 상식이 안 통하는 재판을 하는 사회가 된 것이고, 병원에 의사라는 것들은 잘못된 의료법에 안주해서 국민을 담보로 잡아 저들의 이권에만 눈독을 들이는 오늘을 만든 것이다. 정치와 기업은 서로 주고받으면서 뒷거래를 하고, 언론은 그런 판이 흐릴수록 건질 것이 있어서 좋게 여긴다.

이렇게 판이 짜여진 것이 이승만의 반민특위 해체 후에 오는 나라꼴이다. 그리고 그런 법에 길들여진 국민은 항상 오불관언(吾不關焉)해 온다. 본래 이 땅의 국민은 작은 일에 얼른 나서지 않는 잘못된 타성이 있다. 수만 년을 산에서 살아온 사람들이라 산의 창조성이 깃든 그 정신에는 그런 구구한 것을 대범하게 보아 넘기는 기질이 흐르는 탓도 있지만, 이 반도 안에 갇힌 올챙이가 되고부터 서로가 제살 뜯어먹기에 바쁜 시절을 수없이 겪다 보니, 어느 새 직접적인 것이 아니면 모르쇠로 내뻗는 타성이 생기고 있었던 것이다. 더욱이 이승만은 이런 민심의 동태를 민감하게 파악하고 있었으므로, 그런 국민에게 하나의 좌표를 제시했다고나 할까?

다시 말해 이승만은 친일파를 그냥 써먹자는 생각이 있었으므로 친일세력들이 들고 나오는 반소반공(反蘇反共)을 철저하게 이용하기로 작정을 한 것이다. 미국은 어차피 여기 동양에다 제 둥지를 틀자면 한 개의 교두보가 필요하던 때요, 마침 2차 대전 때 자기들의 간섭 미끼가 된 한국이 가장 좋은 조건으로 다가선 것이다. 이것을 잘 응용만 한다면 그것은 손을 안 대고도 코를 푸는 좋은 방법임에 틀림없으리라. 아마 이승만은 내심 그렇게 생각하면서 회심의 미소를 짓지 않았을까?

그런 이승만의 야욕이 친일파를 들여 쓰기 위해 반민특위를 없앴고, 그 친일세력들이 제놈들 살기 위해서 반공의 기치를 세운 것이, 그대로 굳어져서 이 땅의 보수가 되었던 것이다. 생각해보면 어이가 없는 일이다. 한 국가 이념이 이런 하찮은 색깔론에서 보수와 진보로 갈라졌다면, 그 나라 국민 된 사람들은 도대체 정체성이 없는 국민이라는 말일까? 다시 아리랑이다. 이번에는 민족의 정체성을 일깨우는 진정한 보수를 위한 아리랑이다.

아리 아리랑 스리 스리랑 아라리가 났네 아리랑 음음음 아라리가 났네/ 물레야 돌아라 빙빙빙 돌아라, 수상한 세상 살림도 마구 마구 돌아라/ 아리 아리랑 스리 스리랑 아라리가 났네 아리랑 음음음 아라리가 났네/ 진정한 보수라면 정체성을 세워라, 천하대장군 지하여장군이 피 속에 흐른다/ 아리 아리랑 스리 스리랑 아라리가 났네 아리랑 음음음 아라리가 났네/ 북방흑제 영윤(榮潤)숙살(肅

殺)*6로 이내 몸을 이루고/ 아리 아리랑 스리 스리랑 아라리가 났네 아리랑 음음음 아라리가 났네/ 남방적제 광열(光熱)용전(鎔煎)*7 이내 체온을 만든다/ 아리 아리랑 스리 스리랑 아라리가 났네 아리랑 음음음 아라리가 났네/ 동방청제 생양(生養)영축(營築)*8신경선을 얽어서/ 아리 아리랑 스리 스리랑 아라리가 났네 아리랑 음음음 아라리가 났네/ 서방백제 성숙(成熟)재단(裁斷)은 이빨과 뼈들이라/ 아리 아리랑 스리 스리랑 아라리가 났네 아리랑 음음음 아라리가 났네/ 중앙황제 화조(和調)가종(稼種)*9은 온몸 숨 줄을 고른다/ 아리 아리랑 스리 스리랑 아라리가 났네 아리랑 음음음 아라리가 났네./ 이래서 사람 몸이 천지간에 으뜸, 하늘 땅으로 더불어 삼신이라 일컫네/ 아리 아리랑 스리 스리랑 아라리가 났네 아리랑 음음음 아라리가 났네.

***

6. 영윤(榮潤)숙살(肅殺) : 북방의 흑제는 본디 숙살을 주관한다. 겨울이 생명을 거두는 것처럼. 그러나 북방의 태수(太水)는 생명을 번성하게 하고 윤택하게 한다. 생명은 물이 있어서 번성하듯이 겨울은 겉으로 숙살하는 것 같지만, 거기에는 동시적으로 생명을 태어나게 하고 윤택하게 하는 여성적 숨결이 있는 것이다.

7. 광열(光熱)용전(鎔煎) : 남방적제는 사람의 몸에 열이 있음을 주관한다. 뿐이 아니라 열을 뿜어내어 만물의 종자를 키우는 것도 그의 소관이다. 먼저 생명을 태어나게 하는 것이 북방의 흑제였다면, 태어난 씨앗을 열로써 살리는 것이 남방적제의 소임인 것이다.

8. 생양(生養)영축(營築) : 그렇게 태어난 생명은 점차 구체적인 것이 되어간다. 사람의 몸에 신경선이 준비되는 것은 바로 동방청제의 몫이다. 生養하고 營築한다는 것은 그렇게 생명을 완성하고, 완성된 생명을 더욱 구체화한다는 뜻이다.

9. 화조(和調)가종(稼種) : 和調는 調和와 같은 뜻이다. 稼種은 종자를 심는다는 뜻이니, 이렇게 이미 심어진 종자들을 조화롭고 균등하게, 그러니까 어느 한 곳에만 영양이 치우치지 않도록 균등하게 분배하는 것은, 바로 중앙의 곧 土가 그 숨결을 고르고 있어서다.

박정희 공화국

친일파들로 판이 짜여가는 대한민국의 국운은 박정희에 이르러서 더욱 가속화의 급물살을 탄다. 이 대목에는 조금 설명이 필요한 부분이다. 당초에 이승만은 헌법을 무시하고 제 독재의 야욕을 챙기느라 대통령직을 4선까지 당선을 한다. 물론 부정선거가 아니라면 있을 수 없는 일이었다. 비밀투표로 치러야 할 선거가 3인조씩 조를 짜서 세 사람이 함께 투표장에 들어가 기표를 하는, 유례가 없는 방식이 동원된 선거였다. 그것이 서기 1960년에 치러진 이른 바 3·15 부정선거다.

이 3·15 부정선가 치러지자 마산에서 이를 규탄하는 김주열(金朱烈)이란 16세의 어린 학생이 있었다. 그는 남원의 가난한 농가에서 태어났다. 중학교를 졸업하고 마산상업고등학교에 지원해서 합격자 발표를 기다리던 중 3·15 부정선거에 항의하여 친구인 김광열(金光烈)과 함께 데모에 나섰다. 경찰대의 데모 진압에 행방불명이 되었던 김주열 열사가 4월 11일에 마산 앞바다에서 눈알에 최루탄이 박힌 시체로 떠오른 것이 도화선이 된다. 이로부터 학생들의 데모 집회가 거국적으로 점화

된 것이다. 학생들뿐이 아니었다. 나중에는 교수들까지 들고 일어나서 학생들이 흘린 피에 보답을 하자고 나섰고, 급기야 온 시민들이 합세하는 상황으로 변해갔다.

그리하여 선거가 있은 지 대개 한 달 후인 4월 19일은 데모가 극에 이르렀고, 마침내 4월 26일에 이승만이 하야를 하기에 이른 것이다. 그러니까 선거가 있고 나서의 약 한 달은 온 국토가 용광로처럼 끓어 넘치던 시기였고, 대통령이 하야를 하고 나서도 연일 학생들은 데모에 열을 올리고 있었다. 이런 경황 뒤에는 이승만의 자유당이 몰락되었고, 민주당이 힘을 얻어서 허정(許政)의 내각수반이 잠시 운영되다가 윤보선의 제2공화국이 출범하기도 했다. 그 후로도 데모에서 힘을 얻은 학생들의 시위는 계속되어 좀체 식을 줄을 모르도록 판이 돌아갔다. 도시라는 도시는 학생들의 데모 행렬을 구경하면서 날이 저무는 형편이었다. 그렇게 일 년이 지나가는 사이에 박정희의 쿠데타가 성공을 한다.

그러니까 박정희는 질서가 없이 뒤죽박죽으로 돌아가는 나라꼴을 보고, 국방이 위험하다는 명분을 잡을 수가 있었던 것이다. 도대체 학생들은 이대로 아리랑을 부르면서 통일로 가자는 식이었으니, 그런 상황에서는 국방을 책임지는 군인으로서는 충분한 핑계거리가 되고도 남음이 있었다고 하겠다. 그러나 박정희는 국가를 전복하고자 호시탐탐 기회를 노리던 자였다. 그는 본디 가슴 속에 야심이 있는 인물이었다. 그것은 일제시대에 만주사관학교의 생도시절부터 '진충보국멸사봉공(盡忠報國滅私奉公)'이란 혈서를 쓴 것에서 이미 드러나던 짓이었다.

무슨 말인가 하면, 그가 일본군인이 되기 위해 당시 만주에 있던 일본사관학교에 입학을 하고 일본군의 장교가 되는데, 과정에서 자기 속의 충성심을 나타내기 위해서 이런 혈서를 썼다는 말이다. 당시 그의 이름은 '다까끼 마사오(古木正雄)'였다. 그리고 만주에서 활동하던 조국의 독립군을 잡으러 다니는 자가 된 것이다. 이렇게 보면 그는 일본의 황국신민이지 조선의 아들이 아니다. 그가 만주에서 갖은 고생을 다 겪으면서 조국 광복을 위해 애쓰는 우리의 독립군을 잡으러 다닌 것은 당연했던 처사지 전혀 나무랄 계제가 아니다. 정작 나무랄 일은 제 동지를 배신하고 그 대가로 제 목숨을 구걸했던 일이다. 무슨 말인가?

서기 1948년 10월 20일에 세상에서 말하는 '여순반란사건(麗順叛亂事件)'이 있었다. 그 당시에 이승만의 단독 정부를 반대하는 좌익세력의 방해 공작이 자심했는데, 그 앞에 있었던 제주도 좌익의 4·3 사건이 대표적인 것이었다. 그렇게 되자 국군과 경찰은 합동으로 진압작전을 펴던 중, 증원을 필요로 하게 되었다. 이때 선발된 부대가 여수에 주둔하고 있던 제14연대였고, 그중에서 약 3,000명을 제주도로 파견하라는 명령을 받는다. 이런 와중에서 이들 중에 좌익이 섞였다가 반란을 획책했던 것이다. 이때 반란군의 괴수가 바로 박정희였다. 그러나 치밀한 준비 없이 발호한 이들 세력이 진압되던 과정에서, 박정희는 뜻을 같이한 제 동지들을 팔아넘기는 조건으로 제 죄를 용서받은 것이다. 그러니까 제 동지들을 팔고 저는 죽을 구덩이에서 살아나왔다는 이야기다. 동지를 팔고 저 혼자 살아남았다면 이것이야말로 용서할 수 없는 부끄러운 죄인이 아닌가.

그 박정희가 친일세력을 등에 업고 역시 반공을 국시(國是)로 삼으면서 역사 위로 올라온 것은 그다운 일일 수 있다. 다만 좌익력을 지지하여 여순반란사건을 주도했던 그가, 이번에는 반공을 지지했다는 게 앞뒤가 맞지 않는 난센스일 수는 있다. 그러나 본래부터 야심을 가졌던 그가 제 야심을 위해서 어느 물줄기를 잡았든 야심을 이루었다는 대목에서는 지난 시절을 문제삼지 않는 것이 차라리 당연한 것 아닐까?

이리하여 박정희는 4·19 정신을 정면으로 짓밟으면서 역사 위로 올라온다. 그가 내건 당시의 '5·16 혁명 공약'에는 "반공을 국시의 제1의로 삼으며 지금까지 형식적이고 구호에만 그친 반공체제를 제정비 강화한다."고 하는 대문이 들어 있다. 이것은 지금까지의 좌익이니 우익이니 하는 색깔론을 더욱 확실하게 굳히는 서약이었다. 다시 말해 진보니 보수니 하는 대목에서 빨갱이를 잡는 것이 보수라는 지금까지의 색깔을 더욱 확실히 심어 주고 공고히함으로써, 그 이후의 대한민국은 친일파가 득세를 하는 나라로 만들어 버렸다는 이야기다.

친일파 박정희가 대한민국의 역사 위로 올라오면서 보릿고개가 없어진 것은 어쨌거나 다행스럽고 잘된 일이었다. 이 대목을 두고 박정희를 고마워하는 사람들이 많다. 그러나 따지고 보면 박정희는 운이 좋았던 사람이라고 할 것이다. 그 무렵 녹색혁명의 바람이 동남아에 불고 있을 때 우리 한국에서만 유일하게 성공을 거둔 것은, 국민들의 높은 교육열과 창조성의 결과였기 때문이다.

이 녹색혁명은 박정희가 쿠데타를 했을 무렵 필리핀에 설립된 국제 벼 연구소에서, 소위 말하는 '기적의 쌀'이라는 이름으로 부르던 다수확 품종이 개발되던 때다. 그러나 종래의 수확에서 2배로 생산되는 것까지는 좋은데, 대량의 비료와 농약 살포, 관개 설비며 농기구의 충실 등의 조건이 까다롭다는 조건이 있었다. 이런 조건 때문에 1960년대 중반부터 추진된 녹색혁명은 소기의 목적을 달성하지 못했던 것이다. 그러나 천부적으로 창조성을 가진 우리 민족은 이런 까다로운 조건들을 높은 교육열로 소화해냄으로써 어렵지 않게 성공을 거둘 수가 있었다.

그 결과가 보릿고개를 없앤 것이었는데, 배부르게 먹게 된 농민이나 일반 서민층에서 박정희 향수를 가지게 된 것이다. 그러나 민중의 이런 박정희 향수나 일반적인 지지는 동시적으로 나쁜 독을 함께 먹였으니, 그 독은 오늘의 대한민국은 친일파들이 보수를 자처하는 나라가 된 것이다. 이것은 이승만이 심은 친일의 씨앗을 박정희가 더욱 확실하게 가지를 치고 번성시켰다는 결론에 이른다. 이렇게 어부지리를 얻어낸 박정희는 과연 운이 좋았다 할만 하지 않은가? 여기서 우리는 박정희 아리랑을 부르고 가자.

아리 아리랑 스리 스리랑 아라리가 났네, 아리랑 음음음 아라리가 났네/ 친일파 이승만이 좌익 우익 나누고, 반민특위를 해체터니 야로가 났네/ 아리 아리랑 스리 스리랑 아라리가 났네, 아리랑 음음음 아라리가 났네/ 친일파 이승만이 역적의 씨를 심더니, 그 씨앗이 아구를 트고 충실히 자랐네/ 아리 아리랑 스리 스리랑 아라리가 났네, 아리랑 음음음 아라리가 났네/ 진충보국 혈서를 쓴 다까끼 마사오, 여순반란에 관여했다 동지들을 팔았네/ 아리 아리랑 스리 스리랑 아라리가 났네, 아리랑음음음 아라리가났네/ 세상에 몹쓸 것은 제 동지를 파는 짓, 세상에서 더 몹쓸 것은 민족을 파는 짓/ 아리 아리랑 스리 스리랑 아라리가 났네, 아리랑 음음음 아라리가 났네/ 에헤라 놓아라 무슨 짓을 못하랴, 동무도 민족도 못 팔 것이 무어냐/ 아리 아리랑 스리 스리랑 아라리가 났네, 아리랑 음음음 아라리가 났네/ 세상에 함악한 기운이 점점점 넘쳐나, 민족 망할 역적나무가 아름드리가 되었네/ 아리 아리 스리 스리랑 아라리가 났네, 아리랑 음음음 아라리가 났네, 이쯤 되면 필요 없다 좌익도 우익도, 미운 놈은 어떻게든 빨갱이만 만들라/ 운을 탄 마사오는 시절을 장악 해, 나라 안 전체가 반공국가 되었네/ 아리 아리랑 스리 스리랑 아라리가 났네, 아리랑 음음음 아라리가 났네.

이렇게 해서 박정희는 대한민국이라는 나라를 통째로 반공국가를 만든다. 다른 말로 하면 확실하게 친일파들 세상을 만든 것이다. 봄이면 연례행사처럼 치르던 보릿고개가 없어졌으니 무식한 민중은 박정희를 아예 우상으로 섬겼다. 박정희가 그중에 잘한 것으로는 민둥산에 나무를 심은 일이다. 그리고 고속도로를 뚫어서 전국을 하루 생활권으로 묶어 낸 것을 칠 수가 있다. 당시 고속도로를 낸 것은 한국의 군인들을 월남에 파병시킴으로써 얻어진 것이었다.

월남의 전세가 치열해지던 1965년부터 휴전협정이 조인된 1973년까지 월남 참전 8년간 총 31만 2,853명이 파견되었다. 미국이 한국을 참전시킨 이유는, 당시 미국 내에서 광범위하게 일고 있던 반전여론을 무마시키고, 미군의 봉급 1/3 수준인 한국군을 전선에 투입함으로써 전비절감을 할 수 있다는 계산에서였다. 그런데 이 1/3 수준의 파병자들의 월급을 거의 2/8 수준으로 지급하고, 거기서 남은 돈으로 경부고속도로를 뚫었던 것이다.

한국은 월남 파병을 통해 경제개발에 필요한 차관을 약속함으로써 어려운 형편에 놓인 처지를 벗어나 경제개발을 도왔으나, 젊은이들의 희생과 고엽제에 의한 심각한 후유증을 얻은 것이 사실이다. 그러나 그 무렵의 유명한 독재자 이디 아민이나[1], 팔레비[2], 소모사[3] 같은 독재자와는 달라서, 젊은 피를 판 돈을 그가 챙기지 않고, 국가를 위해 썼다는 것은 참고해 줄 만한 대목이었다고 나는 평가한다.

민둥산에 나무를 심어서 온 국토를 녹화했다는 것도 그렇다. 국토의 7/10이 산으로 된 조선반도는 왜정 무렵만 해도 온 산이 울창했다. 그러던 산이 왜 민둥산이 되었나? 그것은 6·25라는 한국전쟁을 치르고 나서였다. 빨치산들이 산으로 숨어들자 그들을 잡겠다고 숲을 없앤 결과였다. 결국 빈대를 잡기 위해 삼간 초당에 불을 놓은 격이었다. 나는 저 50년대와 60년대까지 산으로 나무를 하러 다녔기 때문에 그 실상을 몸소 체험했던 사람 중의 하나다. 박정희가 미국에서 밀가루를 받아다가 그 밀가루로 온 산에 나무를 심었고, 그리고 저수지를 막아 장차 올 기계종업을 차차로 대비했던 것이다.

박정희가 잘한 것 중의 하나는 새마을사업이었다. 그가 집권하면서

***

1. 이디 아민 : 우간다의 군인으로서 1971년에 대통령의 외유를 기회로 쿠데타를 일으켜 성공했다. 경제면에서는 우간다화 정책을 펴서 5만에 이르는 인도인들을 추방했다. 독재자가 되어 반대파를 대량 학살하는 등으로 공포정치를 자행, 1978년에 탄자니아를 침공한 것이 계기가 되어 내리막을 달리다가, 결국을 사우디아라비아로 망명하였다.
2. 소모사 : 니콰라과의 독재자. 미국의 웨스트포인트 사관학교를 졸업하고 국가경비대장에 취임하였다. 그 후 전직 대통령이 병사하자 대통령에 취임하여 미국의 중앙아메리카 혁명봉쇄정책에 적극적으로 협력하면서 독재자가 되었다. 1979년 산디니스타 혁명에 의해 타도되어 파라과이로 망명하였으나 이듬해에 암살당했다.
3. 팔레비 : 세계 2차 대전 때에 이란으로 침공한 영국과 옛소련 양국의 영향권 사이에서, 중동과의 영향권이 강화된 미국과의 관계를 긴밀히 하였다. 한때 M 모사택 정권에 의한 석유국유화 투쟁 때 망명의 위기를 만났으나, 미국의 힘으로 이를 극복한 뒤 '백색혁명'을 단행하였고, 급증한 석유수입을 배경으로 제5차 5개년 경제계획에 착수했으나, 경제정책의 실패와 독재에 대한 국민의 불만이 급격하게 증대된 속에서 1979년 이슬람혁명에 의해 무너졌다.

시작한 것은 고리채(高利債)를 없애는 것이었는데, 이것도 환영할 만한 일이던 것이다. 그리고 제1차 5개년 경제개발을 시작하여 주로 농촌의 주택 개량에 관심을 쏟았다. 집집마다 담을 치거나 생나무 울타리를 조성하도록 했고, 집집마다 퇴비장을 만드는 등으로 농촌살림을 도왔던 것이다. 그 후 제2차 5개년 경제사업에서는 농촌의 지붕 개량을 들 수가 있다.

지붕 개량은 가히 획기적인 것이었다. 당시의 농촌은 지붕을 볏짚으로 이엉을 만들어 덮었기 때문에 늘 부엌에 들어가는 땔나무가 문제였다. 그런데 지붕이 스트레이트로 덮이자 볏짚이 고스란히 나무를 대신했으므로, 산으로 나무를 하러 갈 일이 없게 되었다. 한국의 민둥산은 그때로부터 나무가 크는, 오늘의 삼림을 가진 나라로 대한민국이 둔갑하게 된 것이다.

그리고 새마을사업을 시작했다. 우선 도시와 농촌간의 빈부 격차를 없애기 위해 한국을 장차 공업국가로 방향을 잡는다. 그러자면 농촌의 농사는 기계농업이 되어야 할 것이다. 그 기계농업의 일환으로는 농촌의 농토를 우선적으로 경지정리(耕地整理)하는 일이 필요했다. 그래서 과감하게 경지정리를 서둘렀고, 도시에는 공장을 세웠다. 기계농업이 이루어지면서 농촌에는 남는 일손들이 저절로 도시에 생긴 공장으로 벌이를 나섰다. 이리하여 마침내 그가 꿈꾸던 공업국이 되었고, 농촌과 도시의 빈부 격차도 없어졌다. 여기까지를 한계로 해서 본다면 박정희는 가히 구국의 결단을 내린 영웅이었다고 할 만하다.

박정희는 '한강의 기적'을 낳았던 것이다. 경부고속도로와 포항제철, 그리고 서울의 지하철은 당시의 박정희가 일구어낸 업적들로 쳐줄 만한 것들이다. 그러나 박정희는 여기서 그치지 않고 헌법을 개정하여 3선에 당선한다. 그로부터 그는 내리 구르는 것이다. 5·16 쿠데타 세력을 끝까지 놓지 않으면서, 그 혁명세력의 중심 인물인 김종필을 시켜 중앙정보부를 창설케 한다.

박정희는 제 정권을 쉽게 유지하기 위하여 중앙정보부가 필요했던 것이다. 서울 남산에 대공분실(對共分室)을 만들어 놓고 빨갱이 사냥을 하고 있었다. 물론 때가 남북한이 서로 대처하던 시기였고, 시절 따라서 간첩활동이 자심하던 중이었으므로, 국가기밀을 지키기 위해서는 그런 일이 필요했다고 할 수 있다. 그러나 정작 중요한 것은 자기네 정권 말을 안 듣는 세력을 붙잡아다 무자비한 고문과 학살을 자행했던 데가 당시의 대공분실이었다. 그리고 그 버릇은 전두환의 안기부(安企部)로 대물림이 된다. 민권옹호정치를 하기 위해 만들어진 국가기구가 사실은 인권탄압에 쓰여진 것이다.

이렇게 박정희가 국가를 위해 헌신적인 노력을 했다는 것은 인정해야 하리라. 그렇기 때문에 보릿고개가 없어진 것도 박정희 덕이라 하고, 덤으로 박정희를 칭찬하는 것도 옳을 수 있다. 예부터 백성은 이식위천(以食爲天)이라 했다. 하루 벌어 하루를 사는 맨 사람은 먹을 것을 하늘로 여긴다는 말이다. 그들에게는 정치가 어디로 가든 자기들 밥그릇에 밥이 담기는 것만을 우선 생각하게 마련이다. 민중은 그런 것이라서 박정희의 다른 짓도 좋게 보기 마련이고 무조건으로 믿는다. 이것은 영원한 민중의 버릇이다.

박정희 시대를 말하면서 빼놓을 수 없는 것이 '새마을사업'이다. 새마을사업을 통해서 박정희는 국가경제를 성공적으로 이끌 수가 있었던 것도 부인할 수 없는 사실이다. 당시 박정희가 이끈 공화당은 심벌이 황소였다. 황소처럼 밀어붙이는 강한 힘으로 국가경제를 밀고 나갔다는 것도 사실일 터이다. 이런데 이 황소를 달갑게 여기지 않는, 당시에 일부의 국민이 있었다. 황소의 공격적인 뿔을 걱정하는 사람들이었다.

그런 사람들은 박정희가 직접 작사 작곡을 했다는 새마을 노래도 마뜩찮게 여겼다.

"잘 살아보세, 잘 살아보세/ 우리도 한번 잘 살아보세/ ……."

이런 노래가 골목마다 마을마다 울려 퍼지면서 새마을 운동은 요원의 불길처럼 번져갔다. 그러다가 1972년부터는 주민 지도자들을 발굴하여 훈련시킴으로써 낙후된 국민의 정신을 계도하여 나갔고, 농어촌가의 소득증대를 위해 많은 노력을 기울였다. 새마을운동은 10대 구심점을 강조했는데 법질서의 준수, 건전한 소비 풍조 조성, 도시 녹화, 뒷골목의 가로정비, 시민의식의 계발, 새마을 청소, 생활오물 분리수거, 시장 새마을운동의 전개, 도시환경 개선, 낙후지역 개발 등이었다.

이런 새마을운동의 성과는 수리시설 확충, 농경지 확장 등을 통하여 식량자급의 기틀을 마련하였고, 소득증대사업으로는 영농의 과학화, 농가부업 육성, 농산물 가격보장, 새마을 공장과 새마을 금고 육성, 농산물유통구조 개선, 생필품 품질개선과 생산성 향상, 근로자 후생복지 제도 및 시설확충 등에서 획기적인 발전을 가져왔다. 이런 것은 무엇보다도 전통체계 아래에 있던 농촌을 단시일 안에 현대적으로 전환하도록 충격을 가했다는 점을 긍정적으로 평가할 만했던 것이다.

그러나 새마을운동의 가시적인 성과는 유신체제를 지탱하는 버팀목으로서의 역할을 했으나, 1978년을 전후하여 정부의 경제정책이 바뀌자 급격한 농축산물 하락과 돼지파동, 쌀 수매가 동결 등이 겹쳤고, 내무부가 새마을사업의 중점을 농촌주택 개량에 둠으로써 농가마다 막대한 부채를 안게 되자 탈농과 이농이 속출하였다. 여기에 제5공화국이 들어서자 새마을운동을 이용한 온갖 부정 사건이 드러남으로써 새마을운동은 막을 내린다.

박정희는 독재자의 본색을 드러내면서부터 사생활이 점차로 타락해 갔는데, 당시 언론에는 세 가지 금기사항이 있었다. 첫째 대통령의 사생활은 말해서는 안 되고, 둘째는 군(軍)에 관한 이야기를 할 수 없었으며, 세 번째가 농촌현실을 말 못하게 하는 것이었다. 이런 박정희는 궁정동에 안가(安家)를 마련하여 놓고 딸 같은 여대생과 여배우들과 희희낙락하다가 김재규의 총탄에 죽었던 것이다. 그가 말한 대로 그것이 "잘 살아보세, 잘 살아보세, 우리도 한번 잘 살아보세" 하던 그의 생애의 마감이었다. 혹시 "바르게 살세, 올곧게 살세, 사람이 태어나 바르게 살세" 했더라면 끝이 이렇진 않았을지도 모르는 일이다.

독재자의 탄압은 역사적으로 보아 늘 있는 일이다. 그들은 자기들의 개인적인 욕망과 포부 때문에 사람을 감시하고 억압하면서 죽이는 것이다. 그리고 그것이 마침내 목적이 되어버리면 나중에는 자기가 무슨 짓을 하는 지도 모르게 된다. 이것이 모든 독재가 피하지 못하는 그들 운명의 길이다. 그리고 민중은 자기들이 주는 밥을 먹고 배가 부르면 아무 일도 없을 것처럼 생각해버린다.

그러나 민중 속에는 늘 앞서가는 사람 곧 깨어 있는 사람이 있게 마련이다. 그런 사람들이라면 밥에 만족하지 않는 법이다. 일찍이 단군왕검 시절에도 이에 관한 기록이 있다. 단군왕검은 제1세 단군왕검에서 시작하여 제47세 고열가(古列加) 단군왕검에서 끝난다. 그중 제17세 단군왕검은 이름이 여을(余乙)이다. 그 10년 되는 봄에 임검이 고수노(高叟老)라는 신하에게 정치에 관해 묻는데, 이런 답을 한 것으로 되어 있다.

정치는 백성을 다스리는 도입니다. 비록 한 정부 밑에 있다 해도 지방의 멀고 가까움에 따라 서로 달라, 백성의 문명과 미개한 정도가 갖지 않으니 일률적으로 다스리기는 어렵습니다. 가령 젖 먹이는 젖이 아니면 키울 수 없고, 어른은 밥이 아니면 배부르지 않으며, 노인은 고기가 아니면 영양이 부족하고, 병자는 약이 아니면 치료할 수 없습니다. 그러므로 각자의 정도에 합당한 정치를 하는 것이 나라를 다스려 천하를 태평하게 하는 술법입니다.

대체로 정치는 백성을 교도(敎導)하는 일이며 법률은 백성을 다스려 징벌하는 것이니, 먼저 가르치지 않고 벌한다면 이것은 백성을 그물질하는 것과 같아서, 어진이가 보위에 있으면서 어찌 백성을 법만으로 다스리겠습니까. 교도하는 방법은 대략 몇 가지가 있습니다. 낮은 백성은 먹고사는 것을 귀하게 여기기 때문에 항상 먹고 입는 것을 풍족하게 한 연후에 예의를 가르치며 법도로써 이끌어야 하고, 서로 도와 순종하는 것이 마치 물이 낮은 데로 흐르는 것과 같아서, 산에는 도적이 없고 길에 물건이 떨어져도 줍지 않을 것입니다.

이것은 백성을 위한 정치입니다. 만일 백성이 늘 할 수 있는 생업이 없으면 항심(恒心)*4이 없어지고, 항심이 없으면 사기(詐欺)와 도적질을 마음대로 하게 됩니다. 배가 고파도 먹을 것이 없고 추워도 입을 옷이 없으면 아무리 자비로운 아비일지라도 자식을 기를 수 없는데,

군주가 어떻게 그 백성을 다스리겠습니까? 옛글에 창고에 곡식이 가득차야 예절을 알고, 옷과 먹을 것이 풍족해야 영광과 욕됨을 안다 했습니다.

그러므로 옛 성제(聖帝)와 명왕(明王)은 생산을 늘려 백성을 잘살게 하는 것을 정치의 요소로 삼고, 혹 세금을 낮추고 대부(貸賦)하여 주며, 물체와 물자를 알맞게 조정하며 가축을 빌려 주는 등 해야 할일을 게을리 하지 않는 것은, 국고를 위해서가 아니라 백성의 생활을 풍족하게 하기 위한 것입니다. 그러므로 백성으로 하여금 정신 차리게 하기를, 마치 벌통에 꿀을 넣어주는 것과 같이 하여 감동하게 하면, 힘든 것도 잊고 생업에 매진하게 될 것이니, 이것은 상을 주지 않고도 백성을 움직이게 하는 방법입니다.

그 다음 상류층 백성들에게는 민권옹호정치(民權擁護政治)를 해야합니다. 옷과 밥으로 만족하게 여기지 않고 민권 옹호로써 그 인격을 존중하여 정치에 참여할 기회를 주어, 배운 학문과 평생의 포부를 펼치게 하면, 공적인 일에 나아가 나라를 위하여 목숨을 바칠 날을 손꼽아 기다릴 것입니다. 또 장병을 양성하는 데는 특권을 허락하여 백성으로 하여금 그 위풍을 우러러보게 하여 사모하는 마음을 기르고, 국립장관학교(國立將官學校)를 세우게 하여 백성들에게 수업하게 하면,

***
4. 항심(恒心) : 흔들리지 않는 마음. 변하지 않는 마음. 일찍이 맹자가 한 말이다. 먼저 백성이란 것은 항산(恒産)이 없으면 항심(恒心)도 없다고 설파 한데서 유래한다. 박학다식했던 공자, 맹자는 우리의 고전에서 빌린 이런 이야기를 많이 한다. 그러면 항산이란 무엇이냐? 일반백성이 스스로 살아갈 수 없을 만큼의 일정한 재산을 말하는 것이다. 혹은 살아가면서 갖는 일정한 생업이라고도 할 수 있다. 그러니까 백성은 자기가 살아갈 만큼의 일정한 직업이 없으면, 흔들리지 않는 굳센 마음을 지키기가 어렵다는 뜻에서 나온 말이다.

이것은 국방을 위한 정치입니다.

또 높은자리에 있는 자는, 그 지도의 책임이 자기에게 있는 줄 알고 백성을 사랑하는 것으로 임무를 삼으면, 이것은 나를 버리고 공(公)을 받드는 것입니다. 이와 같이 군·관·군·민이 일치되어 행정이 이루어지면, 곧 사위일체의 정치이니, 항상 대세와 환경에 따라 비록 사소한 차이가 있기는 하나, 국시(國是)를 잊지 않으면 완전한 정치가 되는 것입니다.

긴 이야기를 인용한 것은 밥으로만 만족하지 않은 백성이 있다는 말을 드러내기 위해서 그런 것이다. 그런 사람은 어떻게 해야 하는가. 국가정치에 참여할 수 있는 기회를 주라는 것이다. 물론 4,000년 전의 기류가 많이 달라져서 지금 우리는 투표권을 갖고 나라를 다스릴 사람을 직접 뽑는다. 그런데 이런 체제가 아직 갖추어진 것이 아닌데도, 많이 배운 사람은 정치에 참여시킬 것을 권장하고 있다. 문맹이 판을 치는 시절에도 이미 배운 사람들 대우가 이처럼 각별했다고 볼 대목이다.

왜 배운 사람은 특별 대우를 하라 하는가. 그들은 밥으로만 만족할 수 없는 사람들이어서다. 그들의 많은 지식은 백성을 등 따숩고 배부르게 할 것이다. 그런 인격들이 함부로 쓰여지거나 낭비되는 것은 국가적 손실이다. 결국 그들을 유도해 내는 것은 민권옹호다. 민권옹호 정치를 위해서 그들은 필요한 존재들이다.

배부른 돼지가 되지 말고 배고픈 철학자가 되라는 말처럼, 사람은 자기의 주권이 있어서 그 주권을 귀하게 여기는 법이다. 그것이 아직 배부른 것이나 찾을 때는 사람들에게서 잘 나타나지 않지만, 그러나 사람은 마침내 자기의 인격을 발견하게 되고 그것을 주장하게 된다. 다만 그것을 깨닫는 것이 시기적으로 빠르고 늦을 뿐이다. 그것을 먼저 선험적으로 느끼는 사람이 지식인인 것이다. 그것을 여기서는 인권옹호라는 말로 대체해 낸다. 민권옹호 정치는 이미 단군시절에 쓰여졌던 것이다.

위의 인용문에서 말하는 인권옹호 정치는, 사실은 바이칼에서부터 내림해온 것으로 보인다. 그 뜻과 말이 물이 흐르는 것처럼 자연스럽고 시원스러워서 추호도 억지스럽지가 않아서다. 또 "장병을 양성하는 데는 특권을 허락하여 백성으로 하여금 그 위풍을 우러러보게 하여 사모하는 마음을 기르고, 국립장관학교를 세우게 하여 백성들에게 수업하게 하면, 이것은 국방을 위한 정치입니다. 또 높은 관직에 있는 자는 그 지도의 책임이 자신에게 있는 줄로 알고, 백성을 사랑하는 것으로 임무를 삼으면, 이것은 나를 버리고 공변된 것을 만드는 것입니다. 이와 같이 군관군민(君官軍民)이 일치되어 행정이 이루어지면 곧 사위일체의 정치이니, 항상 대세와 환경에 따라 비록 사소한 차이가 있기는 하나, 국시를 잊지 않으면 빈틈없이 완전한 정치가 되는 것입니다." 하는 대목에 이르면, 천하대장군과 지하여장군을 세우고 원시(原始)의 정치를 해가던, 그 시절의 넉넉한 홍익인세 숨결이 포근하게 와서 닿는 느낌이다. 옛 시절이 그리운 아리랑이 한 수 없을 수가 없는 대목이다.

장승벅수 세우던 홍익인세 시절에, 천하 만민을 위하던 민권옹호 정치는/ 아리랑 아리랑 아라리요, 아리랑고개로 나를 넘겨주게/ 백성을 가르치고 기르자는 알짜배기 충심(衷心), 하늘을 대하는 진일무위 (眞一無僞) 심정/ 아리랑 아리랑 아라리요, 아리아리 고개고개로 날 넘겨 주게/ 항산(恒産)이 없는 백성은 항심(恒心)도 없는 것, 먹고사는 것이 충분해야 예절도 아는 법/ 아리랑 아리랑 아라리요 아리 아리 고개 고개로 날 넘겨주소/ 백성은 어리석어 각기 문명 달라서, 어린 아이는 젖을 먹고 어른은 밥을 먹지/ 아리랑 아리랑 아라리요, 아리 아리 고개 고개로 날 넘겨주시게/ 양기부족한 노인네는 고기를 먹고, 기운 빠진 병자는 좋은 약을 찾네/ 아리랑 아리랑 아라리요, 아리 아리 고개 고개로 날 넘겨주소/ 이런 것이 민권이라네 민권옹호정치네, 근기(根機)따라 사람 따라 서로서로 다른 것/ 아리랑 아리랑 아라리요, 아리 아리 고개 고개로 날 넘겨주시게/ 정치는 백성을 교화하는 것이고, 법률은 백성을 징벌하는 것이지/ 아리랑 아리랑 아라리요 아리 아리 고개 고개로 날 넘겨주게/ 가르치지 않고 벌한다면 그거야말로 그물질, 어진 이가 윗 자리에서 차마 할 일 아니지/ 아리랑 아리랑 아라리요 아리랑 고개로 날 넘겨주시게/ 그런데 박정희는 정보부를 만들고, 어진이를 잡아다가 빨갱이로 몰았네/ 아리랑 아리랑 아라리요 아리 아리 고개 고개로 나를 넘겨주소/ 지독한 매타작에 가지가지 고문들, 민주열사 잡아들여서 빨갱이로 만든다/ 아리랑 아리랑 아라리요, 아리 아리 고개 고개로 나만 넘겨주라.

초선과 재선에 당선했던 박정희는 급기야 헌법을 고치고 3선에 또 당선한다. 그 해가 서기 1972년이었다. 그리고 그 해 7월 4일에 유명한 '7·4 공동성명'을 이끌어낸다. 남북이 긴장완화를 위한 서로 간의 대화를 추진하여 '남북공동성명'을 발표한 것이다. 그때 국민의 놀라움은 컸다. 꽉 막힌 남북대치 상황에서 어느 날 갑자기 민족통일을 하겠다고 하는 놀라운 뉴스가 터진 것이다. 중앙정보부장을 하던 이후락(李厚洛)이 북한을 비밀리에 가서 사전공작을 함으로써 얻어낸 결과물이었다. 사회 전체가 시끌시끌했다.

그러나 그 후로 오면서 대한민국의 정치 분위기는 매우 수상쩍게 돌아가고 흐르고 있었다. 소위 '한국형 민주주의'를 창출한다는 야릇한 말로 국민을 속이더니, 곧 개인의 자유를 억압하기 시작했고, 언론을 통제하는 등으로 각종 보도기관을 억누르기 시작한 것이다. 야당에 대한 억압과 사법제도 및 전국에 널려있는 대학을 통제하면서 독재자의 모습을 노골화해 갔다. 따라서 반독재를 부르짖는 국민을 탄압하기 위해 계엄령을 선포하고 국회를 해산했으며, 헌법을 개정하여 대통령의 권한을 강화했다. 그 결과로 나타난 것이 유신(維新)체제였다.

유신이라는 말은 올곧게 표현하자면 "그물을 끄는 벼릿줄을 새롭게 한다."는 뜻이다. 그물이 삼천 코라도 벼리가 으뜸이라는 말이 있다. 아무리 그물코가 많아도 끌고 다니는 벼릿줄이 없으면 그물은 무용지물이다. 그러니까 무슨 말이냐? 앞으로의 대한민국은 박정희가 끌고 가겠다는 뜻이다. 이 유신이라는 말은 일찍이 일본에 명치(明治)가 써먹었던 말이다. 명치는 이 말을 서양문물을 받아들이면서 썼는데, 전혀 서두름 없이 서양문물을 자기네 호흡에 맞게 검증해서 받아들였기 때문에 매우 성공적으로 후일의 일본을 반석 위에 올릴 수가 있었다.

그러나 박정희가 획책한 유신헌법은 '조국의 평화적 통일과 한국적 민주주의 토착화'를 표방하는 것이었다. '한국적 민주주의' 이것을 위해서 김일성과 손을 잡는 사기연극을 했던 것이다. 유신헌법의 특징은 전문에 평화통일의 이념을 규정하고 이를 위한 수임대의기구로써 '통일주체국민회의'를 신설한 점, 대통령에게 긴급조치권·국회해산권과 같은 초헌법 권한과 법관 및 일부 국회의원을 임명할 수 있는 권한을 부여하여 사권의 조정자 및 영도자로서의 강력한 대통령제를 채택한 점 등을 들 수 있다.

그 외에도 법률 유보 조항으로, 국민의 기본권을 제한한 점이라든가, 지방자치제의 실시를 남북한 통일 이후로 보류한 점 등을 들 수 있을 것이다. 당시에는 이것을 '유정회(維政會)'로 불렀다. 유신헌법에 따라 대통령의 추천과 통일주최국민회의의 승인으로 선출된 국회의원의 1/3의 이상으로 구성된 준정당의 교섭단체이다. 정치적 조직이면서 정당도 사회단체도 아닌 특수단체 성격을 가졌으며, 유신이념과 목표를 구현하고 국민적 요구에 부응하는 정치적 조직 활동을 내세웠으나, 대통령이 국가 최고의 통치자로서 입법권을 행사하기 위한 원내 진위대의 기능을 지니고 있었다. 이 법은 그 후 전두환이 일으킨 쿠데타가 다시 득세를 하면서, 서기1980년 5·17 조치로 기능이 상실되었고, 10월 27일 제5공화국법 발효와 함께 해체되었다.

영구집권을 꿈꿨던 박정희의 야망은 대통령 직선제를 없애고, 유정회를 비롯한 여당의 강력한 횡포와 탄압으로 국민의 권리를 송두리째 억압하여, 드디어 체육관에서 간접선거를 실시하여 4선에 당선한다. 박정희가 3선을 향한 선거를 치를 때 당시 야당 후보였던 김대중이 "지금 이기지 못하면 다음부터 대통령선거는 다시 없을 것"이라고 예언한 바가 있었는데, 그 예언대로 되어 간 것이다. 그리고 곧 김대중 납치사건이 생긴다. 당시 김대중은 개인의 건강을 이유로 일본에 가 있었다. 그러던 중에 유신체제가 국내에서 생기자 이를 강력하게 반대하는 운동을 벌였는데, 대한민국의 국가정보원에게 납치를 당한 것이다.

김대중 납치사건으로 박정희 정권은 한때 정치적으로 비싼 홍역을 치르게 된다. 민주화운동이 격화되었기 때문이다. 그러나 자신의 영구 집권을 위해서 김일성한테까지 사기를 친 박정희 정권은 쉽게 무너지지 않았다. 정작 박정희 정권이 무너지게 된 동기는 서기 1979년에 있은 김영삼 신민당 총재에 의한 의원직 박탈로 부마사태(釜馬事態)가 터지고부터였다. 부산과 마산은 김영삼(金泳三)의 텃밭이나 다름이 없는 지역이다. 신민당의 당수까지 지낸 김영삼을 강제로 의원직을 박탈했으니 그 텃밭이 꿈틀거리고 일어났던 것이다.

당시에 중앙정보부장을 지낸 김재규(金載圭)가 부마사태를 수습하기 위하여 마산에를 다녀왔는데, 대통령의 말을 믿지 못하는 국민들이 악에 받혀 있었으므로 사태가 쉽게 수습될 것 같지 않다는 보고를 했더란다. 김재규는 소위 말하는 5·16 주체는 아닌 사람이다. 그러나 박정희에 대한 충성심만은 우직할 정도로 강해서 그런 요직을 차지했다는 것이 대체적인 추세 여론이었다. 그런 그가 박정희에게 사태 수습이 어렵게 돌아간다고 할 지경이었다면, 박정희의 독재정치가 거의 막바지에 이르렀다고 볼 대목이다.

민주주의의 후퇴,
전두환과 노태우 시절

　전두환은 박정희와 가까운 사이였다. 그는 군대 내부에 '하나회'라는
수상한 단체를 만들어 놓고 그 하나회를 조직적으로 관리하고 있었다.
그 단체는 1962년에 육사 11기생들이 주축이 되어, 처음에는 칠성회(七
星會)로 출발한 것이었는데, 전두환·노태우·정호용(鄭鎬溶) 등의 영남
권 장교들이 근간이 된 멤버였다. 주로 선배기수가 수도권 지역에 근무
하는 대위에서 소령에 해당하는 후배들 중 일반적인 근무 상태와 성격
그리고 출신 지역을 참작하여 그럴 만하다고 판단되면 일방적으로 회
원으로 설정하고 통보를 통하여 만들어진 군대 내부의 사조직이었다.
　그들은 정기적으로 선배기수와 모임을 갖는 동안 자연스럽게 긴밀한
유대관계로 발전하였는데, 이 사조직이 박정희의 뒷배가 된 것은 물론
이다. 이들은 차차 군대 내의 핵심 요직을 독점하였고, 그렇게 세력을
키우다가 12·12 반란과 제5공화국 창출에 결정적인 역할을 하게 된다.
여기 12·12 반란이라는 게 박정희 정권의 추악한 면모를 드러내는 데
유감이 없을 정도였다. 청와대 근처 궁정동에 비밀스런 그들의 회합장

소가 있었고, 거기서 밤이 되면 박정희와 그들 아류들이 질탕한 회식자리가 만들어졌다.

여대생과 가수 혹은 탤런트들이 드나들면서 노래도 부르고 술시중도 들면서 더 야한 짓도 벌이는 그런 자리였던 것이다. 그때 갑자기 중앙정보부장을 맡고 있던 김재규가 권총을 꺼내 박정희를 저격했는데, 비서실장 차지철(車智澈)의 평소 행동이 오만하고 방자해서 그 서슬을 견디기가 어려웠던 것이 직접적인 동기라는 말들이 번다하게 돌고 있었다.

차지철은 서울 출신이었다. 그의 이력서에는 미국의 포병학교를 졸업했고, 1963년에 국민대학교 정치학과를 졸업했다고 되어 있다. 1962년에 육군 중령으로 예편하여, 1963년에는 당시의 여당인 민주공화당에 전국구로 출마하여 제6대 국회의원에 당선되었다. 그 뒤 민주공화당 지역구로 출마하여 제7대·8대·9대에 연속 당선되었으며, 국회 외무위원장과 내무위원장을 거쳐 마침내 박정희의 경호실장이 될 수 있었다.

그런데 문제는 차가 하늘 높은 줄을 모르고 방자해서 대통령 접견을 간 장관이나 국회의원을 미리 내용을 조사해서, 대통령 심기가 불편할 만한 사항은 일절 통과를 시키지 않았는데, 상황에 따라 상대에게 구둣발로 정강이를 걷어차는 바람에 정작 대통령보다 경호실장 방으로 들어가는 일에 겁들을 먹었다는 것이다. 이런 차의 만행이 도를 넘다 보니, 마치 대통령이 둘인 것 같았다는 이야기다.

마산 소요사태를 보고하는 자리에서 김재규가 박정희의 통치술이 더 이상은 국민들에게 먹히지 않을 것 같다는 얘기를 했더란다. 그러니까 동석을 한 차지철이 그렇다면 이 나라 국민을 한 100만이나 200만 명쯤 쓸어버리자는 이야기를 아무렇지 않게 했고, 대통령도 가타부타 말이 없이 듣고만 있어서 김재규가 대통령을 시해할 생각을 굳혔다는 말도 있다. 차지철의 말은 모골이 송연한 이야기다. 그런 엄청난 소리를 듣고도 묵인하는 대통령이라면 마땅히 시해하는 것이 옳다는 판단이 섰을 것이다.

박정희를 저격한 총소리는 궁정동 안가에서 울려 퍼졌다. 이때의 대통령 시해사건을 '10·26사태'라 한다. 그런데 이 사단에 잘못 싸였다가 신세를 망친 사람이 있다. 당시 육군 참모총장을 지낸 정승화(鄭昇和)가 바로 그 사람이다. 거사를 하기 전에 김재규는 정승화를 유인하여 궁정동 안가와 가까운 거리에 그를 머물게 했던 것이다. 불과 50m밖에 안 되는 근거리에서 그도 저녁식사를 했었다고 한다. 총성이 울리고 나서 김재규가 바로 찾은 사람도 정승화였다.

그는 대통령이 죽었으니 북한에 김일성이가 알면 안 된다. 빨리 군대를 장악하고 사태를 수습하기 위해서는 계엄령이 선포되어야 한다면서 서둘렀다. 그런데 정승화는 이런 김재규의 말을 수걱수걱 다 들었다는 것이다. 그것 때문에 정승화는 '국가내란음모죄'에 걸려서 재판을 받고 이등병으로 강등되는 수모를 겪어야 했던 것이다.

정승화를 국가내란음모죄에 싸잡아 엮은 쪽도 할 말은 있었다. 어찌 보면 지극히 온당한 사태 추이이기도 했다. 박정희의 죽음을 정승화는 차지철이 한 짓으로 오해한 데서 문제는 출발한다. 1979년 10월 26일 오후 7시 50분부터 당일 저녁 8시 05분 사이에 그들은 육군본부에 있는 B-벙커로 이동하면서 15분 동안의 짧은 시간에 나눈 대화를 문제삼는다.

정승화 : 각하께서 돌아가셨습니까?

김재규 : 보안을 유지해야 합니다.

정승화 : 외부 침입입니까? 아니면 내부의 적입니까?

김재규 : 나도 잘 모르겠습니다. 북한에서 김일성이 알면 큰일입니다. 보안을 유지해야 합니다. 빨리 계엄령을 선포해야 합니다. 계엄이 선포되면 어느 부대부터 빨리 뺄 수 있겠습니까?

정승화 : 계엄을 빨리 선포해야 합니다. 부대는 20사단, 30사단, 9공수여단이 있습니다.

김재규 : 총장께서는 계엄사령관으로서 중대한 임무를 맡게 됩니다. 총장께 국가 운명이 달려 있습니다. 잘 해주셔야겠습니다.

김재규 : 어디로 가야 되나? 육본? 정보부?

정승화 : 육본에 있는 B-벙커로 갑시다.

그런데 이 대화는 누가 보던지 의심스럽다. 대통령이 죽었는데 먼저 범인이 누구인지를 묻는 정확할 질문이 없는 것이다. 해석에 따라서는 범인이 누구인지를 알고 있다는 태도로 보아도 무방하게 생겼다. 그리고 어이없게도 범인이 내부에 있는지 외부인인지를 확인하려는 태도다. 질문치고는 매우 어정뜬 질문이 아닐 수가 없다. 또 육본 B-벙커에 도착해서, 계엄사령관이 준비를 하는 과정에서 참모총장 정승화의 태도는 시종 어정뜨기로 일관한다. 먼저 국방장관과 합참의장, 작전 참모, 헌병관, 본부사령관 그리고 수경사령관을 모두 호출한다. 이때부터는 국방장관이 수장(首長)이 됨으로써 모든 것은 국방장관의 재가를 얻어야 되는데, 모든 일을 자기가 수장인 것처럼 행동하고 결정한 것이다.

수경사령관은 대통령 경호실장인 차지철이고 그가 부대장이다. 그런데 수경사령관 차지철이 없는 지금 수경사령부는 자신의 명령만을 따르도록 조처를 한다. 그리고 지금 즉시 출동 준비를 할 것과 수경부사령관은 육본에 잇는 B-벙커로 올 것을 전화로 명령한 것이다. 또 있다. 차지철만이 할 수 있는 청와대 경호병력을 동결시켜버린다. 더욱 이해할 수 없는 것은 국방장관을 곁에 두고도 '계엄령 선포'를 위한 구체적 내용과 계획을 일일이 국방장관이 아닌 김재규에게 보고한 것이다.

정승화는 본래가 육군참모총장감이 아니라는 세간의 주장이 있다. 그는 1990년대에 들어서, 소위 '역사 바로세우기' 재판에서 무죄 판결을 받고 나서 본래의 직분도 되찾고 대장 계급장도 되찾았지만, 타고난 위인이 영민하지를 못해서 위에서 본 것과 같은 어중뜬 짓을 했다고 재판부는 판단한 것이다.

어쨌거나 그런 와중에서 전두환은 하늘이 도운 것 같은 천재일우의 기회를 잡았다고 할 수 있다. 그는 그 무렵 보안사령관 자리에 있었다. 국가 내란으로 일이 시끄러워졌으니 보안사령부가 나서는 것은 당연했다. 그는 거기서 정승화를 이등병으로 강등시키고, 김재규를 사형시키도록 종용하면서 대통령이라는 막강한 권좌에 오를 수가 있었던 것이다.

서기 1979년 10·26 사태 직후의 혼란기를 한 고비 넘긴 80년 5월에 들어서면서, 당시 서울의 대학생들은 '민주화성회(民主化成會)'를 통하여 참민주화를 이루고자 하는 열망들이 넘쳤다. 너무 오랜 기간을 독재에 부대낀 사람들이었으니 이런 열망은 지극히 순수했고 따라서 열정들이 넘쳤다. 그리하여 13일부터 서울뿐이 아니라 전국 대학생들이 일제히 거리로 쏟아져, 계엄철폐와 유신세력 척결을 외치고 본격적인 시위에 나섰다. 15일에는 서울역 광장 앞에서 30개의 대학교에서 약 10만명을 헤아리는 학생들이 시위를 했고, 다음 날인 16일에는 서울 시내 24개 대학의 학생대표들이 교내 및 가두시위를 중단하고 시국의 추이를 관망하면서 새로운 전략을 모색하는 쪽으로 합의하였다.

광주에서도 같은 날 16일에 약 3만 명의 학생과 시민들이 도청 분수대 앞에서 횃불 시위를 한 뒤, 정부의 답변을 기다리며 각자의 일에 전념할 것을 결의하였다. 그러나 그 시각 정부 당국은 비상대책회의를 소집하고는 18일 0시를 기하여 비상계엄을 전국으로 확대시켰다. 계엄확대 발표 직전 서울에서는 이화여자대학교에서 16일부터 이튿날까지 계속된 제1회 전국대학 총학생회장단 회의에 참석한, 전국 55개 대학의 대표자 95명 중 서울지역 대학생회장단 전원이 연행되었다. 또 김대중과 김종필을 비롯한 26명의 재야인사와 구 공화당 계열의 정치인들이 줄줄이 체포되었다.

비상계엄의 확대 조치로 전국 각 대학에 휴교령이 선포된 5월 18일 아침, 전남대학교 학생 200명은 교내로 들어가려다 미리 와서 주둔한 계엄군의 저지를 받자 투석으로 맞섰다. 계엄군에 몰린 학생들이 장소를 금남로로 옮겨 시민들과 합세하여 연좌시위를 벌이다가 많은 희생자를 속출하였다. 19일에 다시 시위대 숫자가 5,000명으로 불어나자, 계엄군은 장갑차를 앞세우고 곤봉과 착검된 소총으로 시위대를 진압하였다.

20일 오후 들어서 시내 중심가에는 시민 3만여 명이 운집하여 연좌농성을 벌였으며, 250여 대의 차량이 일제히 경적을 울리며 도청을 향해 시위행렬을 이루었다. 그날 밤 20만 명에 육박하는 시민들은 군경저지선을 뚫고 시청건물을 장악하기에 이른다. 파출소와 방송국이 파괴되었고, 주유소가 시민들에 의해 점거되었으며, 외부로 통하는 모든 시외전화가 두절하는 등으로 사태는 점점 악화되었다. 또 광주지역 신문이 중단되면서 고립되자 광주는 그야말로 아비규환을 연상케 하는 생지옥이었다.

이날 밤 11시 5분경, 도청방어가 위태롭다고 판단한 계엄군은 공식적으로 발포를 개시하였다. 21일 모든 병원은 시위대의 환자들로 가득차고, 시위대들은 '군납방위 사업체'인 아시아 자동차 공장에서 대형버스와 장갑차 등 80여 대를 몰고 나와 도청으로 진격하거나 시위대를 운송한다. 30만 명으로 증가한 시위군중은 도청의 군경 저지선 시도가 기관총에 의하여 희생자만 늘어나자, 외곽지대의 경찰서를 습격하여 무기와 탄약으로 무장하였다.

광주시민들로부터 '시민군'으로 불린 무장시위대는 급기야 계엄군과의 총격전에 들어가자, 계엄군은 시민군의 화력을 피하여 철수하였고, 시민군은 계엄군의 임시본부인 도청을 점거하였다. 계엄사령부는 이날 처음으로 광주사태에 대하여 "서울을 이탈한 시위 주동학생 및 깡패들이 대거 광주에 내려가 유언비어를 날조하고 유포하여 발생한 사태로, 현재까지 민간인 1명과 군경 5명이 사망하였다."고 발표했다.

한편 도청 앞에는 시민들이 모여 26일까지 날마다 '민주수호 궐기대회'를 열었다. 그러자 계엄군은 26일 새벽에 탱크를 앞세우고 시내로 재 진입하였다. 이에 수습대책위원회는 군의 후퇴 등을 요구하면서 타협안을 제시했지만 받아들여지지 않았고, 오히려 군은 무기를 자진 반납하지 않으면 무차별 공격하겠다는 최후의 통첩을 발표하였다. 오전 5시경, 도청에 남은 잔여 시민군은 군에게 투항했으나, 전날 전일빌딩에 배치되었던 20여 명의 시민군은 끝까지 싸우다가 오후 2시경, 전원이 사살되었다.

그렇게 5월 26일을 한계로 피차의 살육전은 일단 끝을 보았다. 국방을 지켜야 할 군인이 대낮에 탱크를 몰고 가서 시민을 살육한 사건이 태연하게 벌어진 것이다. 처음 사단은 김재규가 박정희를 시해한 데서 발단이 된 터다. 그러나 이런 것을 핑계로 삼아 정권에 다가서려는 미친 세력이 있는 법이다. 그들에게는 실로 너무 좋은 기회가 아닐 수 없었을 것이다. 불필요한 '하나회'라는 사조직을 관리하던 자들에게는 이런 것이 다 절호의 기회다.

그런데 이런 와중에서도 어디 상점 하나가 다친 데가 없었다니, 이것은 이들이 폭도가 아니었다는 증거요, 그런 이야기다. 심심하면 터지는 유럽인의 경우 조금만 기우뚱해서 이런 소요 사태가 생기면, 시민은 쉽게 폭도로 변해서 물자를 약탈하는 것을 종종 보는 터다. 그런데 우리에게는 그런 일이 당초부터 없이 그야말로 깨끗하게 폭풍우의 밤을 고스란히 넘긴 것이다. 아직 이 민족에게는 홍익인세의 피가 면면히 흐른다는 증거다. 이런 민족을 살육을 쉽게 저지르는 정치가 다스린다는 건 처음부터 말이 안 되는 짓인지도 모른다.

대개 3개월이 지나면서 모든 것에는 질서가 다시 잡히기 시작했다. 그리고 9월 5일 계엄사령부는 구금자 174명을 훈방조치하고, 175명을 군사재판에 기소하였으며, 10월 25일에는 175명에 대한 선거공판에서 사형 5명, 무기 7명을 언도하였다가 81년 4월에 175명 전원을 특별사면 및 감형 조치하였다. 88년 제6공화국이 들어서자, 정부에 대한 한시적 자문기구인 '민주화합 추진위원회'가 발족하여, 광주사태에 대한 진상 파악 및 치유 방안을 모색하였다. 이때 '광주의거 부상자회' 및 '광주의거 유족회'는 사망자가 2,000명에 달하며, 아울러 철저한 진상 규명과 책임자들 의법조치, 그리고 광주시민의 명예회복과 피해자에 대한 정신적 물질적 피해보상들을 요구하였다.

그런데 이런 엉터리로 대통령이 된 전두환은 대한민국의 언론으로부터 유례가 없는 극치의 찬사들을 받게 된다. 기왕에 조·중·동은 그런 싸가지들이니, 처음부터 아예 버림치로 치부해서 돌아볼 필요가 없다 치자. 명색이 텔레비전 방송에서조차 눈 뜨고 못 볼 짓을 태연히 하는 따위는, 차라리 걸레를 씹어 삼키는 것 같아서 엉뚱하게도 민족의 자존을 돌아보게 하는 대목 대목들이 만발했다.

그들은 전두환에게 잘 보이기 위하여 언론이라는 체면도 잊은 듯한 모습이었고, 전두환의 순간순간 기분에 들기 위해서는 무슨 짓이라도 하겠다는 같잖은 태도들의 연속이었다. "각하 만수무강 하소서." 하는 말은 아무 때나 예사로 썼고, 전두환이가 외국 나들이를 할 때마다 국제공항까지 장중한 밴드를 내세워 화려한 공연을 그치지 않았다. 정말이지 총칼의 위력이 그토록 무서워서였을까? 아니면 우리 민족이 그토록까지 비굴할 수 있는 민족이었던가?

나중에 3당 합작을 이루어내고 대통령이 된 김영삼은 지금까지의 군사정권을 멀리한다는 뜻에서 '문민정부'를 자처했다. 그가 대통령으로 취임하는 자리에서 무엇보다 '광주민주화운동'을 높이 평가하여, "문민정부는 광주민주화운동에서 시작되었음을 천명한다"고 했다. 그러나 이런 혁명도 잘못된 사법부가 잘못된 재판으로 사람을 죽일 뻔한 것은, 열 번을 생각해도 아슬아슬하다는 느낌을 지울 수가 없다. 성공한 쿠데타는 죄를 줄 수 없다는 말이 있다. 그런데 더욱이 쿠데타로 기성의 질서를 뒤엎은 쿠데타 세력이야 말해서 무엇하겠는가.

나는 앞에서 '사형제도는 없애는 것이 옳은가'라는 작은 제목을 만들고, 사형제도는 있어야 한다는 주장을 펼친 바가 있다. 바로 이런 경우에 우리는 재판을 잘못한 재판부를 문제삼지 못하는 우리의 관행을 몹시 질타했다. 해바라기처럼 늘 정권의 눈치를 살펴서, 제가 배운 사법의 양심대로 재판을 못한 그들을 법정에 세우는 것이 옳다는 이야기였다. 어쨌거나 전두환에게는 그런 허수아비 사법부쯤 안중에 없었을 테고, 조·중·동 따위의 언론이 나서서 전두환을 구국의 영웅이라고 떠든 덕택에 아무 문제도, 제약도 없이 대통령이 된 것이다.

그가 대통령이 되고 나서 처음 한 짓은 사회정화였다. 그는 이 사회가 부패로 얼룩졌다면서 막강한 권좌에 있던, 박정희의 5·16 세력부터 손을 봐주기로 들었다. 신군부가 묵은 군부를 정화한 것이다. 그때 김종필인지 이후락인지는 황금으로 만든 송아지가 안방에 둔 것이 적발되었다는 소문으로 사회가 한동안 시끌시끌한 적이 있었다. 그리고 깡패를 소탕한다는 명분으로 '삼청교육대'[1]를 만들어서 무수한 사람들을

***

1. 삼청교육대 : 서기 1980년 5·17 비상계엄 직후, 국가보위 비상대책 위원회(국보위)가 사회정화 정책의 일환으로, 군부대 내에다 설치한 기관. 80년 4월 8일 국보위는 사회악 일소를 위한 특별조치 및 계엄포고령 제19호를 발표하였다. 내용은 폭력배와 사회질서를 문란시킨 범죄자들을 소탕하고, 이들을 죄질에 따라서 순화교육을 하거나 근로봉사 내지는 군사재판을 병행하여 근절하겠다고 선언하였다.
그 후로 1981년 1월까지 6만 755명을 체포하여 국군보안 사령부, 중앙정보부, 헌병대 요원과 검사, 경찰서장, 지역정화위원 등으로 구성된 심사위원회에서 이들을 A, B, C, D의 4등급으로 분류했다. 그리하여 A급 3,252명은 군법회의에 회부시키고, B·C급 9,786은 각각 4주 교육 후에 6개월을 복역한 다음, 2주 교육 후에 훈방조치 하였으며, D급 1만 7717명은 경찰에서 훈방하였다. 이들은 순화교육이라는 미명 하에 연병장 둘레에 헌병을 배치하고, 엄정한 집총감시가 이루어지는 속에서 인간 이하의 가혹한 훈련에 몸서리를 쳐야 했다. 1988년 정기국회가 행한 국정감사에서 국방부는 당시에 54명의 사망자가 있었다고 보고했다.

잡아다가 인간 이하의 대우를 했다.

이 사회정화운동의 덫에 걸린 것이 당시의 불교였다. 불교는 사실상 건드릴 집단이 아니었는데, 새로운 정당을 만들다 보니 돈이 필요해서 손을 댔다는 말이 돌았다. 심하게 표현하자면, 멀쩡한 사람을 중병이 든 환자라 하여 배를 갈라놓고 보니, 아무 이상이 없어서 다시 봉합을 해놓은 것과 같은 식이라는 것이다. 스님네들이 더러는 삼청교육대도 가고 감옥에도 갔었다. 이 사건을 불교에서는 '10·27 법난'이라 부른다.

그러나 나는 불교가 당할 짓을 당했다는 생각이었다. 고려불교의 방만한 경영은 무슨 법회, 무슨 기도 하는 것이 64종이나 된다. 신도들 주머니 터는 데에 그렇게 열을 올렸다는 말과 일맥상통할 수 있는 짓이었다. 그런 과보가 이조에 들어서자 억불숭유(抑佛崇儒)로 나타난 것이다. 심하게는 도성에 출입을 금지당하고 사대문 안에서 쫓겨나야 했던 것이다. 그런데 해방이 되고 민족역사에 보탬이 될 줄 알았던 불교가, 다시 비구와 대처 싸움에 한 눈을 팔게 된 것은 너무 잘못된 짓거리였다. 그 등짝에 역사의 몽둥이가 내리는 것은 당연했던 것이다.

생각해보라. 1차 대전과 2차 대전을 치르고 난 인류가 부쩍 성장해서 '국가'라는 그물을 찢고 나와서 새로운 방향을 찾느라고 많이 망설이던 때, 역사의 북극성을 제시해야 할 불교는, 한낱 밥그릇 싸움에 딴 생각이 없었으니, 역사의 항해를 해야 할 정치가 몽둥이를 들 수박에 없었다는 말이다. 그래서 나는 남들이 다 분해하는데도 불교가 고려 이후로 오면서 시주한테 다시 몽둥이를 맞게 된 원인을 규명하려 들었다. 그렇게 해서 자료를 모으기 시작했고, 1년 동안 모은 자료를 싸들고 전라도 무주 적상산(赤裳山)에 있는 호국토굴로 들어가서 『피야 피야 삼신피야』를 썼던 것이다.

본디 이쪽에 전문지식이 있는 것도 아니요, 그럴 만한 선배가 있는 것도 아니었으므로 자료를 모을 때부터 문제가 생기기 시작했다. 어떤 자료를 어떻게 모을지가 난감했다. 그러나 모르는 채로 단군신화를 역사적 사건으로 조명하면 될 듯 싶었고, 나는 망설이지 않고 원고를 써나갔다. 먼저 우리 민족이 몽골의 한 갈래인 퉁구스라는 것과 고립어도 굴절어도 아닌 교착어를 쓴다는 점, 그리고 원래의 민족종교가 풍월도(風月道)였다는 점에 착안하면서 문제를 풀어나간 것이다. 내 짐작과 가량은 틀리지 않았다.

지금도 나는 『피야 피야 삼신피야』를 잘 쓴 원고였다고 자평한다. 그런데도 세상에서는 누구 한 사람 거들떠보려고 않는다. 나의 억울함이 여기에 있다. 일단 책이 나온 이상은 내용을 두고 다툼질이 있어야 한다. 옳으니 그르니 하면서 다툼질이 있어야 책이 살아나는 법인데, 기껏 한다는 소리가 문장은 좋더라는 말뿐이다. 그러면서 자기들은 그런 공부를 안 해 보았기 때문에 뭐라고 할 말이 없다고들 한다.

각설하고-. 그때 전두환 정권이 내건 슬로건이 '정의사회구현'이었다. 경찰서는 물론이고 작은 파출소의 정문과 모든 학교의 교문에도 정의사회구현이 무슨 깃발처럼 붙어 있었다. 그러나 전두환이가 이끈 사회는 정의가 압살당하는 신호였을 뿐이다. 굳이 공로될 만한 것을 드러낸다면 그에게도 꼽을 만한 것이 있었다. 경제 살림에 대해서는 시종 손을 대지 않은 것이다. 이것은 무식하고 무모하게 덤비는 그의 호전적인 성격으로 보거나, 군사쿠데타를 통해 정권을 잡은 위인이 한 짓 치고는 쉽지 않은 일에 속한다.

그래서 그 시절을 지나온 사람들은 그 대목을 다행스러워하는 것이다. 하기야 전두환이 뒤를 이은 김영삼이 국가경제에 파탄을 만들어서 IMF를 초래하는 일이 없었다면, 전두환이 굳이 거론되지 않았을지도 모른다. 그리고 전두환이가 중·고등학교 학생들에게 교복을 벗고 일반 복장을 하게 한 것이나, 해방 후로 그때까지 시행된 야간통금을 해제시킨 것도, 그의 공적으로 쳐 줄 만한 것이었다. 특히 도시에 사는 시민들은 야간통금이 없어지니 옥죄었던 그물에서 풀려난 듯 자유로워서 좋았고, 왜정시절의 잔재로 남아 왔던 학생들의 교복문제도 해방감을 느낄 만했던 것이다. 어쨌거나 그런 전두환이 뒤에는 대단한 참모가 있었을 것이다.

그러나 박정희의 새마을사업을 장려하겠다고 나섰다가 그 끄나풀들이 새마을운동을 평계하여 순전히 국민들을 등쳐먹을 생각으로 빠진 것은 유감스러운 일이었다. 특히 전두환의 형인 전경환이 새마을사업을 빙자하여 일으킨 스캔들은 당시로서는 대단한 특종이었다. 결국 그런 떳떳치 못한 돈이 전두환의 정치판으로 흘러들어간 것은 두말할 필요가 없을 것이다.

그 시대에 또 하나의 시끄러운 스캔들이 있었는데, 지금도 '장영자 사건'이라면 알 만한 사람들은 다 아는 사건이다. 장영자라는 일개 가주부가 무려 7천100억대나 되는 사채시장을 경영하다가 터진 사건이었다. 장영자는 당시 전두환 대통령의 처삼촌인 이규광의 처제로 알려지면서 남편 이희철과 함께 기업가들 사이에다 자신들의 위치를 확고하게 굳혀 갔다. 그들은 우산 '대화산업'이라는 유령회사를 만들고, 남편 이희철이 사장으로 행세를 했다.

당시만 해도 은행 문턱이 턱없이 높아 기업에서는 울며 겨자 먹기로 사채를 빌려쓰고 있었다. 이때 연 이자가 22%에 2년 거치 3년 상환이라는, 가히 파격적이랄 수 있는 대출 조건을 제시하고 기업에 접근한 것이다. 당시 사채시장의 금리는 35%였고, 시중은행의 금리는 18%였다. 그런데 사기수법이 묘했다. 22%의 낮은 금리로 돈을 빌려 주는 조건으로, 대신 빌려간 액수의 2배에 해당하는 어음을 요구하는 것이었다. 언제나 현찰이 급한 기업들은 까짓 어음은 대수롭지 않게 여기지를 않고 흔쾌히 대화산업의 요구에 응했다.

공영토건이란 회사가 대화산업을 찾아가서 50억을 빌려줄 것을 말하자, 이희철은 100억을 줄 터이니 200억짜리 어음을 써주는 것이 어떠냐고 제의했다. 마다할 이유가 없었다. 그래 100억을 빌리면서 200억짜리 어음을 써준 것이다. 그 200억 원을 들고 사채시장으로 간 이희철은 현금을 만들어서 100억을 주고, 나머지는 주식에 투자하는 식이었다. 결국 공영토건은 제가 써준 어음으로 돈을 만든 셈이었다. 이런 방식을 반복하면서 그들은 사기행각을 편 것이다.

자금 압박에 시달리는 많은 기업들이 대화산업과 금융 거래를 텄고, 이들은 빌려가는 돈의 2배, 심한 경우에는 9배에 달하는 액수의 어음을 써주었다. 불과 3, 4개월 동안에 6천억이 넘는 규모의 사기를 친 것이다. 6개의 기업들이 이들의 사기에 걸려서 줄줄이 도산을 했는데, 이 사건으로 11개 부처의 장관들이 경질되었고, 이 단일사건으로 임시국회가 소집되었으며 텔레비전 청문회가 열리기도 했다.

재판정에서도 이영자는 당당하기만 했다. "경제는 유통이다" 그는 이 논리를 주장하면서 자신을 합리화시킨 것이다. 돈이 순환되는 것이 경제이기 때문에 자신의 행동에는 아무 문제 될 것이 없다는 주장이었다. 그들의 사생활은 매우 호화스러워서 재혼 비용으로 1억을 썼고, 한 달 생활비로 3억씩을 탕진했다는 것이다. 이 사건으로 30명이 넘는 사람들이 구속되고, 결국 장영자와 이철희 부부도 15년을 선고받았지만, 여론은 쉽게 수그러들지 않았다. 사건의 배후에 막강한 정치권력이 개입되었다고 보기 때문이었다. 막강한 정치권력은 말할 것도 없이 전두환의 권력을 지칭했던 말이다.

이런 전두환 정권의 말로는 결국 공안정권을 만들어 냈다. 공안통치를 일삼다가 그게 도를 넘은 것이다. 1987년 1월 14일, 당시 서울대학생이던 박종철(朴鍾哲)이 '민주화추진위원회' 사건에 관련되어 수배자의 신분으로 조사를 받던 중, 물고문으로 숨지면서 사건이 확대되어 그 유명한 6월항쟁으로 이어졌다. 당시 박종철을 수사했던 경관은 책상을 '턱치니까 억!' 하고 넘어졌다고 발표했으나, 물고문과 전기고문의 심증을 굳히게 하는 검시의(檢視醫)의 증언이 보도되자, 경찰은 등 떠밀리듯 자체 조사에 나서 사건 발생 5일 만에 물고문을 공식 시인하였다. 그리하여 2월 7일에 박종철을 추모하는 범국민대회로 번지게 된 것이다.

당시 야당이었던 신민당은 정부 여당에 대하여 대대적인 공세를 폈고, 재야단체들은 규탄성명을 발표하였으며, 진상 규명을 요구하는 농성에 들어가는 한편, 각계 인사들이 6만 명으로 준비위원회를 구성하였으니, 가히 거국적인 사단이라 할 만했다.

그리하여 2월 19일에는 '민주화실천가족운동협의회'의 주최로 기독교회관에서 고문사례 보고대회가 열렸다. 이에 정부는 내무부장관 김종호와 치안본부장 강민창을 해임함으로써 사태를 수습하려고 했으나,

그 위 고문경관이 모두 5명이었다는 사실이 추가되면서 국민의 반독재 민주화투쟁은 더욱 격렬하게 추가되어, 끝내는 6월 항쟁으로 이어진 것이다.

6월항쟁에는 또 하나의 이유가 있었다. 철딱서니 없는 정부와 여당이 자기들의 기득권을 그대로 이어가겠다는 호헌(護憲)을 주장하고 나선 것이 문제의 발단이었다. 그것을 '4·13 호헌'이라 했다. 그렇지 않아도 박종철 열사의 죽음 때문에 독이 오른 시민을 향해, 말도 안 되는 호헌을 주장하고 나서자, 온 국민이 벌떼처럼 들고 일어난 것이다. 그 무렵은 노태우가 전당대회에서 대통령 후보로 지명이 되었으므로, 6월 10일에 있은 거국적인 민주화운동에 답을 내려야 할 형편이었다. 그리하여 6·29 선언을 발표하기에 이른다. 통일주체국민회의에서 대통령을 뽑는 간접선거에서 국민이 직접 투표해서 뽑는 대통령직선제를 하겠다는 선언이었다.

김대중과 김영삼이 이끄는 두 야당은 합치지 못하고 선거에 나서는 바람에 결국 87년 대통령선거에서 이긴 노태우는 명실공히 13대 대통령이 되어 이듬해인 88년에는 선서를 마치고 정식 대통령에 취임한다. 왜 나라꼴이 이렇게 되고 말았을까? 조·중·동 덕분일 것이다. 이 수구 꼴통신문들이 미리 설레발을 치고 나서서 독재자 편을 든 덕분일 것이다. 바른 언론은 사람 몸뚱이에 흐르는 피 같은 것이다. 맑고 청정한 피를 가지고 있으면 몸에 깊은 병이 날 이치가 없다. 그러나 피가 탁해지고 나면 천하에 없는 보약으로 몸을 돌본대도 온갖 병이 나타나는 법이다. 지금 대한민국이 잘못되고 있는 것은 조·중·동이 한몫을 하고 있기 때문이다.

어쨌거나 노태우는 박력이 없대서 '물태우'라고 불렸던 사람이다. 그가 임기 중에 올림픽을 탈 없이 치른 것은 순전히 국민의 복이었다고 할 수밖에 없다. 올림픽을 치르자니 혼잡해지는 교통문제를 염려하지 않을 수가 없었다. 해방이 되고 처음 치르는 광복절 행사에 이승만은 국민에게 자신감을 심어 주기 위해서 광화문 앞에 승용차를 50대를 준비시켜 거리행진을 했다는데, 올림픽을 치를 무렵에는 골목마다 자동차가 주차하기 어려울 지경으로 변해 있었던 것이다. 그래서 관계자들이 서울의 교통대란을 염려해서 대통령에게 의중을 물으니, "그냥 두시오. 그냥 가만히 두시오." 했다는 것 아닌가. 이런 사람이 대통령을 했으니 국민들 살기가 과연 어땠을까?

노태우가 올림픽을 치른 것은 맞다. 그러나 올림픽을 유치한 것은 전두환 시절이었고, 올림픽 유치에 공을 세운 사람은 당시 현대그룹의 정주영 회장이었다. 그 무렵 정 회장은 13대 대통령 후보로 나서고 있었다. 그때 자신의 과거를 소개하는 수단으로 『시련은 있어도 절망은 없다』고 한 책자를 발간한 일이 있는데, 그 책에서 올림픽 유치에 관한 이야기를 담고 있었기 때문에 거의 온 국민들이 알고 있는 사안이었다.

그때는 아시아에서 올림픽을 치르게 돼 있었으므로 일본도 나고야에 유치시키려고 섭외를 부지런히 하는 중이었다고 했다. 일본은 1964년 10월 동경에 제18회 올림픽을 유치했던 경험이 있는 나라다. 그때 전두환은 이렇게 말했다고 한다.

"당신은 무에서 유를 창조한다지요? 안기부를 붙여 줄 테니 한번 잘해보시오."

전두환도 올림픽에는 지대한 관심을 가졌던 건 사실이었다고 정 회

장은 회고했다. 단지 정부가 나섰다가 유치에 자칫 실패라도 하게 되면
망신을 당할 것이 두려워 현대그룹에 유치를 당부했다는 것이다. 당시
로서는 한국에서 유치를 하는 것이 사실상 어려워 보였고, 세계의 뭇여
론도 나고야를 우세하게 보는 중이었다는 것이다. 그러나 정주영은 마
지막 시간까지 포기를 하지 않았더란다. 그는 마지막 밤에 로비를 행사
하는데, 호텔에 있는 각국의 대표자들 방에 꽃꽂이를 한 꽃바구니를 하
나씩 돌렸다고 했다. 일본 측에서는 그들 대표자들에게 세이코 손목시
계를 하나씩 선물했고.

그런데 비싼 손목시계보다는 사람들의 마음을 움직여 낸 것이 바로
꽃바구니였다고 했다. 이튿날 올림픽 유치를 발표하는 자리에서 천금
같은 긴장이 흐르고 있었다. 과연 누구의 손을 들어 줄지 피가 마르는
심정이었는데, 당시 사마렌치 위원장이 그의 특유의 발음으로, "쎄울
코리아" 하더라는 것 아닌가. 이렇게 서울로 유치가 되었고, 우리는 올
림픽을 무사히 치렀다. 단 북한에 있는 동포들이 참석을 안 한 것이 천
추에 남을 아쉬움이기는 했지만.

어떤 경우에 한 개인이나 하나의 집단이 이루어내는 위대한 결과는,
그것이 그 개인이나 집단에 국한되는 것이 아니라, 그 사회 전체의 힘
으로 말해지는 수가 더러 있다. 우리의 올림픽의 경우가 바로 그렇게
말해질 부분일 것이다. 이것은 대한민국이라는 우리들 국가의 전체 역
량이기도 했지만, 더 근원적으로는 우리 민족이 이루어낸 쾌거로 말해
질 대목이다.

아시아의 동쪽 물가에 새우등으로 꼬부려 붙은 반도에 갇혀서, 반만
년이란 세월을 거의 죽지 못해서 살아온 민족이지만, 그들의 핏대 밑은

불사신의 피가 흐르고, 홍익인세(弘益人世)의 위대한 피가 흐르는 탓이다. 그런 인내와 억눌림이 한번 분출한 힘이었던 것이다. 그것은 못난 정치가 이루어낸 결과도 아니요. 현대그룹이라는 특정한 집단이 만든 기적도 아니었다. 그것은 바이칼에서부터 내림한 혼국(桓國)의 혼들이, 또 붉달나라(倍達國)라는 위대한 자취가, 그리고 조선나라의 얼들이 한꺼번에 분출해서 기적이었다.

다시 아리랑이다. 역사의 굽은 돌이마다 낙점을 하고 쉬어가는 민족의 노래 아리랑이 빠질 수가 없다.

눈이 올라나 비가 올라나, 억수장마지려나. 만수산 먹장구름이 막 넘어드네/ 아리랑 아리랑 아라리요, 아리 아리 고개 고개로 날 넘겨주게/ 독재자 끄트머리는 좋을 수가 없어, 십 팔 년 권좌가 총 몇 방으로 끝이네/ 아리랑 아리랑 아라리요, 아리 아리 고개 고개로 나를 넘겨주게/ 불나방 성정머리는 불을 향해 덤비고, 올빼미란 놈 먹는 것은 썩은 쥐를 찾누나/ 아리랑 아리랑 아라리요, 아리 아리 고개 고개로 나를 넘겨만 주시게/ 올빼미는 썩은 쥐를 애써서 탐하고, 불을 탐하는 불나방은 불을 못네 그런다/ 아리랑 아리랑 아라리요, 아리 아리 고개 고개로 나를 넘겨주게/ 궁정동 안가에는 딸 같은 미인, 촉루락시(燭淚落時)민루락(民淚落)에도 두 눈이 캄캄/ 아리랑 아리랑 아라리요, 아리 아리 고개 고개로 날 넘겨주게/ 에야라 놓아라 네 그리 말어라, 전사(前事)를 보았으면 너는 그리 말어라/ 아리랑 아리랑 아라리요, 아리 아리 고개 고개로 나를 넘겨주어/ 4.13 호헌 규약을 정녕 잘못했지, 온국민이 벌떼마냥 마구 일어났네/ 아리랑 아리랑 아라리요, 아리 아리 고개 고개로 나를 넘겨주어/ 국민을 얕게 보고 계엄령을 편 것이, 도리어 제 덫에 제가 치누나/ 아리랑 아리랑 아라리요, 아리 아리 고개 고개로 날 넘겨주게/ 천산령 넘으면서 불러본 아리랑, 알타이산맥에서도 줄 곧 부른 아리랑/ 아리랑 아리랑 아라리요, 아리 아리 고개 고개로 날 넘겨주시게/ 바이칼 시절에는 장승 벅수 세웠고, 천지간에 홍익인세로 문명을 창조/ 아리랑 아리랑 아라리요, 아리 아리 고개 고개로 나를 넘겨주소/ 에헤야 놓아라 너 그리 말어라, 사나운 무단정치가 어디 될 말이더냐/ 아리랑 아리랑 아라리요, 아리 아리 고개 고개로 날 넘겨주게.

김영삼의 문민정부와
김대중의 국민의 정부

    김영삼은 그의 당대에 3김(三金)으로 불린 사람 중의 하나다. 김영삼
(金泳三)과 김대중(金大中)과 김종필(金鍾泌) 시절을 3김으로 불렀던 것
이다. 이들 중 가장 연소한 나이로 정치에 입문을 한 것은 김영삼이었
다. 그는 스물 일곱이라는 젊은 나이에 국회의원으로 당선하면서 그의
정치적 행보를 시작했던 사람이다. 김대중이 35세에 국회의원이 된 것
에 비기면, 무려 8년이나 빠른 나이에 국회의원 뱃지를 달았던 셈이다.
김종필은 1961년에 5·16을 주도하면서 사실상 정치에 발을 들여놓은
것인데, 정식으로 국회의원이 된 것은 그의 나이 37세 때였다. 3김 중에
서는 어쨌거나 김영삼이 가장 먼저 정치를 시작한 것이다.

    그는 이승만의 자유당으로부터 국회의원 생활을 시작했으나, 이승만
의 야욕이 3선을 들고 나오자, 자유당을 탈당하여 민주당 창당에 참여
한다. 그리고 이어 4·19 혁명 이후는 군사정권에 맞서 5·6·7·8대에 걸
쳐 야당 국회의원으로 활동하였다. 1969년에 40대 젊은 기수론을 제창

한 것은 참신한 정치적 반향을 일으켰으며, 김대중·이철승과 함께 대통령 후보로 경선한 사실은 그의 이력서에 후한 점수를 더하게 했다. 74년에는 신민당(新民黨) 총재에 취임하여 박정희의 '유신헌법 개헌투쟁'을 전개하였으며, 79년에는 Y·H 무역 여성 근로자가 대거 신민당사에 진입하여 농성을 할 때, 이를 막으려는 국가 권력이 투입되자, '미국은 박정희 군사독재정권의 지지를 철회하라.'는 폭탄적인 선언을 함으로써 사회적인 주목을 받았다.

이로 인해 김영삼은 의원직을 제명당하는 불운을 겪기도 했으나, 오히려 반독재투쟁에 기름을 부은 꼴이 되어, 부마(釜馬)항쟁과 10·26 사태를 일으키는 단서가 되가도 했다. 80년에 '서울의 봄'을 맞아 정치활동의 전면에 나섰으나, 전두환과 노태우 등의 신군부세력에 의해 연금되어 정치활동이 중단되었다. 이 기간 중에 83년 봄 김영삼은 23일간 단식투쟁을 시도하였다.

1. 구속인사 전원 석방
2. 전면 해금
3. 해직교수와 근로자들 그리고 제적학생의 복직, 복권과 복교
4. 언론의 자유
5. 개헌 및 국가부위 입법회의 제정 법률 개폐 등 5개 사항을 요구했다.

김영삼의 단식투쟁은 국내외의 여론을 부추겨, 재야세력으로 하여금 민주화운동의 결성을 돕는 데 크게 반향을 일으킨 것이다.

87년 통일민주당 후보로 대통령선거에 출마하였으나, 당시 김대중 후보와의 이해관계로 인한 후보 단일화 결렬은 당시의 역사적 상황에서 큰 아쉬움을 남긴다. 그러나 89년 국회의원 선거 후에 정치적 결단

으로 민주정의당과 통일민주당 그리고 신민주공화당을 아울러 내어 소위 말하는 3당 통합을 이루어낸 것인데, 이로부터 국민 사이에는 '한탕주의'가 만연하게 되어버렸다. 이것은 아무도 주목을 하지 않지만, 그러나 내 생각에는 결코 작은 사건이 아니었다. 예전 같으면, 하루에 열을 벌면 하나를 저축해서라도 몇 년 후에는 내 집이 생긴다거나, 가게가 생긴다는 희망이 국민들에게 있었는데, 김영삼이 3당 합작을 이루어낸 후로는 그런 희망이 있던 자리에, 한탕주의가 들어서게 되었다는 이야기다.

이런 3당 합작의 결과로 김영삼은 제14대 대통령에 당선한다. 그리고 이어서 정치사회에 만연한 부패 척결과 개혁정책을 과감하게 선포하면서 금융실명제와 공직자 재산 공개, 정치자금 거부, 군 정치개입 차단, 그리고 군사문화 청산 등으로 놀랄 만한 성과를 낸다. 특히 군 내부에 있던 '하나회'를 긁어 없애버린 것은 높이 쳐 줄 만한 공로일 것이다. 또 5·16과 12·12 사태를 군사 쿠데타로 규정하고, 전두환과 노태우를 감옥에 보낸 것은 국민들로부터 뜨거운 박수를 받기에 충분했던 사단이었다.

그 외에도 광주민주화운동의 명예회복과, 민주화투쟁의 참가자들의 사면복권이며, 군부·행정·사법·입법부의 전반에 걸친 사정을 단행한 것도 쳐줄 만한 공적이다. 또 95년 12월 노태우를 부정축재 비리로 고발하고(이때 노태우의 비자금이 5천억이었다), 전두환을 법정에 세움으로써, 12·12 군사반란 및 5·18과 관련한 잘못된 역사 바로잡기의 의지를 보였다. 그러나 대통령의 잦은 해외 나들이와 방만한 국정운영은 IMF를 불러옴으로써 국민을 깊은 실의에 빠뜨렸던 것이다.

여기서 우리는 김영삼의 잘잘못을 한번 되짚어보기로 하자. 그가 대통령이 되면서 문민정부(文民政府)를 내세웠던 것은 과거 군사정권에 대한 반향을 기대했기 때문이다. 그리고 이 참신한 이미지가 제대로 먹혀들었다. 사람들은 지난 30년간의 군부독재에 너나없이 넌더리를 내고 있었기 때문에, 모처럼 듣는 '문민정부'라는 말이 마치 고향을 찾아온 듯한 느낌이었던 것이다. 그리고 그 문민정부에 걸맞게 묵은 군사독재의 흔적을 지워준 것도 사실이다.

대한민국 사회에 만연한 부정부패를 일소시킨 것은 누구의 생각에도 잘한 일이었다. 금융실명제와 공직자 재산 공개를 하게 한 것도 높이 평가한다. 그리고 정치자금을 투명하게 하는 정치자금 거부도 환영할 만한 것이었고, 군의 정치개입을 차단하는 것도 묵은 악습의 폐단이던 것이다. 특히 하나회를 해체시킨 것은 앞으로의 군인정치를 염려하는 민중들에게 참신한 뜻으로 닿은 것이었다고 할 수 있다.

그 외에도 군사문화를 청산하기 위한 것이나, 노태우의 비자금을 문제삼아서 재판을 받게 한 것, 그리고 전두환을 군사 쿠데타로 규정하여 감옥에 보낸 것도 열 번 잘한 일이 아닐 수 없다. 그러나 잘한 것은 여기까지였다. 김영삼은 본디 여당을 해 본 일이 없어서 국가를 책임지기 어려웠던 스스로의 한계를 기어이 드러낸 것이다. 말하자면 야당의 총수로써 늘 잘못된 것이나 지적하는 일이 몸에 밴 사람이라서, 사태를 긍정적으로 판단하는 일에 익숙지 않았던 사람이라고 할까? 당시에 대통령 인기 지명도는 93%를 상회하는 것이었으니 가히 놀랄 만한 것인데, 이런 지지율에도 불구하고 결국에 가서는 IMF를 불러올 만큼 정치에 서툴렀던 것이다.

또 하나, 그의 3당 합작은 정치권력이 얼마나 구차하고 비열한 짓을 서슴지 않는 것인가를 만천하에 선포한 것이나 다름없는 짓이었다. 김영삼은 야당의 총수로써 독재와 맞서 싸운 구국의 영웅이다. 그런 그가 자신의 영예에 먹물을 뒤집어쓰면서 대통령을 하기 위해 야당세력을 규합해서 독재자의 당으로 들어간 것이다. 그때 김영삼이가 한 짓은 실로 가소로운 짓이었다. 당시 대통령은 노태우였다. 그리고 김영삼은 통일민주당을 이끄는 총재 자리에 있었다. 그리고 신민주공화당의 김종필이 있었는데, 김영삼이 김종필을 데리고 노태우의 민주정의당으로 들어간 것이다.

김영삼은 자기들의 정권을 '문민정부'로 표면화했다. 그렇다면 정말로 문민정부를 하기는 했나? 나는 해냈다고 보는 쪽이다. 그는 군사정권 시절의 흔적을 없애기 위해서 많이 애쓴 사람이다. 그것이 그의 개인적인 영웅주의가 한 짓이었다고 해도, 군대 내부의 사조직이었던 '하나회'를 파서 해체시킨 것이라든지, '광주사태'를 '광주민중혁명'으로 평가한 것은, 야당시절의 총재 모습을 보는 것 같아서 좋다. 그리고 무엇보다 전두환과 노태우를 재판받게 하고 감옥에 처넣은 것도 잘한 일이었다고 생각한다. 김영삼의 문민정부는 그렇게 평가할 때 명실공이 문민정부였다고 할 만하다.

그런데 문민정부를 실현한 것과는 별도로 그의 임기 중에는 국가적인 재난이 유별했다. 목포에서 아시아나 항공기가 추락한 것은 93년 7월 26일이었다. 그리고 그해 서해에서 페리호가 침몰한 사건이 생긴 것은 10월 10일이었는데, 그 사고로 300명에 가까운 인명이 유명을 달리했었다. 이듬해 93년 10월 21일에는 성수대교가 붕괴하는 사건이 있었고, 95년 6월 29일에는 삼풍백화점이 무너져 내리는 사건이 터졌다. 그 외에도 구포역에서 무궁화호가 전복되기도 했고, 대구 지하철 가스폭발사고는 전대미문의 희대한 사건이었던 것이다.

사람들은 그런 사건과 사고가 연달아 일어나는 것을, 청와대에 있는 불상을 옮긴 탓으로 돌려서 말을 만들었는데, 나중에 청와대에 불상을 제자리에 두고 있다는 것을 일반 대중에게 공개하기도 했다. 당시에 김영삼은 기독교인이었고, 그래서 옛날부터 청와대에 있는 불상을 슬그머니 치웠을 것이다. 기독교인으로서는 그럴 만도 했을 일이다. 그러자 빗발치는 여론을 감당 못해서 다시 제자리에 모시었지만, 그것 때문에 자존심을 상한 많은 기독교인들이 일탈해가는 바람에, 당시에 개신교도가 줄었다는 말까지 있었던 것이다.

김종필은 부여가 태생지다. 1947년 서울대학교 사범대학 교육부를 수료했다고 되어 있다. 그리고 1949년에 육군사관학교를 제8기생으로 졸업했다. 그는 1961년 박정희의 5·16 군사쿠데타에 핵심세력으로 동조하였고, 이후 박정희가 중앙정보부를 창설하자 초대 정보부장이 되었으며, 이어 1963년에 육군 준장으로 예편했다. 그해 제6대 국회의원에 당선되자 박정희의 공화당 당의장으로 취임하였으며, 명실공히 박정희의 오른팔이 된다. 그 후 68년에는 3선 개헌 반대와 관련된 공화당 내부의 국민복지회 사건으로 모든 공직을 사퇴했으나, 70년에 들어서 다시 공화당 총재 수석 상임고문을 지내고, 이어 공화당 부총재로 정계에 정식 복귀하였다.

71년에 박정희를 도와서 국무총리로 4년간 재임했으며, 79년 10·26

사태를 만나 박정희가 피살되자, 공화당 총재에 피선되었다. 80년에는 공화당 후보로 출마를 준비하던 중에 전두환 일파의 갑작스러운 신군부 등장으로 부정축재의 혐의를 받아 계엄사령부에 의해 투옥되었다. 그 후 87년에는 정계에 복귀를 선언한 뒤 신민주공화당을 창당해 총재가 되었고, 대통령 후보로 출마했으나 다시 낙마하였다. 90년에는 김영삼의 회유로 민자당(民自黨)을 결성해 최고위원직을 맡았으며, 김영삼을 도와서 대통령이 되게 하였다. 그리고 김영삼 정부의 총리가 된 것이다.

이렇게 해서 김영삼과 김종필 그리고 김대중의 '3김 시대'는 그들 모두가 각자 최고의 권좌를 누릴 수가 있었다. 그런데 이들이 이런 권좌를 누리게 된 데는 이들이 한 집단의 보스였기 때문이었다. 말하자면 패거리 정치를 만든 산 증인들인데, 어느 때 주한미대사가 한국 사람들을 평하여 '쥐 떼 근성'이 있다 했거니와, 바로 이들 3김 시대가 대표적인 쥐 떼들의 표본시대였던 것이다.

그러하면 김영삼이 문민정부를 해냈다면 노태우는 무엇을 해냈을까?

그는 6·29 선언으로 군사정권의 막을 내렸다는 소리 정도를 들을 수가 있을까? 그러나 그것은 광주사태에 따른 민중의 거센 분노에 휩싸이면서 그들 군사독재가 스스로 막을 내린 것이지, 그들의 자발적인 짓은 아니었다. 그것은 누구의 눈에도 환한 일이므로 그의 6·29 선언을 노태우의 개인 의지로 보지는 않을 것이다. 굳이 노태우에게 영예를 안긴다면 그가 후보시절부터 '보통사람'을 자처했다는 정도이리라.

이것도 대통령의 권위를 늘 '각하'[1]라고 호칭하던 짓에서 본다면, 그 권위주의를 땅에다 내려놓았다는 점에서는 쳐 줄 만한 짓이었다고 본다. 노태우는 대통령이 되고 나서도 각하라는 호칭이 없었다. 그냥 일반적으로 '대통령님'으로 부른 것이다. 그 후 김영삼도, 김대중도, 그리고 노무현도 모두 각하라는 소리는 생략되었다. 특히 노무현은 대통령의 권위를 모두 땅에 내려놓았기 때문에, 스스로 포기한 권위가 너무 가벼워졌으므로, 나중에는 여러 가지로 애를 먹었던 것이다.

노태우에게 또 하나의 공로를 인정한다면, 중국과의 수교를 텄다는 점이다. 그때가 1988년이었다. 당시만 해도 중국은 정서적으로 먼 나라요, 먼 이웃이었다. 그들이 한국전쟁 때 북한을 도와 참전했다는 기억이 아직 생생하던 때였으며, 더욱이 핵으로 무장한 공산주의나라라는 인식 때문이었다. 그러나 노통은 망설이지 않고 수교를 튼 것이다. 물론 한·중수교(韓中修交)가 정식으로 외교관계를 설정한 것은 1992년에 들어서 북경에서 서로 외교문서에 조인을 하면서 시작이 되었다 할 수가 있다.

그러나 한·중수교의 첫 공로는 노태우 시절이었으므로 그에게 공적을 인정하는 것이 옳다고 본다. 오늘 중국은 한국에게 있어서 가장 큰 경제적 우방국이다. 그때 수교하지 않았다면, 오늘의 한국경제는 없을

***

1. 각하 : 본래 임금을 칭하던 말로, 가장 높은 말로는 폐하(陛下)라는 말이 있었다. 그것은 하늘의 직분을 대신 하는 하늘임검을 천제(天帝) 혹은 상제(上帝)로 생각해온 우리 동방인―동양인과는 다름―의 개념으로, 천제의 아들을 천자(天子)라 했고, 그 천자를 인간의 예법으로 폐하라 했던 것이다. 폐하라면 하늘 아래의 땅을 모두 다스리므로 절을 해도 4배를 원칙으로 했다. 동서남북을 지배하는 임금이란 뜻이다. 폐하 아래는 전하(殿下)가 있었다. 사대를 했던 우리도 감히 폐하라는 호칭을 못해서 전하라고 한 것을 알 것이다. 전하 아래를 각하(閣下)라고 부른다. 신하들의 호칭도 임금이 상감(上監)이니까 대감(大監), 영감(令監)한 것이다.

지도 모른다. 지금 중국에 나가 있는 한국의 기업들이 얼마나 많은가. 또 거기서 벌어들이는 돈은 얼마나 많을 것인가. 이렇게 본다면 국가끼리의 외교는 늘 실제적인 이익에 우선한다는 것을 다시금 깨우치는 계기로 삼아야 할 것이다. 이것은 이명박으로부터 시작된 북한과의 외교를 생각할 적에 그렇게 된다. 그러나 그것은 또 당해서 이야기하자.

김대중은 전라남도 신안 출생이다. 서기 1943년 목포상업고등학교를 졸업했고, 목포일보와 목포해운 사장을 거쳐서, 1960년에 강원도 인제에서 제5대 민의원에 당선되어 정치에 입문하였다. 이어서 제6·7·8·13·14대 의원직을 수행하였으며, 민주화 추진협의회 공동의장과 평민당·신민당 총재 그리고 민주당 공동대표를 차례로 역임하였다. 1971년 제7대 대통령선거에 신민당 후보로 출마했으나 낙선하고 해외에서 반유신운동을 전개했다. 그때 대통령에 출마한 김대중이 '이번에 우리가 진다면 앞으로는 대통령선거가 없을 것'이라고 유세를 하면서 말했는데, 과연 유신정권이 들어서면서 대통령선거는 체육관에서 하게 되었다.

73년에는 도쿄에서 김대중 납치사건을 겪고 정치활동이 규제되었으니, 이는 모두 박정희 정권 때의 일이다. 76년에는 '3·1 민주 구국선언'으로 투옥되었고, 80년에는 전두환의 신군부에 의해 '내란음모죄'를 뒤집어썼으며, 그로 인해 사형을 언도받는 등으로 정치적 난관에 자주 봉착했다. 82년에 '형집행정지'로 미국에 망명, 85년에 귀국했으며, 이어 해금이 된 그는 87년에 통일민주당 고문으로 제13대 대통령선거를 위해 김영삼과 단일화를 시도했으나 실패한다.

그리하여 통일민주당을 탈당하여 평화민주당을 창당하였으며, 이어 대통령 선거에 출마했으나 다시 낙선했다. 91년 다시 재야세력을 통합하고 신민당을 창당, 이기택(李基澤) 등이 창당한 민주당과 합당을 꾀했으며, 공동대표위원이 되었다. 92년 제14대 대통령선거에 민주당 후보로 재출마하여 호남지역의 압도적인 지지를 받고 서울에서 우세를 보였으나, 통일민주당 김영삼에게 패배했다. 이때 김영삼은 김종필을 데리고 노태우의 민정당으로 간 것이다.

선거에 진 김대중은 국회의원직을 사퇴하면서 정계를 은퇴하였다. 그후 민족통일연구 및 아시아 민주화와 세계평화에 기여한다는 취지로 94년 아시아 태평양평화재단을 설립하였다. 95년 민주당이 내분 사태를 빚자 정계은퇴 선언을 번복하고, 지지 세력을 규합하여 '새정치국민회의'를 창당하여 정치활동을 재개하였고, 드디어 대통령에 당선하였다.

2000년 12월 10일 김대중 대통령은 노벨평화상을 수상한다. 이것은 그의 개인적인 영광을 넘어서 온 국가적인 영예에 해당하는 일이다. 그런데 이 상을 반대하는 세력이 있었다. 당시 여당이던 민정당(民政黨)이었다. 그들은 김대중의 노벨평화상 후보 소식을 듣고는 대대적인 방해를 일삼았다. 심지어는 노벨평화상을 결정하는 스웨덴 한림원까지 가서 반대를 하는 못난 짓을 서슴지 않은 것이다.

과거 이조의 성리학 시절에 붕당을 만들어서 우리는 서로를 물어뜯고 할퀸 경험이 있다. 그래서 사촌이 논을 사면 배가 아프다는 속담을 이어 가는 중이다. 온 나라가 경하할 일인데도 일삼아 훼방을 놓는 심리는 그적의 경험이 살아나서였을 것이다. 이렇게 못난 짓을 할 수 있는 나라가 지구상에 다시 있을 것 같지가 않다. 이렇게 한 번 유전인자가 기억하는 짓은 기어코 하기 마련일까? 들인 밑천은 그것이 아까워서 이렇듯 써먹어야 되는 것일까?

어쨌거나 스웨덴 한림원에서 한국을 이상한 나라로 여기게 되었다는 말이 저녁뉴스에 보도되고 있었다. 다른 나라 사람들은 모두 이 영광스러운 상을 받기 위해 애쓰는데, 이 상을 자국에서 방해하는 건 스웨덴 한림원이 생긴 이후 처음이라는 것이다. 결국 한국 정치의 부끄러운 밑천을 고스란히 드러내고 세계 앞에 망신을 자초한 꼴이었다.

김대중이 92년 제14대 선거에 출마하여 호남지역에서 압도적인 지지를 얻었고 서울에서 우세했던 것은 당시의 민심이었으니, 곧 지역감정에서 기인되고 유발된 짓이었다. 매번 전라도와 경상도가 편 가르기로 다투는 이 지역감정은 원래 뿌리가 깊다. 근원을 추어 올라간다면 신라 말기에 도선국사(道先國師)에게서 그 근본을 찾을 수가 있다. 그 연원을 말하자면 이렇다. 알다시피 도선국사는 전라도 영암군 구림면 (鳩林面) 사람이다.

지금 월출산 도갑사(道岬寺)에 국사의 비문이 있는데 내용은 이렇다. 바로 도갑사가 있는 아래 마을에 최씨 성을 가진 토호가 살았고, 그에게는 과년한 딸이 하나 있었는데, 그 따님에게서 난 것이 도선국사였다. 도선국사는 아버지가 없이 태어났다고 한다. 그 연유는 이렇다. 어느 해 겨울 과년한 딸이 빨래를 하려고 개울에 갔는데, 그 겨울에 푸른 오이가 한 개 개울물을 거슬러서 타고 올라오더란다. 처녀는 생각없이 그 오이를 먹었고, 그로부터 태기가 있어서 달을 채워 낳고 보니 사내아이였다.

아비 없이 낳은 자식이라 부끄럽게 여겨서 동구에 있는 바위에 갖다 버렸는데, 이 아이한테서 이적이 일어나고 있었다. 한겨울이라 살을 에는 바람이 아이를 덮치는 중에 비둘기 떼가 날아들어서 이 갓난쟁이를 에워쌌다는 것이다. 구림(鳩林)이란 지명은 이렇게 해서 생겨났다. 그래 하늘이 낸 아이다 싶어서 도로 안고 와서 어머니 성을 붙여 그냥 길렀다는 이야기다. 아이가 버려진 바위는 국사암(國師巖)이라 하여 지금도 그 지역 노인들 입에 회자가 되고 있다.

나중에 이 아이가 자라나서 풍수학(風水學)의 대명사처럼 된 도선국사가 되는데, 알다시피 도선국사는 고려를 창건한 태조 왕건의 스승이 되었고, 그 태조 왕건은 〈훈요십조(訓要十條)〉라는 유명한 글장을 남겨서, 후세에 고려왕이 되는 자기 자손들로 하여금 경계를 하게 한다. 그 〈훈요십조〉에는 도선국사의 지시라 하여 '우리나라의 산천은 도선이 말하고 지적하는 바 풍수가 이러저러하니 낯선 땅에 절을 함부로 짓지 말라'고 하는 태조의 유의(遺意)를 담고 있다. 만약에 도선의 말을 무시하고 함부로 절을 짓게 되면 지기(地氣)를 손상하여 왕업이 오래 가지 못한다는 것이다.

그런데 그중에 하나가 "차령 이남과 곰나루 이남의 땅은 산세(山勢)가 배역해 있고, 또 백제의 유맹(流氓)들이 백제가 망한 데 대한 한(恨)을 품고 있으므로 특히 왕공대작이 그들과 혼인하여 궁중 출입을 하는 날에는 반드시 국가적인 변란을 획책할 터이니, 그런 일이 없도록 하라."는 대문이 있다. 그래서 고려가 백제인을 등용하지 않았던 것이다.

이조는 서북 사람을 등용하지 않아서 서북인들이 한을 가지고 있다가 홍경래(洪景來)의 혁명을 자초하기도 했는데, 여기 도선국사는 자신이 백제 땅 사람이면서 왜 백제인을 등용하지 못하게 했는지 모를 일이다. 어쨌거나 우리 역사에 이런 특정한 지역을 조심하라고 한 것은 도선국사의 경우가 효시가 된다. 그 후로 이조를 창건할 때 개국공신이었던 정도전(鄭道傳)이 팔도 인심론(八道人心論)을 말하면서 전라도를 안 좋게 말한 적이 있고, 『택리지(擇里志)』를 자손들에게 남긴 이중환(李重煥)이 복거총론(卜居總論)에다 다시 팔도 인심론을 논해서 지역 간의 감정을 상하게 한 적은 있다.

그러나 우리 시절에 와서 전라도를 편 가르기 한 것은 박정희가 시작한 짓이었다. 그는 새마을사업으로 장차 도시와 농촌 간의 소득을 균등하게 할 요량으로 공장을 많이 세우고 대한민국을 공업국가가 되게 하려는 야심이 있었던 사람이다. 그런데 그 공장을 전라도보다는 경상도에 많이 세우면서 본의 아니게 편 가르기가 시작된 것이다. 들이 많은 전라도가 공장지대에서 제외되는 것은 상식적으로 당연했다고 볼 수가 있다. 어쨌거나 전라도 사람들은 고향을 떠나 경상도에 가서 공돌이 공순이가 될 수밖에 없도록 판이 짜였다.

그런데 경상도 사람들은 본래부터 전라도를 '개똥쇠'*2로 부르면서 무시하는 경우가 있었고, 전라도에서는 경상도를 향해 '문둥이'*3라고 맞받아쳤다. 그런데 이게 선거철이 되면 지방색으로 살아나곤 했던 것이다. 그러나 박정희 초기만 해도 전라도 사람들은 박정희에게 몰표를

***

2. 개똥쇠 : 전라도 김제 들판은 본시가 갯땅이었다. 그 갯땅에 둑을 막고 들을 만든 것이 오늘의 호남평야다. 왜정시절에 왜놈들이 섬진강(蟾津江)을 막고 칠보발전소를 챙겨 세우면서 동진강(東津江)을 뚫어서, 그 물이 갯땅으로 흘러들어 소금기가 버석이던 땅이 옥토가 된 것이다. 그 갯땅을 파먹고 사는 사람이란 뜻의 '갯땅쇠'가 변해서 개똥쇠가 되었다.
3. 문둥이 : 경상도에는 본래 글을 숭상하는 풍조가 있어 왔다. 연산군 때 김종직(金宗直)이 이끈 사림파가 왕왕 회자되기도 하지만, 그래서 선비로서의 자존이 유별났다. 그들은 어린 아이가 지도 책을 끼고 다녔기 때문에 문동(文童)으로 불렸다. '문둥이'는 이 문동이 와전된 것이다.

주고 있었다. 그러던 것이 전두환의 광주사태를 한계로 해서 전라도 인심이 돌아섰던 것이다.

박정희가 전라도, 경상도 사이에 직접적인 골을 판 것은 아니라 해도 제3공화국 시절의 선거유세에 나온 이 아무개라는 사람이 대구에서 마이크를 잡고는 "이번에 우리가 똘똘 뭉쳐서 전라도를 이깁시다. 우리가 어데 남잉교. 우리는 남이 아니라 그말입니다." 하고 있었다. 이것은 KBS가 방영한 제3공화국에 나온 사실이다. 그 사람 이름은 잊어버렸지만, 아호를 '외솔'이라고 했다. 내 알기에 경상도 사람들은 "우리가 남이가?"라는 말을 선거철만 되면 들고 나오는데, 그 효시를 나는 외솔로부터 친다. 말이 나온 김에 마저 하자.

이 지방색이 선거철만 되면 되살아나서 평소에 그렇지 않았던 사이라도 서로 뜨악해진다고 한다. 대구나 부산에 가서 사는 전라도 사람만 그런 것이 아니라, 전주나 광주에 와서 사는 경상도 사람도 그렇다는 것이다. 이것이 무슨 망국병일까? 그렇게 편을 갈라놓고 이득을 얻는 자들이 누구일까?

과거에 동독과 서독은 우리처럼 국토가 분단되어서 이념전쟁을 한 적이 있다. 같은 국민끼리 국토의 중심부에 철조망을 쳐놓고 정부를 나누어 서로의 이념을 고수했던 것이다. 그러다가 지금 독일은 국토를 나누었던 장벽을 허물고 다시 하나가 되었다. 동독이 서독에 흡수되었기 때문이다. 그런데 당시 서독에서 총리를 지냈던 사람이 이런 말을 하고 있어서 생각 있는 사람들을 부끄럽게 한다.

"상대를 자극하는 말은 삼가라. 자극하는 말을 하게 되면 우선 기분이 안 나서 테이블로 나오려고 하지 않을 것이다. 서로 화기애애한 말을 나눠라. 그리고 신뢰를 구축해 가라. 피차가 완전한 믿음 위에 있을 때 모든 일은 자연스럽게 풀린다."

이것은 동독과 서독이 분단 장벽을 없앤 산 중인의 이야기다. 그런데 우리는 어떤가? 서로를 신뢰하는 말보다는 상대를 불신하는 기분이 먼저 있어서, 그리고 그 기분을 그냥 가지고 협상 테이블에 앉아서 서로 상대편을 설득하려는 어리석은 짓을 되풀이하지는 않는가?

작금에 우리의 정치현실은 한 치 앞이 안 보일 만큼 어둡고 암담하다. 머리가 좋은 정치꾼들이 앉아서 매양 하는 일이란, 권모술수(權謀術數)로 상대를 이기려는 생각뿐이다. 말은 늘 국민을 위해서라고 하고, 국가를 생각해서 하는 짓들이라지만, 이제 그런 정치의 말을 액면 그대로 믿어 줄 국민은 어디에도 없다. 말이 말을 낳다 보니 그 말의 현란하기가 끝이 없다. 그래서 다시는 안 속자 하면서도 말을 듣다 보면 그 말 휘갑에 넘어가서 혹시(?)나 하는 기대가 있지만, 끝에 가서는 역시나(!) 하고 물러 앉는다.

김대중은 대통령이 되면서 국민의 정부를 자처했다. 그러니까 김영삼의 문민정부를 지나서 들어선 정부가 국민의 정부였다는 말이다. 이제 한번 해 볼 만한 분위기도 무르익어 있었다. 김대중의 국민의 정부는 과연 무엇을 할 수 있을까? 그는 야당시절부터 평생을 '빨갱이'로 낙인찍힌 인물이었다. 여당을 하는 그의 정적들은 그를 빨갱이로 불렀던 것이다. 제13대 대통령 후보로 나섰을 때 여당 후보였던 이회창(李會昌)이 김대중을 빨갱이로 몰았다가, 사상검증을 거치고 나서 빨갱이가 아니라고 밝혀지자, "아니면 말고!" 했다는 이야기는 유명한 일화다.

그러나 평생을 빨갱이 딱지를 달아놓고 괴롭히던 자들이 '아니면 말고!' 하는 식의 이야기는 마치, 둠벙에 있는 개구리한테 돌을 던지는 악동의 장난에서 더 될 것이 없음이다. 돌을 던지는 악동은 장난삼아서 던지는 것이지만, 돌에 맞는 개구리는 치명상을 입거나 죽게 되기 때문이다. 과거 김대중한테 빨갱이 딱지를 달아놓고 심심하면 조롱을 하던 세력들은 주로 경상도 사람들이었을 것이다.

전라도 사람들을 무슨 원수 보듯 하는 그들의 자손들이, 밥상머리에서부터 배우는 것이 그런 것이라는 이야기는 경상도 사람들이 먼저 말해오는 터다. 그런 경상도 사람들도 따지고 보면 피해자일 수밖에 없다. 그들의 편에 서있는 그들의 정치꾼들이 그런 분위기를 만들었다는 것을 그들도 모르기 때문이다. 말하자면 경상도 정치꾼들에게 그들 경상도 사람들이 속고 있었다는 이야기다.

각설하고-. 김대중이 남긴 업적 중에서 기릴 만한 것은 무엇보다 북한과의 물꼬를 텄다는 대목을 먼저 꼽아야 하리라. 물론 김대중이 직접 교류의 물꼬를 텄다는 것은 아니다. 그 앞에 현대그룹의 정주영(鄭周永) 회장이 북한으로 소 1천 마리를 가져간 적이 있었다. 이런 민간교류가 중요해서 김대중이 대통령이 되어 탄 비행기가 평양에 날아갈 수 있었고, 거기서 김정일(金正日) 위원장을 만나 민족 화해의 장을 만들 수가 있었다는 이야기다.

이 대목에서 아리랑 한 마디가 없을 수 없다. 민족의 본성에서 점점 멀어지고 있는 부르기도 힘든 아리랑이다.

세상이 멀어서 시절이 멀어서, 이제는 아득하여 기억조차 없네/ 아리 아리랑 스리 스리랑 아라리가 났네, 아리랑 음음음 아라리가 났네/

옛적에 옛적에 아주 오랜 옛적에, 산을 넘고 물 건널 적 함께 부른 아리랑/ 아리 아리랑 스리 스리랑 아라리가 났네, 아리랑 음음음 아라리가 났네/ 바이칼서도 아리랑*[4] 혹수서도 아리랑, 우리 민족 어디서나 함께 부른 아리랑/ 아리 아리랑 스리 스리랑 아라리가 났네, 아리랑 음음음 아라리가 났네/ 우리 민족 핏대 속에 끓는 아리랑, 언제부턴지 갈라져서 낯선 앙금 뿐이네/ 아리 아리랑 스리 스리랑 아라리가 났네, 아리랑 음음음 아라리가 났네/ 성리학 끄트머리에 왜놈시절 만났고, 왜놈시절 지나가니 서양바람 부네/ 아리 아리랑 스리 스리랑 아라리가 났네, 아리랑 음음음 아라리가 났네/ 서양바람 끄트머리에 여러 정당 생겨서, 지난 시절 동인 서인은 저리 비켜 가라네/ 아리 아리 스리 스리 아라리가 났네, 아리랑 음음음 아라리가 났네/ 경상도 충청도 전라도 3김, 그 사람들이 끌고 가는 패거리 정치/ 아리 아리랑 스리 스리랑 아라리가 났네, 아리랑 음음음 아라리가 났네/ 물레야 돌아라 빙빙 돌아라, 삼천리 강토야 너도 빙빙 돌아라/ 아리 아리랑 스리 스리랑 아라리가 났네, 아리랑 음음음 아라리가 났네/ 저 건너 갈미봉 비 묻었다. 배달민족 아리랑이 빗물에 잠겼다/ 아리 아리랑 스리 스리랑 아라리가 났네, 아리랑 음음음 아라리가 났네.

***

4. 바이칼서도 아리랑 : 바이칼에서 터줏대감 노릇을 하는 부랴트(브리야트) 민족도 우리처럼 아리랑을 부른다. 그들은 한국인과 너무 닮아 있다. 생김새에서부터 몽골반점까지 닮아 있고, 사회적 풍습도 구별이 안 될 만큼 서로 같다. 그들에 의하면 영혼을 맞이한다는 의미가 아리랑이고, '쓰리랑'은 '이별의 아픔을 참아서 승화시킨다'는 뜻이었다. 뿐이 아니라, 몽골 학술세미나에 참석했던 한국 교수가 아리랑을 불렀더니, 몽골 사람이 그건 자기들의 노래인데 어떻게 그 노래를 부르느냐고 해서 놀랐다는 말도 들린다.

바보 노무현의 참여정부

노무현에게는 늘 '바보 노무현'이란 별명이 따라다닌다. 그는 세상과 타협을 하면서 살지 않았다. 쉽게 가는 편한 길이 있건만 편한 길을 선택하지 않은 사람이었다. 힘들고 고달픈 길인 줄을 알면서도, 그는 제 양심을 따라서 행동하고 양심대로 살아간 것이다. 그래서 사람들이 항용 '바보'라는 별명을 붙였다. 노무현은 4279년(서기 1946년)에 경상남도 진영군 봉화산자락에서 소작농의 아들로 태어났다. 대창초등학교와 진영중학교를 거쳐서 부산상업고등학교에 진학했고, 4299년(서기 1966년)에 고등학교를 졸업한다. 그것이 그가 받은 교육의 전부였다.

고등학교를 졸업하고 농협에 취직시험을 봤지만 낙방이었다. 그러자 학교에서 삼해공업이라는 어망 만드는 회사에 취직을 시켜주었다. 첫 월급이 2,700원이었다. 사장에게 월급이 적다고 항의를 하자, 다음 달부터는 4,000원으로 올려주겠다고 했으나, 한 달 밥값으로도 모자라는 돈이었다. 할 수 없이 취직을 접고 사법고시를 볼 요량으로 헌 책 몇 권을 구해 가지고 집으로 돌아왔다. 집이라고 별 수가 있는 것도 아니었다. 큰형이라는 사람은 실업자였고, 그는 작은형과 공부를 할 방을 마련하기 위해 외딴 곳에 흙집을 짓고 공부에 매진했다.

그렇게 9년을 한우물을 판 결과가, 세 번 만에 사법고시에 합격이었다. 첫 근무지는 대전 지방법원의 판사자리였다. 그러나 그 이듬해인 서기 1978년에 판사를 그만두고 변호사로 개업했다. 주로 부산지역의 기업사건을 수임하여 소위 잘나가는 변호사였다. 그러다가 81년 부산에서 소위 말하는 '부림사건(釜林事件)'을 직면하게 된다. '부림'이란 부산의 학림(釜山學林)을 말하는 것으로, 부산양서조합의 회원들이 연루된 사건이었다.

전두환의 공안정국은 부림을 용공단체로 조작하였고, 이들이 국가 전복을 하려 했다는 혐의를 씌웠던 것이다. 그러나 이들이 실제로 했던 일은 사회과학 책을 자기들끼리 돌려 읽으면서 정부를 비판한 것이 전부였다. 어느 시대에나 있을 수 있는 흔한 일이었던 것이다. 그러나 이들은 이호철, 장상훈, 송병곤, 김재규, 노재열, 이산록, 고호석, 송세경, 설동인 등의 22명을 영장도 없이 체포해서 대공분실에 가두고는 짧게는 20일에서 길게는 63일 동안을 몽둥이찜질과 갖은 구타, 물고문, 소위 통닭구이 등의 고문으로 갖은 악행을 저질렀는데, 당시에 가족들은 어디서 무슨 일을 당하는지조차 몰랐던 것이다.

부림사건은 전두환의 5공화국이 최대 용공사건으로 조작한 첫 번째 사건이다. 민주화세력을 미리 기반부터 없애버리려 했던 이들은 멀쩡한 사람을 잡아다가 공산주의자로 둔갑시키려 했던 것이다. 그들은 개업식 축하나 돌잔치, 송년회를 한 것이 전부 범죄사실로 둔갑되어서 나타났고, 계엄법과 국가보안법 그리고 집시위반법 혐의가 적용되었다.

생각하면 얼마나 치가 떨리는 노릇인가.

그러나 천인이 공로할 짓은 그들은 태연히 했고, 그렇게 빨갱이로 수 없는 사람들을 조작해서 매도했던 것이다. 훗날 이 사건은 국가보안법 이 전두환 정권의 안보를 위해 도구로 쓰였다는 사실을 가장 적나라하 게 드러낸 대표적인 사례로 꼽히게 된다. 이 사건에 변론을 맡고 나선 사람이 바로 노무현과 김광일(金光一) 그리고 문재인(文在仁)이었던 것 이다. 이들은 개업부터 인권변호사로 출발했는데, 생각해보면 인권변 호사의 길은 처음부터 정해진 길이기도 했다. 잘나가는 판사가 아무 연 고도 없이 판사직을 접고 변호사가 되기로 작정했다면, 인권이 유린되 던 당시로서는, 그들로서 당연한 수순이었을 것이다.

그러나 이런 양심 있는 소수들은, 이 민족이 아직 망하지 않고 건재 하다는 것을 보여 주는 상징적인 사례들일 것이라고 나는 믿는다. 신 라의 잘못된 통일로부터 시작된 국가적인 재앙은, 언제라도 이렇듯 양 심을 지키는 소수가 있어서 근근이 버팀목 노릇을 해왔던 것이다. 신라 의 검군(劍君)*1과 사다함(斯多含)*2, 고려의 정몽주(鄭夢周)*3, 원천석(元 天錫)*4 그리고 이조에 와서 이순신(李舜臣)*5과 강증산(姜甑山)*6 등이 그

***

1. 검군(劍君) : 신라 진평왕 때 화랑이었던 근랑(近郞)을 따르던 낭도였다. 강직하고 청렴했던 그 는 사량궁사인(沙梁宮舍人)이라는 말직을 지냈다. 진평왕 49년 8월에 서리가 내려 들판에 곡 식을 못 먹게 되었을 때, 궁정관리들이 곡식을 훔쳐 나누어 먹는 일이 있게 되었다. 그러나 청 렴을 생명으로 아는 그는 곡식을 훔치는 일에 관여하지 않았다. 나중에 그 일이 들통날 것을 두려워 한 동료들이 그에게 독을 먹여서 죽였는데, 그는 그 일을 잘 알면서도 태연히 독을 먹었 을 뿐 끝내 발설하지 않았다.
2. 사다함(斯多含) : 신라 진흥왕 때의 화랑. 그가 1천여 명의 낭도를 거느리고 이사부(異斯夫)가 대가야를 정벌할 때 큰 공을 세움. 그 공으로 가야인 포로 300인을 노비로 하사받았으나 모두 풀어주었고, 다만 아천(閼川)의 불모지 땅만 받았다. 그때가 그의 나이 16세였다. 어렸을 적에 무관랑(武官郞)과 한날한시에 죽기로 약속했는데, 무관랑이 병들어 죽자 7일을 통곡하고 17세 로 죽었다.

***

3. 정몽주(鄭夢周) : 꿈에 어머니가 주공(周公) 보고 낳았대서 이름이 몽주(夢周)였다. "이 몸이 죽고 죽어 일백 번을 고쳐죽어/ 백골이 진토되어 넋이라도 있고 없고/ 임향한 일편단심이야 가실 줄이 있으랴" 이방원(李芳遠)의 하여가(何如歌)에 답해서 부른 이 시조를 모를 사람은 없다. 그는 결국 선죽교에서 이방원이 사주한 조영규에게 철퇴를 맞고 죽었다. 그의 묘비에는 고려의 벼슬만을 쓰고, 시호를 적지 않아 두 왕조를 섬기지 않았음을 분명하게 했다.

4. 원천석(元天錫) : 고려 말기와 이조 초기를 살다간 은사(隱士). 한때 이방원의 스승 노릇을 한 적도 있어서 이방원이 중용하려고 노력도 하였으나 번번이 피하고 벼슬길에 나가지 않았다. 그는 치악산에 은거하였는데 사위어 가는 고려를 회고하는 시 한 수가 전한다. "흥망이 유수하니 만월대도 추초(秋草)로다. / 오백년 왕업이 목전에 부쳤으니, / 석양에 지나는 객이 눈물겨워 하노라." 그는 고려의 이현(二賢) 중 최영(崔瑩)을 기리는 시문이 있으니 전총재육도도통사최영(前冢宰六道都統使崔瑩)이란 시문과, 우왕(禑王)과 창왕(昌王)을 신돈의 자손이라 하여 폐위시킨 사실에 대하여 왕부자지위신돈자손폐위서인(王父子以爲辛旽子孫廢位庶人)이라는 시문을 지어서 "만일 왕씨의 혈통으로 참과 거짓이 문제가 된다면, 왜 일찍이 분간하지 않았던가"라고 꾸짖으면서, 저 하늘의 감계(鑑戒)가 밝게 비추이리라고 했다.

또 만년에 야사 6권을 저술하고 "이 책을 가묘(家廟)에 감추어두고 잘 지키도록 하라."고 자손들에게 유언하였으나, 증손대에 이르러서 국사와 저촉되는 점이 많아서 미칠 화를 염려하여 불살라버렸다고 한다. 그는 죽음에 이르러 묘에 비석을 세우되 글자가 없는 몰자비(沒字碑)를 세우라고 유언했다. 그의 몰자비는 항간에 유명하게 회자되고 있다.

5. 이순신(李舜臣) : 이순신은 가히 한 손으로 하늘을 떠받친 구국의 영웅이다. 그가 23전 23승이라는 세계에 유례가 없는 전과를 올렸대서가 아니다. 못난 임금을 만나서 치른 고생이 말로 다 할 수 없는 것이었는데도, 그런 역경을 이기고 꿋꿋이 일어섰다는 게 너무 크고 장하기 때문이다. 이런 기개가 어디서 왔을까? 민족의 꽹대 밑에 가라앉은 홍익인세에서 그런 위대함이 분출했던 것이다.

6. 강중산(姜甑山) : 흔히 증산교의 교조쯤으로 말해진다. 그러나 그는 일생에 무슨 종교를 해 본 적도 없고, 공자가 그랬던 것처럼 자기를 따르는 무리와 더불어 표표(漂漂)하게 흐르는 물처럼 평생을 살다갔다. 증산교라는 명칭은 그가 죽은 후에 그의 제자들이 스승의 유지를 그리워하여 그런 이름을 지어 붙이고 교단을 챙기면서 생겼는데, 전라도의 차경석(車京錫)이 일으킨 보천교(普天敎)는 교세가 600만에 이르렀다. 당시에 우리 민족의 인구가 2천만이었던 것을 헤아리면 실로 대단한 교세였던 것이다. 그는 스스로 말하기를 "나는 서법국(西法國)천계(天階)-프랑스 에펠탑-에 거주하던 상제(上帝)이르거늘, 동방의 이 작은 나라가 원한이 너무 쌓여서 천지의 도수가 어긋나고 있다. 그래서 그 원한을 풀어내려고 왔다. 그래 처음 수운(水雲)-천도교교조 최재우를 말함-에게 일을 맡기고 30년을 기다려 보았으나 늘 마무리가 서툴렀다. 그래서 내가 나선 것이다." 했다. 어디에 있었느냐고 물으면 금산사 미륵전의 미륵불에 의지했었다고 대답했다. 그리고 죽음에 이르러서도 장차 나를 보려거든 금산사 미륵불을 참배하라고 일렀던 것이다.

그는 이 국토에 원한이 많이 쌓여있는데, 인간과 인간끼리 쌓인 원한도 있고, 신명(神明)끼리 쌓은 원한도 있는가 하면, 인간과 신명 사이에 있는 원한도 있다고 했다. 그는 이 원한을 푸는 작업으로 천지공사(天地工事)를 9년 동안 실행했는데, 주로 전라도 김제 금산사 밑에 있는 속칭 구릿골-銅谷-에 있는 약방에서였다. 그 해원공사의 하나가 여자의 권리를 인정하는 것도 있는데, 지금 퍼스트레이디의 여성상위시절로 만든 것도 그런 해원의 하나였다.

시절에서 건질 수 있는 사표일 것으로 생각한다는 이야기다. 그들은 유교의 풍토를 지나면서도 민족 본래의 사상과 행동으로 일관했기 때문에 어리석어 보일 만큼 기우(氣宇)와 도량이 큰 사람들이었다. 그들이 바라본 것은 언제나 배달민족의 홍익인세였던 것이다.

여기서 우리는 지역주의를 허물기 위해 고군분투 해온 노무현에게서 그런 위대한 위인들의 혼을 읽어낼 수 있다. 그가 선거에 도전할 때는 남들이 다 편하게 가는 길을 젖혀두고 언제나 힘들게 가는 가시밭길을 걸었다. 그럴 때 우리는 시대의 인심에서도 비켜 서 있는 노무현의 모습을 볼 수가 있었고, 굳이 계란으로 바위를 치는 순수한 정열을 느낄 수가 있었다. 그것은 보는 이들에게 신선한 충격을 안겼고, 답답한 우리 모습에서도 삶으로 통하는 가능성을 읽는 기분이었다.

이제 우리는 과거에 노무현이 보였던 미련하도록 답답했던 그 길을 다시 추어 가보자. 노무현은 국회의원 선거에서 세 번, 부산시장 선거에서 다시 한 번, 총 네 번의 낙선을 한다. 먼저 88년 부산 동구로 출마하는데, 그때가 13대 국회의원을 선출하였던 시기였다. 김영삼의 통일민주당 후보였는데, 전두환의 민정당으로 나온 허삼수를 이겼던 것이다. 그리고 전두환의 5공화국을 심판하는 청문회에서 현대의 정주영회장과 전두환을 매섭게 질타하면서 청문회 스타로 급부상한다.

그러나 92년 14대 총선에서는 패배의 쓴 잔을 마셔야 했다. 이 대목이 재미있다. 90년대에 들어서 김영삼이 갑자기 야당 총재로서는 할 수 없는 짓을 하고 나온다. 자신이 총재로 있는 통일민주당을 김종필의 공화당과 합쳐서는, 당시에 여당이던 민정당과 다시 합치는 헤프닝이 벌어진 것이다. 그리고 3당이 합작된 당 명칭을 민자당(民自黨)으로 바꾼다. 그때 노무현은 3당 합작을 맹렬하게 비난하는 입장이었다. 김영삼은 민자당으로 들어가서는 92년에 제14대 대통령이 된다.

이때 노무현이 만약 김영삼을 지지하고 그를 따랐다면 어땠을까? 아마 모르긴 해도 탈락하는 일은 없었을 것이다. 김영삼으로서도 일찍이 자기 사람이었으니 공천을 마다할 이유가 없었을 것이고, 영삼이의 텃밭이나 다름이 없는 부산에서 치르는 선거는 땅 짚고 헤엄치는 것만 큼이나 쉬운 일에 해당할 수 있다. 그러나 노무현은 '지역패거리 정치'를 늘 좋지 않게 인식해온 사람이었으므로 마음에 없는 짓을 할 수가 없었던 사람이다. 노무현의 훌륭한 부분이 여기에 있다. 3김 정치는 흔히 말하는 '일일 보스정치'였고, 쥐 떼처럼 패거리를 짓는 정치여서 옳은 정치일 수가 없었는데도, 이 패거리 정치를 놓지 못하는 것이 우리현실이었다. 그는 분연히 옳지 않은 일을 할 수가 없었던 것이다. 92년의 일이었다.

그때 김영삼은 88년 선거에서 허삼수를 '군사반란의 수괴'라고 매도했던 사람인데, 당적이 같아지니까 갑자기 '동지'라 부르면서 그에게 공천을 주었고, 그 결과는 허삼수가 당선을 하고 노무현은 낙선한다. 그 3년 후에 그러니까 95년에 노무현은 부산시장에 출마한다. 당적은 여전히 민주당이었고, 상대는 김영삼의 측근인 민자당 문정수였다. 여기서 또 변수가 생긴다. 민주당은 김대중당이었으므로, 부산에서는 김대중을 빨갱이로 여기는 동네였다. 노무현은 좋아라 하면서도 김대중 편에 있는 사람에게는 표를 줄 수가 없는 게 부산의 정서였다. 그래서 또 고배를 마신다.

노무현의 세 번째 패배는 96년에 서울 종로구에서 치른 총선에서였다. 이때는 김영삼 대통령이 지방총선에 패배해서 어려워하던 시기였다. 또 김대중이 정치에 완전히 복귀해서 새롭게 '새정치 국민회의'를 창당하고 있었고, 김종필 역시 민자당에서 탈당하여 자민련(自民聯)을 창당하는 등으로 전혀 새로운 바람이 불고 있었다. 어쨌거나 이들 3김의 변함없는 패거리들 정치였던 것이다. 그래서 3김들의 패거리를 깨어야 정치가 새로워질 수 있다고 판단한 노무현은 정치 1번지 종로구로 출마를 한다.

당시에는 종로의 터줏대감으로 불리는 5, 6공화국의 핵심인물 이종찬(李鍾贊)이 국민회의의 후보로 나왔고, 노무현은 김대중의 당인 민주당─통합민주당─이었는데, 또 한 사람은 신한국당의 후보 이명박이었다. 여기서 노무현은 또 패배를 한다. 그러나 이 대목에서 우리는 노무현을 짚고 넘어가야 할 것이다. 알다시피 종로구라면 대한민국의 정치 1번지로 통한다. 대한민국의 정치적 관심이 그만큼 뜨겁게 집중되는 자리라는 뜻이다. 그 상징적인 자리에서 3김들의 패거리정치를 깨자고 깃발을 들고 나온 것은 높이 사줄 만한 일인 것이다.

그러나 출마한 것까지는 좋은데 또 낙선이었다. 그것도 맨 꼴찌인 3등이었다. 그러나 상황은 반전된다. 이명박이 부정선거를 했다는 것이 밝혀지면서였다. 그는 선거에서 아주 내놓고 돈을 썼다는 것이 밝혀지면서, 자기를 공천해준 신한국당에서도 책임을 져야 한다고 모르쇠로 일관하더니 미국으로 도망을 친 것이다. 당장 정권교체가 급하다고 생각한 노무현은 다시 김대중과 손을 잡고 국민회의당으로 합류한다. 그리고 98년에 김대중이 대통령이 되고, 종로구는 다시 보궐선거에 들어가는데, 그는 다시 선거에 도전하여 드디어 종로구의 의원이 될 수 있었다.

노무현의 네 번째 실패는 역시 부산지역이었다. 그는 무슨 한이 맺힌 것처럼 지역주의를 깨는 일에 매달리고 있었다 이번에도 통합민주당으로 나섰다. 서기 2000년 총선이었다. 상대는 한나라당의 허태열 후보였다. 그는 자기가 쉽게 이길 수 있는 종로를 포기하고, 다시 부산으로 내려가 후보등록을 마친다. 부산 '강서 을'이 그의 선거구역이었다. 노무현의 당선율이 가장 높게 점쳐졌지만 결과는 아니었다. 마침 남북정상회담이 발표되면서 부산은 '김대중 빨갱이'라는 정서가 확산되어 노무현이 피해를 입은 것이다.

그러나 노무현의 참값은 선거의 패배에도 불구하고 참신한 일꾼이라는 정서가 번지면서 그의 인기는 의외로 치솟는다. 부산 출마를 그렇게 만류했는데도, 자기의 소신을 꺾지 않는 우국충정을 사람들이 비로소 알게 되었다고나 할까? 그러고나서 마침내 정치인들의 펜클럽인 '노사모'가 탄생했던 것이다. 그것이 대통령을 만드는 직접적인 동기로 작동된다.

바보 노무현을 보고 있으면 한 시절의 물계자(勿稽子)가 떠오른다. 그는 신라가 아직 강성하지 못할 때의 초기 내해이사금(奈解尼師今) 때 사람이었다. 내해왕 14년에 포상팔국(浦上八國)이 신라의 이웃인 가락국을 침범하는 일이 있었다. 다급해진 가락국에서는 자기의 왕자를 신라에 보내서 도움을 요청하자, 내해이사금은 왕손인 내음(㮈音)을 육부(六部) 군사의 장군으로 삼아서 가서 돕도록 했고, 드디어 포상팔국의 군사를 물리쳤다. 이 싸움에서 물계자의 공이 가장 컸으나, 내음왕손의 미움을 사서 공신에 오르지 못했다.

그 후 단기 2545년(서기 212년)에 다시 골포(骨浦), 칠포(柒浦), 고사포 (古史浦)의 3국이 함께 신라의 갈화성(竭火城)을 공격해오자, 왕은 이를 크게 쳐부수었다. 이때도 물계자의 공이 으뜸이었으나, 논공행상에는 끼이지 못했다. 옆 사람들이 오히려 분하게 여겨 가만히 있지 말라고 했으나, 그는 남의 일처럼 태연히 말했다.

"내 공적을 드러내기 위해서 나선다면 누군가가 낮아질 것이다. 이는 대장부가 차마 할 짓이 아니다. 오히려 여러 번의 전쟁에서도 아직 살아남아 있다는 것은 내가 몸을 아끼었다는 것과 다를 것이 없으니, 무슨 낯으로 세상에 나서겠는가."

드디어 머리를 풀고, 거문고를 메고, 사체산(師彘山)으로 들어가서 대나무의 품성과 계곡의 물소리를 익히면서 세상에 나오지 아니 하였다.

그런데 칼을 쓰기 전에는 반드시 몸을 바르게 하고, 눈을 감고 앉아서 숨을 고루는 것이었다. 그리고 "살려지이다" 하는 주문을 외운 다음 칼을 휘두르는 것이었는데, 반드시 영험했으므로 무리들이 모두 따랐다는 것이다.

이로써 보면, 물계자는 신선수행을 했던 사람이었다고 보여진다. 당장에 죽일 사람을 앞에 두고, 사람을 살려내라고 주문을 외웠다는 것은, 무언가로 짝에 안 맞는 짓이었다고 보이기 때문이다. 그러나 어쩔 수 없이 죽여야 할 경우를 당했으므로 마지못해서 죽이는 것이지만, 그 생명은 영생으로 통하기를 바라는 간절한 염원이 담기었다고 볼 대목이다. 이것은 도고(道高)한 신선들이나 할 짓이다.

우리 민족의 역사에는 이런 인물이 의외로 많다. 유교시대를 살아오면서도 전혀 유교에 침습되지 않은, 학 같은 몸짓으로 자기 생을 살다가는 분들이다. 앞에서 예로 든 인물들이 바로 그렇다. 검군이나 사다함이 그렇지만, 정몽주나 원천석이 또한 그런 사람들이었다. 그리고 이순신이나 강증산 같은 분들의 자취가 또한 그렇게 나타난다. 그렇게 보면 이 땅에서 필부필부(匹夫匹婦)로 살아온 이름 없는 무지렁이들의 삶이 또한 그랬었다고 보아야 하리라.

그것이다. 큰 나무를 버티는 둥치나 뿌리는 언제라도 가느다란 실뿌리가 있어서 지탱이 되는 법이다. 이 잔 실뿌리가 없다면 땅 속에 있는 자양(滋養)을 무엇으로 흡수해서 그 큰 나무를 먹여 살릴 것인가. 그렇게 본다면 이름이 남겨진 사람들은 오히려 굵은 뿌리에 비견할 수 가 있다. 무언가 흔적을 남겼다는 건 그만한 공적이 있어서일 것이고, 정작 실뿌리라면 이름이 없을 것이기 때문이다. 이 실뿌리는 얼른 생각할 적에 별 가치가 없어 보여서 함부로 삽으로 찍어내고 파헤쳐서 뭉텅뭉텅 끊어내도 괜찮으리라 여겨진다. 그러나 좀 뿌리가 실하고 굵다면 소중하게 다루려고 든다. 정말 나무를 먹여 살리는 것은 잔 실뿌리들인데.

이런 노무현은 대통령이 되고 나서도 대통령의 권한을 대폭 줄여버린다. 과거 노태우가 보통사람을 천명한 후로 대통령에게 각하라는 호칭이 없어졌다면, 노무현에 이르러서는 대통령의 권위를 아예 땅에 내려놓는다. 그는 전직 대통령들이 누렸던 사소한 것까지를 일절 포기했기 때문에 나중에는 대통령을 이웃에 사는 아저씨 정도로 여기게끔 되었던 것이다. 이런 노무현이 탄핵소추를 당하고 한동안 국정에서 물러나게 된 사건이 있었다.

탄핵을 당한 이유는 특정 정당을 위한 불법선거운동을 계속했다는 이유였다. 그리고 대통령이 공직선거 및 부정방지법을 위반했다는 것이다. 그 골자가 되는 것을 추려보면 "대통령이 무엇을 잘해서 우리 당이 표를 얻을 수만 있다면, 합법적인 모든 것을 다 하고 싶다."든가, "개헌저지선까지 무너지면 그 뒤에 어떤 일이 생길지는, 나도 솔직하게 말씀드릴 수가 없다."고 했으며, "앞으로 4년 동안 제대로 하게 해 줄 것인지, 못 견뎌서 내려오게 할 것인지는 국민이 분명하게 해 줄 것이며", "국민들이 총선에서 '열린우리당'을 압도적으로 지지해 줄 것을 기대한다." 등 이런 발언을 했던 것이다.

그러자 제일 야당인 '한나라당'이 벌 떼처럼 들고 일어났다. 대통령이란 신분은 설령 자기 당이라 해도, 공정하게 생각하고 공평하게 몫을 나누어야 되는 자리인데, 이렇게 자당을 두둔하는 것은 있을 수가 없는 일이라는 것이다. 그렇게 보면 노무현은 확실히 위험한 발언을 한 것이 맞다.

그는 "시민혁명은 계속되고 있다. 다시 한 번 나서달라."고 당부하는 말까지 아끼지 않았고, 그리고 연이어 말하기를 "대한민국의 선거법은 관권시대의 유물"이란 말까지 서슴지 않았으니, 야당으로서는 좋은 빌미를 얻은 셈이었다.

대통령이 탄핵소추(彈劾訴追)를 당한 것은 헌정사에 유례가 없는 일인지라, 정국만이 아닌 전국이 발칵 뒤집혔다. 그러나 국민들은 탄핵을 반대하고 있었다. 그것이 대통령이 할 말로 적당하지 않았는지는 몰라도 그답게 솔직한 심정을 내보였다는 점에서 일말의 동정과 연민으로 다가선 것이다. 나중에는 헌법재판소가 나서고, 옳으니 그르니 국론은 분열되어서 혼란스러웠다. 결국 헌법재판소에서 판결을 내렸는데, 탄핵까지는 가지 않고 무마가 된다.

이 탄핵소추라는 사건이 있고 나서 제17대 총선이 있었는데, 탄핵을 강도 높게 주장했던 한나라당이 오히려 강한 역풍을 맞게 된다. 그런데 이 대목에서 우리가 기억할 것은 우리의 정치현실이다. 탄핵의 역풍으로 17대 총선에서 대통령의 당인 여당이 국회의석을 2/3나 차지한 것이다. 그만큼 국민이 힘을 실어주었으니, 국회는 그 힘을 바탕으로 민주주의를 한 번 실현할 만했는데도, 부질없는 자리 다툼으로 그 기회를 몽땅 허비하고 말았다. 이 어이없는 상황이 우리의 정치현실이라는 이야기다.

"워떤 놈이 하면 별 수 있간. 해봤자 그놈이 그놈이여!"

이런 시골 노인네들 말 앞에서 고개가 숙여진다.

다시 근본으로 돌아가자. 탄핵 후의 이 난장판 속에서도 지방색깔은 여전했다. '우리가 남이가?' 하는 경상도에서 생각만큼 탄핵바람을 타지 않고 여당의원을 많이 당선시킨 것이다. 처음 탄핵바람이 시작될 때는 경상도 역시 다른 지역과 한가지로 탄핵을 반대하는 분위기였는데, 막상 투표에서는 그들끼리는 남이 아니었던 것이다.

탄핵바람이 쓸고 지나간 자리에 남은 것은 무엇이었을까? 우리는 대한민국의 헌법이 서양인들에게서 배운 것이어서, 우리네 정서하고는 잘 맞지 않는다는 것을 새삼 느낄 수가 있었다. 가령 대통령이 탄핵 당할 짓을 했는지는 모른다. 그러나 그것이 우리들 정서에 꼭 맞았다면, 굳이 탄핵까지 가지는 않았을 것이다. 우리네 정서는 자기 당을 도와달라고 속내를 솔직하게 까놓는 쪽이 언제라도 마음에 들고 쏠려들 수밖에 없다. 이렇듯 이율배반적인 심리가 있을 수 있는 것이다.

한 국가가 정해진 헌법을 넘어서면서까지 국민들이 다른 짓을 할 수가 있었던 것은 그 헌법보다 그들 국민의 마음속에 깃든 본래의 정서가 자연스럽게 움직였던 탓이었다고 할밖에 없다. 이 본디의 정서가 무엇일까? 그것이 홍익인세다. 이 홍익인세의 정신은 잘잘못을 구구하게 따지기보다는 사건 자체를 통 크게 싸안으면서 긍정적으로 보려는 성향이 있다. 마음속에 태양을 품은 사람들만이 가질 수 있는, 너그러움과 관대함이 그런 대범함이 있다는 말이다. 노무현의 탄핵은 그래서 국민들이 나서서 반대를 했던 것이다. 노무현의 아리랑이다.

어제 밤 꿈에서 본 그립던 소릿길, 아리랑이 피어나던 정다운 산길/ 아리 아리랑 스리 스리랑 아라리가 났네, 아리랑 음음음 아라리가 났네/ 소달구지 타고가던 장삼이사(張三李四) 장길, 아주까리 주막에서 소달구지 멈추네/ 아리 아리랑 스리 스리랑 아라리가 났네, 아리랑 음음음 아라리가 났네/ 천성이 착해서 거짓말을 모르던, 나라머슴 노무현이 말 실수를 했네/ 아리 아리랑 스리 스리랑 아라리가 났네, 아리랑 음음음 아라리가 났네/ 보태는 말 꾸미는 말을 애시당초 몰라서, 제 가슴에 있는대로 말한 것이 실수네/ 아리 아리랑 스리 스리랑 아라리가 났네, 아리랑 음음음 아라리가 났네/ 한나라당 국회의원들 아주 살 판 나서, 차제에 노무현을 탄핵하자 별렀지/ 아리 아리랑 스리 스리랑 아라리가 났네, 아리랑 음음음 아라리가 났어/ 그러나 말아라 탄핵은 아니다, 경향각처에 국민들이 반대를 했지/ 아리 아리랑 스리 스리랑 아라리가 났네, 아리랑 음음음 아라리가 났네/ 남사고의 격암유록(格菴遺錄)에 회자되는 십승지(十勝地), 우리님과 같이 넘을 아리랑

고개/ 아리 아리랑 스리 스리랑 아라리가 났네, 아리랑 음음음 아라리
가 났네/ 논두렁 밭두렁 신작로 길에, 삼십리 닷새 장길에 남부여대
(男負女戴) 정답네/ 아리 아리랑 스리 스리랑 아라리가 났네, 아리랑
음음음 아라리가 났지.

　노무현을 이어서 대통령이 된 것은 이명박이다. 그는 앞에서 양아
치 대통령이란 제목으로 훑어내렸다. 이제 여기서는 그의 정치를 정식
으로 짚어볼 데다. 이 소인배가 대통령을 하는 동안, 국가는 어지럽기
가 이루 말할 수가 없을 지경이었다. 국민들이 반대하는 사대강(四大江)
사업을 무리하게 몰아붙여서 추진했던 결과는 온 국토에 썩은 물이 넘
쳐나서 여름철만 되면 녹조가 생기는 강물 속에 죽은 고기 떼가 떠오르
는, 그래서 생태환경을 완전히 망치는 쪽으로 변해진 것뿐이다.

　수많은 일자리를 창출해서 젊은이들의 실업문제를 해결할 것이라고
했으나, 모래나 자갈 채취에 재미를 본 것도 명박이 주위에 있던 소수
의 업자들이 기껏이었다. 강물이 차오르는 인근의 농토는 높아진 수위
때문에 논바닥이고 밭이고 물창으로 변해서 곡식이 제때 자라지를 못
했고, 가뭄에나 도움이 될 것으로 믿었던 농민들은 먼 곳에 있는 물을
퍼오기 위해서 드는 돈이 너무 많다고 불평이었다. 상황이 이러니, 차
라리 돈을 아끼고 물을 포기하는 하는 것이 낫지 않겠느냐는 이야기였
다. 이렇게 해서 온 국토를 버려놓는 데 쏟은 예산이 23조였던 것이다.

　그러나 국민인 우리가 사대강사업에 대해서 다 모르는 부분이 있다.
이것은 이명박의 사람으로 '사대강 전도사'를 자칭했던 이재오(李在五)
가 종편방송에 나와서 한 이야기다. 사대강이 아니라 이 국토에다 당초

에 운하를 건설할 계획이었다는 것이다. 낙동강과 한강을 연결시키고, 북한의 임진강과 대동강을 넘어 압록강과 두만강으로 통하는 운하를 건설해 놓으면, 물자운송의 경제 측면만이 아니라, 여러 문화면에서 또 관광사업으로도 막대한 이익이 날 것으로 보았다는 이야기다. 물론 통일이 된 후의 상황까지를 전제해서 생각한 계획이었다.

그것이 어긋나서 사대강으로 돌아섰다 했다. 사대강으로 흘러드는 물줄기는 360개가 넘는데, 축산과 공장 그리고 일상생활의 모든 오폐수가 모여서 흐르는 이 하천을 잘 정비만 해 놓으면 사대강은 푸른 물로 살아난다는 주장이었다. 그에 대한 20조의 예산도 다 준비했다는 이야기였다. 그런데 사대강이 죽음의 강이 된 것은, 박근혜 정권이 들어서면서 그런 예산을 한 푼도 쓰지 않고 고의로 방치를 했기 때문이고, 이명박과 같이 대통령 후보였을 때부터 사대강사업은 기를 쓰고 반대를 했던 박근혜가 일부러 강을 죽였기 때문이라는 것이다. 그래놓고 박근혜 정권은 사대강에 늘 헛다리만 짚는 감사를 붙인다고 했다. 적어도 그 말은 옳게 들렸다.

국가정책은 감사 대상이 아니라는 말은 맞다. 그 정책을 실행하면서 돈을 빼먹은 것이나, 설계 변경으로 착복한 것은 감사 대상이 되어도 정책 자체는 대상이 될 수 없겠기 때문이다. 그렇게 본다면 공약이 집행이 되는 과정은 국민이 반드시 지켜보아야 할 과제가 아닐까? 아무 소신이 없이 사건을 그저 바라만 보고 있는 공무원들이나, 곡학아세(曲學阿世)로 정치 편만 드는 전문 학자나 교수라는 사람들도 반드시 처벌해야 할 대상들이다. 또 학자들의 정당한 이론을 배척하면서 자기들의 잘못된 정책을 굳이 고집하는 정치도, 후진국의 고질병통에 해당한다.

전문학자의 소신 있는 주장이, 끝내는 정치에게 지고 마는 이런 고질 풍토가 고쳐지지 않는 한, 이명박이 같은 정치인은 언제고 나타날 수밖에 없다. 이명박의 사대강 계획은 옳았다. 그러나 소인배 기질을 타고 난 그는 자기의 포부를 만천하에 공개해 놓고 대범하게 일을 밀어붙이는 것이 아니라, 일이 닥치면 그때 가서 임시 해결하는 태도에 문제가 있었던 것이다. 결국 총론만 되풀이되고 각론은 없는 정치풍토가 근본 문제였다고 할 수 있다.

경제에서 실패한 노무현 후에 대통령으로 이명박이를 선택한 국민들로서는 확실하게 바라는 것이 있었다. 경제를 모르는 노무현이 민주주의의 질은 높였을지 모르나, 당장에 경제에 위기를 느끼는 서민대중이 명박이를 선택했던 것은, 서민의 아들로 태어나 고생고생을 하면서 오늘의 현대그룹을 만들어 낸, 명박이의 경제능력에 기대는 바가 있었기 때문이다. 그래서 이명박은 자기나 국민에게나 모두 '경제대통령'으로 통하고 있었다. 그러나 그런 국민의 희망도 모두 부질없는 것이 되고 말았다. 사대강만이 아니라, 명박이의 '자원외교'와 '방산산업'도 실패한 사업이어서다. 아니다. 사대강사업은 모든 국민이 알고나 있는 실패작이었지만, 나머지 둘에 대해서는 서민들이 잘 모르는 내용들이 있었다.

자원외교(資源外交)는 선거공약이었다. 외국에 있는 자원을 끌어다가 나라살림을 넉넉하게 돕겠다는 것이 당초의 약속이었던 것이다. 이런 공약이 그의 능력으로 비쳤기 때문에 국민이 표를 주었던 것도 사실일 터이다. 그러나 명박의 마음속에는 국민이 없었다. 그는 대통령 자리를 제 개인의 이익을 위해서만 쓰려고 들었던 위인이다. 바탕이 그런 인물이었으니 국민들의 바람이 애초 부질없는 일이기는 했다.

그가 외국에서 끌어오는 자원으로 생각한 첫 번째 것은 석유였다. 정확하게 말하면 석유가 아니라 원유라는 것이 옳겠지만. 그는 석유가 매장되어 있다 싶은 나라들과 자원외교를 트면서 32조 원이라는 큰돈으로 미리 예약을 했다. 캐나다, 미국, 남미, 영국, 중동, 호주 등이었다. 이명박의 비리를 10년간 쫓아다녔다는 주진우 기자는 이명박의 사기수법을 이렇게 설명한다.

"먼저 장밋빛 청사진으로 대규모 투자자를 모은다. 투자자가 모이면 돈은 사라지고, 감사나 조사가 시작되면 실무자나 말단직원이 꼭 죽는다."

이것을 주 기자는 '이명박 패턴'이라고 했다.

처음 일을 시작했던 곳은 이라크의 쿠르트 유전이었다. 세계적인 정유회사인 국내의 SK에너지와 GX칼텍스가 있었지만, 한마디 의논도 없었다. 그렇게 일방적인 계약을 맺은 것이다. 유전은 다섯이었지만, 네 곳에서는 전혀 기름이 비치지 않았고, 명맥을 유지한 것은 그나마 한 곳 뿐이었다. 모두 70억 배럴의 석유가 묻혀 있는데, 그중에서 20억 배럴은 한국 몫이라고 했다. 기름이 나오는 한 개의 광구도 당초에는 38억 배럴이라 했지만, 나중에는 3억 배럴뿐이라고 했다. 그러나 시작된 사업이었으므로 공사는 계속될 뿐이었지 다른 방법은 없었다.

기름을 정제하는 낡은 정유회사가 하나 있었다. 그 정유회사를 가동 시키는 데 다시 6,000억 원이 들었다. 그러나 엉터리 계약 탓으로 이익은 맥쿼리라는 회사가 챙기는 형편이었다. 매년 들어가는 돈만 해도 1,000억 원 이상이었다. 그렇게 5년을 버티면서 1조 7,000억을 쏟아붓

고야 끝을 본다. 건진 돈은 겨우 5백억뿐이었다.

그 다음은 캐나다 엘버트 유전에서 일을 벌렸다. 역시 사전에 무슨 현장조사가 이루진 것도 아니었고, 30년 전에 개발했던 유전이었는데, 낡은 폐광이나 진배없는 유전이었다. 4조 5,000억 원을 들인 사업이었으나, 나오는 기름은 겨우 2%에 지나지 않았고 나머지는 물이었다. 그러니까 물이 98%나 되는 쓰지 못하는 '기름 샘'을 하나 사들였던 것이다.

그런데도 '하베스트 유전회사'는 오히려 고자세로 일관하더니, 나중에는 회사 전체를 매입하라고 윽박질렀다. 맹랑한 일이었다. 사태가 이렇게 되자 석유회사 대표는 직원들을 데리고 캐나다에서 철수를 해버린다. 알 수 없는 일은 그 후부터였다. 한국에 닿자마자 장관이 그를 불러서 다급하게 캐나다 일을 성사시키라고 했다. 그렇게 해서 곧바로 돌아간 그는 3일 안으로 일을 성사시켰다는 것이다. 들어간 돈의 70배나 되는 2조 2,000억에 사들인 셈이다. 가방 한 개를 사기 위해서 백화점에를 잘못 들어갔다가 결국 그 백화점을 산 꼴이었다. 그것도 낡고 망해버린 형편없는 헌 백화점을.

한국석유회사는 한국인의 세금으로 경영하는 국영회사다. 우리들의 돈으로 직원들의 월급도 주고, 거기서 남는 이익은 국가의 수입이 된다. 수입이 손해로 변해도 국영사업이니까 국민의 세금이 없어지는 것이지, 거기서 손해를 보는 개인은 없다는 이야기다. 여기서 빠뜨린 허점이 하나 있다. 이런 국영사업도 개인의 사업처럼 어떤 사업을 벌이면 5%의 커미션이 반드시 따른다는 점이다. 명박은 이 커미션을 노렸던 건 아닐까? 말하자면 국민의 혈세로 버린 2조 2,000억에는 이명박이 챙긴 5%의 커미션이 또 있었기 때문이다.

그는 이라크 유전에다 버린 1조 7천억이나, 캐나다 유전에다 처넣은 2조 2천억이 문제될 것은 없는 사람이었다. 국민의 피 같은 혈세를 낭비한다는 반성도 없었다. 그에게는 거기서 챙기는 5%의 자기 몫만이 중요했는지도 모른다. 이런 작대기가 경제대통령이었다는 말이다. 그를 바라보는 국민들로서는 그야말로 생선가게를 고양이에게 맡긴 격이었다. 생선가게야 어찌 되든 생선만 먹으면 되는 고양이처럼, 국민의 혈세가 낭비되고 없어지는 건, 그 자로서는 알 바가 아니었던 것이다.

방위산업에 대한 비리도 어마어마했다. 사회 일반에서는 국정원직원들의 상조회로 알려져 있던 '양우공제회' 가 이명박에 의해 수상한 회사로 둔갑을 하면서 일이 시작된다. 그 회사가 해운산업에 투자를 했는데, 한국형 전함 또 한국형 구축함 등의 신형 무기장비를 만들었다. 그중에 하나가 '통영함'이다. 1,600억을 들여서 만든 이 복합무기체계가 성능 미흡으로 2년 이상을 해군에서 인수를 거부했다. 또 그 무렵에 불거진 세월호 참사 때 현장 투입도 못 해 본 것은 왜인가?

이 통영함 사건을 조사하기 위하여 검찰이 무려 117명이나 되는 합동수사단을 출범시켰고, 전직 해군참모장 2명과 그 외 총 63명을 구속하거나 불구속하였지만, 정작 재판부는 검찰기소를 인정할 수 없다 하여 무죄를 선고했다. 이게 대한민국의 사법 현장인 것이다. 이런 일이 독일이나 미국에 있었다면 그들 재판도 무죄였을까? 아니다. 그들과 우리는 지나온 역사가 확연히 다르다. 그들에게는 이런 경우 무죄라는 게 있을 수가 없지만, 성리학 시절을 지나오고 왜정시절을 지나온 우리는 그렇게 비리를 저질러도 국민이 당연한 일처럼 받아들이는 것이다.

저들은 처음부터 민주주의 실뿌리가 바닥에 깔리면서 오늘의 민주주의를 이루어냈지만, 우리는 양반 상놈이 피차 다른 환경에서, 상놈은 인격도 주권도 없고, 끊임없이 짓밟힘을 당하면서도, 그것을 당연하게 알아온 피의 유전인자가 몸뚱이에 있는 민족이어서, 어렵다는 이야기다. 해방 이후로 지구촌이 크게 변화하면서 얼핏 우리도 저들과 같다고 생각들을 하지만, 피의 내림이 현저하게 다른 우리는 명박이 같은 자들의 소행에 사실은 익숙해져 있다.

통영함은 도대체가 최첨단 군함으로는 제구실을 못하는 배였다. 통영함에 딸린 '소나'라는 장비도 42억을 들였다는 게 알고 보니 2억짜리 어군 탐지기였다는 것이 나중에 밝혀졌다. 40억은 중간에 쥐도 새도 모르게 없어진 것이다. 이렇게 국민의 혈세로 재미를 보는 것은 늘 있는 일이었고, 군 관련 계약을 맺는데 특혜나 뇌물을 주고받는 것은 예사로운 일이었으며, 이도 모자라 정확해야 할 부품들이 불량품으로 만들어져서 거래가 되는 일이 비일비재했던 것이다.

군장비가 기준 미달이라면, 작전 수행을 하는 데서 문제가 발생한다는 건 불을 보듯 빤한 이치다. 그런데도 군 장성이나 지휘 계통은 이런 것을 지적하지 않고 그동안 무엇을 했을까? 국가의 안전을 생각하기보다는 개인의 이익을 먼저 생각한 것이 사실은 이들이었다. 무엇보다 국방장관이란 작대기가 '방산형 비리는 생계형 비리'라고 한 말이 이것을 증명한다.

그의 말대로라면 장성들의 월급이 적어서 부득이하게 국가산업의 돈을 손댔다는 뜻이 된다. 그래서 생계형 비리라는 것이다. 말이 되는 소릴까? 그러니까 본래부터 이조시절의 양반들처럼 특권층에 속하는 귀족들이었으므로 이런 비리를 당연하게 여겼고, 그것이 이명박 같은 자가 대통령이 됨으로 해서 더욱 아무렇지도 않게 보편화되었던 것뿐이다.

이것 외에도 사건들은 많았다. 넘치는 사건을 일일이 말하지 않아도 좋을 것이다. 그렇게 '사대강', '자원외교' 그리고 '방산비리'에서 허비되고 도둑맞은 돈이 200조 원은 될 것이라는 것이 대개의 사람들이 추정하는 액수다. 소위 경제대통령이라고 자랑하던 이명박은 국민이 피땀 흘려 모은 나랏돈을 아무짝에도 쓸 수 없도록 처신하고도 후회할 줄을 모르는 인간이다.

박근혜의
종북몰이 정부

이명박을 이어선 것은 박근혜 정권이다. 1961년에 군사쿠데타로 정권을 장악해서 18년간 독재를 폈던 박정희의 딸이 박근혜다. 박근혜는 한나라당 대표를 하던 시절에도 이명박과는 달리 말에 신의가 있었다. 그래서 대선후보로 나왔을 때 많은 국민들이 박근혜의 공약에 절대적인 지지를 보냈던 것이다. 돌이켜 생각해보면 선거에 나온 후보자치고 좋지 않은 공약을 내건 얼간이는 없었다. 모두가 민중을 위해서, 민족을 위해서, 그리고 절대 다수의 약자를 위해서 일을 하겠다는 소신을 피력했다. 그러나 해방 이후로 늘 그런 헛된 공약에 속아온 것이 또 이나라 국민들이었다. 하여 웬만한 공약에는 속지 않을 만큼 내면에 면역이 생긴 것도 사실이다.

그러나 박정희 딸이 내세우는 공약에는 온 국민이 지지를 한 것이다. 첫째 박정희는 이 나라에서 마천령보다 높다는 보릿고개를 없애 준 사람이라는 인식이 국민 모두에게 고루 깔려 있었다. 그것이 일단 국민들에게 먹혀든 것이다. 두 번째로 박정희 딸이 하는 말은 거짓이 없는 진실로 통했다. 그동안 한나라당 대표직을 맡고 있을 적에도 말에 신의가 있었던 것이다. 어벙벙한 이명박 대통령과는 달리 말에 졸가리가 서고, 언제라도 신의를 중히 여긴다는 것을 보여준 것이다. 그런 박정희 따님이 드디어 대통령 후보로 나서면서 일단 '한나라당'이라는 당명을 '새누리당'으로 바꿔 달았다. 그 새누리당은 인기 없는 한나라당과는 다를 것이라는 인식을 심고 시작한 것이다.

박정희의 딸이 내건 대선공약은 박정희 시대와 다른 파라다이스를 만들겠다는 것 일색이었다. 그래서 국민들이 많은 지지표를 준 것이다. 특히 50대와 60대 이상의 국민들이 박정희 딸을 지지해서 표를 준 것은, 그들이 군사독재 시절을 경험해서 표를 줄 것 같지가 않은 세대였음에도 대선 공약에 속았던 것이다. 결과적으로는 사기를 친 꼴이었는데, 그는 65세 이상의 노인층에게는 월 20만 원의 기초연금을 지급하겠다고 했다. 그리고 4대 중중질환의 환자에게는 국가가 무상으로 치유를 전담하겠다고 나섰다.

4대 중중질환이란 우선 암, 심장, 뇌혈관, 희귀난치성 등의 질병을 말한다. 이런 병중은 모두 국가가 당연히 책임을 지고 무상으로 치유를 해내겠다는 공약이었다. 그래서 이 착한 국민들은 아무 의심없이 박정희 딸에게 표를 몰아준 것이다. 박정희의 독재정권에 넌더리를 내고 있었던 50대와 60대 충에서 의심 않고 표를 준 것은, 그녀의 평소 언행이 믿을 만했기 때문에 그렇게 된 것이다.

차제에 박근혜의 대선공약을 한번 살펴보기로 하자. 우선 대학등록금을 절반으로 줄이겠다고 했다. 그리고 고등학교 교육을 무상으로 의무 교육화하겠다고 했다. 그리고 과거 민주당이 올린 대학등록금을 새

누리당이 반값으로 내리겠다고 했고, 비정규직이 국가의 비상한 현안 문제인 것도 감안을 해서 차별없이 하겠다 했고, 심지어는 동네 상권에 대형마트가 진입하는 것을 규제하겠다고도 했다. 특히 사법부의 개혁을 위해서는 여겨볼 만한 대목들이 있었다. 결론부터 말한다면 박근혜 정권은 사법부의 개혁을 이루겠다고 했다. 무엇보다 전관예우를 뿌리 뽑지 않고는 사법의 앞날은 없을 것이라고 했다. 이렇게 모든 것이 희망적이었다.

그리고 박근혜 대통령 후보자는 국민에게 거듭 소신을 피력했다. 자기 공약은 지킬 것만 내놓는다는 것이다. 국민에게 약속한 것은 반드시 지키겠다고 거듭 강조했다. 그러나 박근혜 정권이 1년을 지난 후에 와서 후보시절의 공약을 돌아볼 적에 지켜진 것은 거의 없었다. 그 공약들이 줄줄이 파기된 것이다. 제일 먼저 백기를 들고 사과를 한 것은, 65세 이상의 고령자들에게는 월 20만 원씩을 지급해서 생계를 보장하겠다는 것이었는데, 정권 초기부터 돈을 지급할 능력이 없어서였다. 이런 결과는 당연하다.

돈을 쓰자면 그 돈을 마련해야 되는데, 그러자면 이명박 정부가 부자들을 상대로 감면세라는 특혜를 베푼 것이 있으니, 그 부자들에게 종전대로 세금을 제대로만 매기면 되는 일이다. 그런데 이렇게 빤한 수를 두고도 이명박 정부가 하던 대로 부자들에게 여전히 감면의 특혜를 준 것이다. 가장 큰 이슈였던 기초연금이 고장이 생기자 고등학교 무상교육이니, 대학 반값 등록금이니, 행복주택이니 하는 것들은 당연하게 줄줄이 자동으로 파기될 수 없었다. 국민들은 비로소 박근혜의 대선공약이 사기였음을 알고 분노했지만, 기왕에 저질러진 일이라 꼼짝없이 당하는 수뿐이었다.

4대 중증환자에 대한 공약도 물건너간 껍데기 공약이 되고 말았다. 사회적 약자를 지키고 보호하기 위해서 만든 공약들이 모두 어긋난 것이다. 그리고 이런 불만을 함부로 말하고 떠들어 대는 국민은 가차 없이 종북(從北)으로 몰아가면서, 불만이 고인 사회의 약자들을 '용공', '빨갱이'로 몰면서 자기들이 만든 위기상황에 대처하려고 하였다. 이런 박근혜정부의 경제정책은 한마디로 줄·푸·세 정책이다. 세금은 줄이고, 규제는 풀고, 법질서는 세운다는 것이었다. 이건 이명박 정권이 했던 짓이었는데, 박근혜가 고스란히 되물림을 한 짓이다. 어찌 보면 박근혜 정권은 국민에게 짜증을 내고 신경질을 부리는 것처럼 보인다.

세금은 줄이자 했으니 부자들에게도 세금을 더 물릴 수가 없이 되었다. 규제는 풀자 했으니 이것도 역시 이명박이 경제를 규제하는 온갖 제도를 풀다 보니, 동네 골목상권을 침범하는 대형마트가 들어서는 명분이 된 것이다. 또 법질서를 세운다 했으니 자기들의 입맛에 맞지 않은 짓은 모두 용공이나 빨갱이로 몰아가도 좋은 핑계가 될 수 있었다. 이 대목에서 확연하게 드러난 것이, 국정원이 대선 개입에 얽힌 희대의 사건이다. 국정원 대선 개입은 박근혜를 당선시키기 위해 국정원이 팔을 걷어부치고 나선, 그래서 박근혜가 당선될 수밖에 없었던 매우 조직적인 범죄행위였다.

이 일을 두고 박근혜가 외국나들이를 하면, 그곳에 있는 동포사회에서 현수막을 들고 '대한민국 대통령선거 원천 무효' 데모를 하였다. 물론 '박근혜 퇴진'도 함께 요구하였던 것이다. 이 국정원의 대선 개입이 백일하에 드러났는데도, 박근혜 정부는 행정 차원의 진상 규명을 전혀 외면했다. 그저 사법부의 판단을 기다려보자는 말만을 되풀이할 뿐이었다. 그러나 이는 행정부의 수장인 대통령이 할 말은 아니라고 본다. 국민을 직접적으로 맞대서 통치하는 데가 행정부이니만치, 철저한 진상 조사를 해서 국민의 의심을 풀어주는 태도가 옳은 때문이다.

그러나 이런 미온적인 태도는 자칫 큰 위험을 자초할 수도 있는 일이다. 과거 이승만 정권도 사법부의 판결이 아니라 국민이 힘에 의해서 무너졌던 것이다. 또 전두환 정권이 무너진 것도 사법부의 판결이 아니라 그들의 독재를 거부한 민중의 힘에 의해서였다. 지금도 세계의 모든 독재가 무너지는 것은 그들이 만만하게 부려먹는 사법부의 재판이 아니라, 언제나 성난 민중의 힘에 의해서 무너지는 것이다. 박근혜가 검찰을 개혁하겠다고 했던 대목은 또 어떤가?

검찰을 개혁하겠다고 했을 때 대부분의 국민은 혹시나 하는 기분으로 검찰의 개혁을 기대했었다. 왜냐하면 그동안 검찰은 힘 있는 정치나 재벌의 편에 서서 늘 그들의 비위를 맞추면서 그 그늘에 안주해 왔다는 것을 너무 잘 알기 때문이다. 대한민국의 사법부가 엉터리라는 것은 무전유죄(無錢有罪) 유전무죄(有錢無罪)라는 비아냥에서 잘 나타나고 있다. 아무리 죽을 죄를 진 인간이라 해도 돈과 백이 있다면 일단은 해 볼 만한 것이 대한민국의 재판이다. 반드시 이길 수는 없어도 그렇다고 지지도 않을 수도 있는 것이 대한민국의 재판이기 때문이다. 전혀 '상식이 통하지 않는 이 재판'은 검찰과 변호인과 판사들의 것이었지, 국민들과는 아무 상관이 없기 때문이다.

그런데 박근혜가 국민의 법질서를 위해서 검찰을 개혁하겠다고 했으니, 평소에 그녀의 말을 믿어온 국민은 행여나 싶은 기대가 있었던 것이 사실이다. 대통령의 이 말이 시험대가 된 것은 국정원의 대선 개입이 불거지면서 시작되었다. 원세훈(元世勳)이란 국정원장이 처음에 말밥에 오르면서부터였다. 그는 국정원의 대선 개입을 말하다가 노무현 전 대통령의 사초(史草) 문제를 언급했다. 드디어 일이 터진 것이다. 대통령의 사초 문제가 나오자 온 나라가 아연(啞然) 긴장했다. 조그만 문제를 가지고 시작을 했는데, 사초까지 문제를 삼았다는 것은 그야말로 국기(國基)를 뒤흔드는 거창한 사건이었기 때문이다.

문제는 노무현 대통령이 방북을 해서 김정일 위원장을 만났을 때, 서해안의 NLL을 놓고 회담을 할 적에 대통령으로서 이적행위를 했다는 것이었다. 그리고 지나친 저자세로 굴욕적인 외교를 했다는 것이다. 그러나 굴욕적인 외교라는 것은 노 대통령이 김정일과 면담을 할 적에 "대외적인 북한문제에 대해서는 제가 북한의 대변인 노릇을 한다."는 말씀이 전부였다. 비록 피차의 정부는 다르지만 그래도 우리끼리는 한 동포라는 역사의식에서 한 말이던 것이다.

이것은 동포끼리의 정상회의석에서 분위기상으로 충분이 있을 수가 있는 발언이지 그것으로 문제를 삼을 것은 아니었다. 나는 《시사IN》이라는 잡지가 그 문제를 친절하게 파헤치면서, 부록으로 NLL에 대한 노무현 대통령과 김정일 위원장의 대화 전부를 발표했으므로 그 기록을 직접 읽었던 사람이다. 내 생각으로도 그것은 저자세의 외교가 아니라 서로의 민족 감정과 정상끼리의 분위기에서 나눌 수 있는, 전혀 어울리는 말이었다고 판단했다.

그리고 이적행위라 한 것도 "군사분계선도 아닌 평화지역을 놓고 서로가 불편을 겪느니 차라리 공동어로를 할 수 있는 지역으로 만들면 좋겠습니다." 한 것이 전부였다. 이것은 앞에서 말한 데가 있다. 그런데 노 대통령의 처신을 무슨 이적행위인 양 인식시키기 위해서 말을 구부리고 비틀다 보니, NLL을 끄집어내게 된 것이다. 그가 원세훈이라는 국정원의 수장이었던 것이다. 사건의 진상 조사를 위해서 드디어 검찰이 나섰다. 채동욱(蔡東旭)이란 검찰총장이었다. 그런데 이 채동욱이 국회에서 청문회를 치르는데, 아무리 파도 비리나 약점이 드러나질 않아서 '칭찬 청문회'라는 말을 들을 정도의 인물이었던 것이다.

그는 제 본분대로 가닥을 잡고 원세훈을 조사하기 시작했다. NLL은 대통령의 사초에 해당하는 문제였기 때문에 이것이 해외로 알려진다거나 할 경우, 국가기본이 흔들릴 수 있는 중대한 사안에 해당한다. 그것을 국정원이 임의로 들쳐보았다는 것은 첨부터 있을 수가 없는 어불성설일 수밖에 없었다. 당연히 검찰의 질문이 매울 수밖에 없고, 엄청난 짓을 저지른 국정원은 고개를 못 드는 죄인이 되고 있었다. 대선 개입 문제도 밝혀진다는 건 불을 보듯 빤했다. 그러자 위기를 느낀 박근혜 정부는 채동욱 총장을 바꾸는 음모를 꾸민다. 언제나 그렇듯이 그런 문제는 언론에서 조작하고 흠집을 만드는 법이다. 조선일보가 끼어들었다.

채동욱에게 혼외(婚外) 자식이 있다고 시작한 것이다. 이런 여론몰이는 언제나 급물살을 탄다. 채 총장은 그런 일이 없노라고 펄쩍 뛰었지만, 박근혜 정부는 채총장의 사실적인 정황들을 전혀 무시한 채 법률이 정하는 절차도 거치지 않고 채 총장을 못을 뽑아내듯 억지로 뽑아 던졌다. 혼외에 자식이 있다고 걸고 든 것은 소위 말하는 도덕적인 흠집이 있다는 것인데, 도덕적 흠집은 박근혜가 훨씬 더 하다고 할 일이던 것이다. 대선 당시 조웅(趙雄)[1]이란 목사가 박근혜의 사생활을 두고 인터넷에다가 소문을 까발렸기 때문이다. 이렇게 되면 검찰개혁은 물건너간 것으로 보아야 한다.

박근혜 정권의 1년은 이명박 정권의 연장 외에 아무것도 이룬 것이 없다는 게 대체적인 평가다. 이명박이 하던 짓을 그냥 되풀이만 했지 무엇 하나라도 거기서 달라진 것이 없다는 이야기다. 그래서 이명박의 6년 연장이라는 말까지 나오는 판이다. 아니다. 아주 없는 것이 아니라 툭하면 종북으로 몰아가는 풍토는 더 구체적이고 지능적으로 변하는 중에 있다.

언젠가 신문에서 '6등급 정치'란 칼럼을 읽은 적이 있다. 이것을 인용하자면 이렇다.

정치에도 6등급이 있다. 1등급은 자연스러움을 따르는 순리의 정치다. 등급은 이익으로 백성을 이끄는 정치고, 3등급은 백성이 깨우치도록 가르치는 훈계형 정치며, 4등급은 백성들을 바로 잡으려는 위압정치다. 사마천이 사기에서 한 얘기다 그런데 여기에 5등급의 정치가 또 있다. 맨 아래 정치는 늘 백성과 다투는 정치다. 그 백성들은 가장 슬픈 백성인 것이다. 그러나 사마천이 놓친 게 있다. 그는 백성과 다투는 정치, 아래 백성을 외면하고, 무시하고, 짜증을 내는 6등급의

***

1. 조웅(趙雄) : 박정희와 함께 5·16을 일으켰고, 중앙정보부를 창설했다고 자기 소개를 했던 사람이다. 그가 대선을 바짝 앞두고 박근혜의 지저분한 사생활을 폭로했는데, 목불인견(目不忍見)이었다. 도덕적인 면을 문제삼아서 인격에 흠을 내기로 든다면, 박정희의 딸 박근혜는 참말이지 대통령이 되어서는 안 되는 추잡한 인물이었다. 그러나 박근혜는 대통령이 되었고, 박근혜가 대통령이 되면 안 된다고 주장했던 조웅은 지금 감옥에서 영어의 몸이 되어 있다. 이것이 권력이고 그런 권력 아래서 살고 있는 것이 우리들이다.

정치가 있으리라고는 상상도 못했을 것이다.

이 신문칼럼이 박근혜 정권을 잘 논평했다고 보인다.

나라 되어가는 꼴이 왜 이렇게만 되고 있을까? 이것이 박근혜 정권 1년을 지나면서 아무 희망도 없는 국민들이 멀쩡한 종북에 길들여지고 있는 현재적 정황이었다. 나는 대한민국이라는 나라가 이렇듯 비틀려가는 것을 두고 곰곰이 생각해본다. 그리고 조심스럽게 이런 결론에 닿는다. 과거에 김종필이 박근혜를 두고 약간 모자라는 사람으로 평가한다는 유언비어가 항간에 있었다. 또 김영삼 대통령도 '칠푼이'로 본다는 말도 있었다. 또 박근혜는 원고가 없이는 말을 못하는 사람이라는 세간의 논평도 있다.

결국 머리가 나쁘다는 이야기들인데, 그게 사실이라면 정국을 이렇게 공안통치로 몰아가는 것이 까닭이 있을 것 같아서다. 머리가 나쁜 사람의 특징은 자기 주장이나 판단이 늘 뒤처지기 때문에 급하게 닥치는 상황에서 임기응변이 필요할 경우를 만나면 확실한 자기 주장을 내놓을 수가 없다는 점이다. 언제나 어벙거리고 우물쭈물해서 곁에 있는 사람의 의견을 수렴하기 마련일 수밖에 없이 판이 돌아간다. 그리고 그것에 자연스럽게 길이 들여지다보면 자기 의견은 항상 못 쓰는 결과에 닿을 것이다. 박근혜 대통령이 전혀 공약을 못 지키는 것은 그럴 의지가 없어서가 아니라 언제나 남의 말을 먼저 듣는 그 타성(惰性) 때문이 아닐까?

박근혜 정권에서 용서할 수 없는 역사적 범죄행위는 다른 것도 아니고 역사교과서를 날조하여 자라나는 청소년들에게 가르치려 든 것이다. 그것은 정권 초기부터 끊임없이 사람들 입방아에 오르내리면서 회자가 되던 문제였다. 이승만과 박정희를 미화하여 고등학교 역사교과서를 새로 쓰도록 계획을 세운 것이다. 이승만과 박정희를 찬양한다는 것은 곧 친일파와 독재자를 찬양하는 것에 다름 아니다.

물론 교육부가 나서서 하는 일이다. 그러나 정부의 의지가 먼저 있은 다음에 이런 일은 기획이 되는 법이다. 그것이 그렇다고 증명되는 것은 그들 여당인 '새누리당'은 이 문제에 총공세를 펴면서 전폭적인 지지를 했다는 점이다. 정권의 힘이 새삼 무섭다는 것을 인정하지 않을 수가 없는 대목이었다. 해방 이후 친일세력과 독재세력이 이 국토를 지배해왔다고는 하나, 그래도 김영삼의 '문민정부'와 김대중의 '국민의 정부' 그리고 노무현의 '참여정부'를 지나온 경험이 있다. 그런데도 과거로 회귀하는 역사의 바퀴가 이렇게 거꾸로 돌아간 것이다.

그러나 사필귀정(事必歸正)이었다. 전국의 학부형과 일선교사들, 대학동문의 선배들 그리고 시민단체에서는 이를 받아들일 수 없다고 강경한 반대를 하고 나섰다. 그리하여 근 1년 가까이 시끄럽던 이 문제는 4346년(서기 2013년)에 드디어 뚜껑이 열렸다. 그 결과는 어땠나? 2,373개나 되는 전국의 고등학교에서 거의 보이콧을 한 것으로 나타났다. 처음에는 한두 학교에서 그 교과서를 수용한다는 발표가 있었으나, 그들도 곧 수용할 수 없다고 했다. 신문에서 마침내 이 사실을 0%라고 발표한 것이다.

그러자 정부는 태도를 바꾸어 '국정교과서'로 하겠다고 했다. 국정교과서는 해방 이후에 곧 시작되었던 교과서를 말한다. 다분히 획일적이고 국가가 가르치는 대로 따를 수밖에 없는, 다시 말해서 국가가 주는 독을 고스란히 수용해야 하는 방식이다. 여기에는 창의적이고 진보적인 사상이 처음부터 배제될 수밖에 없도록 판이 짜여진다. 국가나 정부가 국민을 자기들의 방식에 맞게 길들이려 하기 때문이다.

박근혜 정권은 제 귓구멍에 닿는 소리가 조금이라도 싫다 싶으면 아예 종북으로 몰아가는 비열한 정권이다. 이 따위 헤프닝을 정권이라고, 혹은 정부라고 믿는 국민이 과연 몇이나 될까? 그들 친일파가 아니면, 혹은 친일의 우산 밑에서 기생하는 축들이 아니면, -옳은 제정신을 붙들고 사는 백성이 아니면- 과연 몇이나 되겠느냐는 질문이다.

담장너머로 쇠뿔이 지나가는 것을 보면, 소가 지나가는 것이라 했다. 먼 산에 연기가 일어나는 것을 보면 산불이 생긴 것을 안다고 했다. 열번을 양보해서 박정희가 보릿고개를 해결해 주는 대신으로 국민의 인권을 탄압한 것은, 역사가 자라온 과정이었다고 눙쳐서 생각해 줄 수가 있다. 그러나 오늘의 우리는 과거처럼 배가 고픈 국민이 아니다. 역사는 자랐고, 그래서 우리는 개인의 권리와 인격이 존중되는 시대의 시민이기를 원한다.

제 귀에 싫은 소리를 하면 무조건 종북으로 몰아가는 정권에 이런 쓴소리를 한다면 나도 혹시 종북이 되는 것은 아닐까? 사양하지 않겠다. 그렇다면 나도 종북이다. 다시 아리랑이다.

앙가라강[2]에 뗏목을 띄우고 바이칼을 떠날 때, 천하대장군 지하여
장군도 함께 온 민족/ 아리 아리랑 스리 스리랑 아라리가 났네, 아리

***
2. 앙가라 : 바이칼에서 흘러나오는 유일한 강이 앙가라 강이다. 366개의 물줄기가 바이칼로 흘러드는데, 나가는 물줄기는 오직 앙가라강뿐이다. '앙가라'의 어원은 '왕으로 가는 강'이었다. 그것이 지역적인 변음을 거치면서 앙가라강이 된 것이다.

랑 음음음 아라리가 났네/ 흑수를 건너서 홍안령 넘어, 내륙의 태백산에 신시제단 묻었지/ 아리 아리랑 스리 스리랑 아라리가 났네, 아리랑 음음음 아라리가 났네/ 배달나라 서울은 시절 따라 달라서, 함양이라 장안이라 일정치가 않다네/ 아리 아리랑 스리 스리랑 아라리가 났네, 아리랑 음음음 아라리가 났네/ 그 국토 그 서울에 옛혼은 살아서, 장승 벅수 그 모냥은 대물림을 시켰지/ 아리 아리랑 스리 스리랑 아라리가 났네, 아리랑 음음음 아라리가 났네/ 에헤라 놓아라 장승 벅수 놓아라, 홍익인세 재세이화 시절에서 멀고/ 아리 아리랑 스리 스리랑 아라리가 났네, 아리랑 음음음 아라리가 났네/ 법당 뒤 삼성각은 그 시절의 조상님, 마을 동구에 장승 벅수도 그 시절 님들/ 아리 아리랑 스리 스리랑 아라리가 났네, 아리랑 음음음 아라리가 났네/ 물레야 돌아라 빙빙빙 돌아라, 바이칼의 넋백들도 함께 돌아라/ 아리 아리랑 스리 스리랑 아라리가 났네, 아리랑 음음음 아라리가 났어/ 백두산 꼭대기는 천지 못이 있고, 그 못에서 분출되어 조선반도 있지/ 아리 아리랑 스리 스리랑 아라리가 났네, 아리랑 음음음 아라리가 났네, 아리랑 음음음 아라리가 났네/ 낭림산맥 멸악산맥 태백산맥을 더듬어, 동해바다 한려수도가 삼천리 국토네/ 아리 아리랑 스리 스리랑 아라리가 났네, 아리랑 음음음 아라리가 났어/ 왕건태조 훈요십조는 과거제도로 망쳤고, 단군왕검 홍익인세는 성리학이 망쳤지/ 아리 아리랑 스리 스리랑 아라리가 났네, 아리랑 음음음 아라리가 났제/ 앞산아 뒷산아 왜 무너졌냐, 엉터리로 가는 세상이 너무 기가 막힌다. 아리 아리랑 스리 스리랑 아라리가 났네, 아리랑 음음음 아라리가 났네/ 명사십리 해당화가 연년이 붉으니, 거칠어진 민족혼도 되살아 나리라/ 아리 아리랑 스리 스리랑 아라리요, 아리랑 음음음 아라리가 났네/ 창공에 해와 달은 홍익인세 멋이요, 철썩이는 파도소리 재세이화로구나/ 아리 아리랑 스리 스리랑 아라리요, 아리랑 음음음 아라리가 났네/ 솔바람 언덕에 흐르는 물소리, 무위이치 맑은 가락은 조선인의 혼일세/ 아리 아리랑 스리 스리랑 아라리가 났네, 아리랑 음음음 아라리가 났다네/ 풀뿌리 민주주의 아직 이름 뿐이나, 심장마다 뛰는 맥박은 창공의 햇덩이라/ 아리 아리랑 스리 스리랑 아라리가 났네, 아리랑 음음음 아라리가……

그런데 마침내 일이 터진다. 제주도에 수학여행을 가던 경기도 안산에 있는 단원고등학교(檀園高等學校) 학생들 476명이 탄 배가 진도의 팽목항(彭木港)에서 바다에 전복되는 사고를 만난 것이다. 세월호(世越號)라는 6,825톤 급의 배였다. 이 배가 바다 한가운데서 엎어졌으니 어찌 되었을까? 고등학교 2학년짜리 꽃다운 학생들이 미처 피어나 보지도 못하고 300명이나 수장되는 비극을 초래한 것이다.

문제는 이런 비극을 불러온 해양경찰청과 해운항만청이 제때 수습을 못 하고 어물어물하다가 이런 결과를 만든 데에 있었다. 그들은 초등 대처에서부터 실수를 했던 것이다. 아니다. 첫째 배가 다니던 항로를 벗어나 다른 곳으로 간 것이 문제였다. 물살이 워낙 세서 이순신 장군의 대첩지인 울돌목(明梁)에 견줄 수 가 있다는 곳이었다. 거기에 화물이나 사람을 많이 싣기 위해서 배를 개조했다는 것도 문제였다. 그리고 처음부터 배의 균형 유지를 위해서 바닥에 있는 물탱크에 물을 채워야 하는데, 화물을 과적하느라 제대로 채우지 않은 것도 지적이 되었다.

또 적재한 화물들을, 이를 테면 자동차 같은 화물은 안전하게 고정을 시켜야 하는데, 그렇게 하지 않은 것도 배가 기우뚱거리고 휩쓸리는 데서 결정적으로 배가 전복되는 구실을 했다는 것이었다. 물을 채우지 않아서 균형을 유지하지 못하는 배가 센 물살에 기우뚱대자, 자동차 같은 화물이 한쪽으로 몰리면서 배가 넘어진 것이라 했다. 또 선내방송이라는 것이 모든 승객은 제자리에 가만히 있으라는 주문이었다고 했다. 그리고 선장과 선원들은 차례로 탈출을 시도해서 그들만은 안전하게 빠져나온 것이다.

이 대목에서 해양경찰이라는 사람들의 하는 짓이 수상했다. 기우는 배 안에서 학생들이 유리창을 필사적으로 두드려 대는 것을 그냥 멀거니 보고만 있는 것이 텔레비전에 방영이 되었다. 학생들에게는 그렇게 하면서도 구명정을 띄워 선장과 선원들은 빠짐없이 구출해서 적어도 선원들만은 피해를 입는 일은 없게 한 것이다.

우선 선장과 선원들이 먼저 개인 도피를 했다는 게 말이 안 되는 대목이다. 승객의 안전을 도모해야 할 사람들이 먼저 도망을 치면서 승객들은 제자리를 지키고 있으라는 방송을 했다는 이야기다. 그래서 기우뚱하게 넘어진 세월호는 바다 물속으로 가라앉기 시작했지만, 그러나 모두는 내내 멀거니 보고만 있었던 셈이다.

이 문제는 곧 정치적으로 비화하기 시작했다. 인명보다 돈을 먼저 아는 정권이 헌 배를 사들여서 돈만 아는 선박운행을 해왔기 때문이라는 것이었다. 까닭이 있다. 본디 일본에서는 20년이 넘으면 배를 폐기처분하는데, 그 20년 묵은 배를 사다가 30년까지는 쓸 수 있도록 2008년 해운법을 개조한 것이다. 이것은 이명박 정권 때에 한 짓이다. 그리고 그

헌 배를 짐을 더 실을 요량으로 짐칸을 늘리는 작업이 허용된 것이다. 그리고 세월호는 실제로 그 짐칸에다 적재 이상으로 많이 실은 화물들이 문제를 일으킨 것으로 파악이 되었다.

그러자 모든 비난이 박 대통령을 향해서 쏟아졌다. 민주주의를 파괴하고 인간의 존엄을 말살한 정부를 향한 비판 여론이었다. 그러나 박근혜는 꿈쩍도 않았다. 그리고 일껀 한다는 소리가 앞선 정부가 잘못한 적폐(積弊)라는 주장이었다. 내 생각에도 이것은 적폐가 맞는 말이었다. 그러나 국민들은 여전히 대통령이 책임질 일이라고 대통령을 가만 두지 않은 것이다. 드디어 박근혜가 국민 앞에 머리를 숙이고 모든 책임은 대통령인 자신에게 있다고 사과를 하는 데에 이르렀다.

그러나 국민들은 대통령의 사과에 진정성이 없다고 호되게 질타를 했다. 드디어 대통령이 두 번째 사과를 하면서, '이번 세월호 참사에서 젊은이에게 구명복을 벗어주면서 나라를 염려한 사람과, 한 사람이라도 더 탈출시키기 위해 최후까지 남았던 의로운 이들'에게서 대한민국의 미래를 보았다면서 눈물을 보였다. 눈물 앞에서는 사람이 약해지는 것인가? 나는 박근혜의 눈물을 보면서 모든 것을 용서하는 기분이었다. 그러나 다수의 대중은 그렇지를 않았다. 얼마든지 악어의 눈물일 수 있다는 주장들이었다. 급기야 세월호 참사가 현 시국을 변화시키려고 국가정보부의 자작극이라는 말이 나돌기 시작했다.

그들의 주장에도 아주 의미가 없는 건 아니었다. 첫째, 그날 단원고 학생들이 탈 배는 '오하나마호'였는데, 그것이 출항을 하면서 바뀌었다는 것이다. 또 선장이 사고 전날 갑작스럽게 바뀐 것도 이상했다. 그리고 배가 늘 다니던 길을 두고 항해를 바꾼 것도 수상하거니와, 누군가에 의해 위성 추적장치가 꺼져 있어서 추적이 이루어지지 않았다는 것이고, 무엇보다 뱃길의 사고를 일찍 알아야 할 해양당국보다 국정원으로 먼저 보고가 된 것이 있을 수 없는 일이라고 주장했다. 승객 구조가 한시가 급한 상황에서 구조와는 상관이 없는 정보기관에 먼저 보고가 된 것이 납득이 안 된다는 이야기였다.

또 있다. 사고 당시 1등 항해사가 모든 것을 통제했는데, 그 사람이 하루 전날 세월호에 승선을 했다는 것이다. 그가 혹시 국정원 사람이 아닌가 하는 의문이다. 더군다나 그는 갑작스럽게 승선을 한 인물이라서 이렇다 할 선상의 이력이 전무하기 때문에 그런 생뚱한 구설이 가능했던 것이다. 그래서 그가 국정원으로 맨 먼저 보고를 했으리라는 추측들을 한다. 그러나 내 생각에 그런 추측이나 억측은 언제라도 이끌어 낼 수가 있는 것들이다. 특히 민중의 편에 서지 않는 정치나 그 책임자를 향해서는 언제라도 이런 낭설이 가능할 수 있어서다. 그것이 소위 민중이 만드는 거짓 소문일 수 있다는 것이다. 나는 이런 소문을 믿지 않는 쪽이다.

또, 사회 일각에서는 이런 추측을 넘어서서 걷잡을 수 없는 루머들이 흘러 다녔다. 구체적인 정황이 함께 떠다니는 것도 매우 수상쩍었다. 그 루머에 의하면 세월호 참사는 정부에 의해서 미리 준비된 것이라는 것이 골자였다. 그에 의하면 그 계획은 서기 2012년에 이명박 정권에 의해서였다는 루머의 주장이나 내용은 이렇다.

그 자금은 당시 산업은행의 총수였던 강만수가 보증을 서는 방법이었다. 그러니까 세월호의 소유주인 유병언은 제 돈 한 푼 들이지 않고 세월호를 거저 얻은 셈이다. 헌 배를 들여다가 개조를 하고 수리를 한 것도 산업은행의 돈이었다. 그런데 배를 사들여 개조할 당시부터 국정원이 끼어들어서 사사건건 간섭을 했다는 것이다.

국정원은 대통령의 명령이 없이는 이런 일에 나서지 않는 기관이다. 그런 국정원이 세월호에 끼어들었다는 것부터가 일단 이상한 대목일 수는 있다. 그렇지 않은가? 그 세월호가 침몰하던 날도 맨 처음으로 보고를 한 기관이 바로 국정원이었다는 것도 이런 의심을 받기에 충분했다.

여기서 생각해볼 것이 있다. 왜 이명박은 유병언[3]에게 세월호를 사도록 하고, 산업은행장인 강만수를 시켜서 모든 편의를 봐주도록, 뒷배의 후견인 노릇을 한 것일까? 그것은 정권에 무슨 이상이 있거나 고장이 생겼을 때를 위한 것이었다는 것이다. 다시 말해 국민으로부터 거센 지탄을 받거나, 아니면 심하게 지탄받을 짓이 발생했을 경우에는, 그들 국민으로 하여금 정치를 보지 못하게, 당장 시선을 다른 곳으로 유도할 필요가 있다. 그럴 경우를 대비해서 세월호는 준비된 것인데, 이명박 정권 때는 그것을 써먹을 일이 없었다는 것이다. 그러다가 박근혜 정권으로 넘어왔다. 그러므로 박근혜가 세월호 사건을 적폐라고 한 것은 일단 맞는 말이었다고 볼 수가 있다.

그런데 박근혜 정권에 와서는 이미 준비된 세월호를 써먹어야 할 일이 연이어 터졌다. 그러자 박근혜 정부가 국민들의 눈을 돌리기 위해 세월호를 이용해 고의적으로 사고를 내려고했다는 루머가 떠돌았다.

***

3. 유병언 : 세월호의 선주. 1987년에 발생한 오대양 집단자살사건과 연루되어 세간의 의심을 받는다. 당시 박순자라는 여자가 170억이나 되는 사채를 빌려 썼는데, 그 돈이 구원파로 흘러들어간 정황이 포착되었고, 세모그룹 사장이던 유병언이 빌린 돈을 책임을 지고 4년 간 징역을 살았다. 유병언은 일면 구원파라는 교회를 창립했으나, 대한예수교 장로회에서는 이단으로 판명했다.

대통령 당선이 무효화될 만큼 큰 사건이란 무엇보다 국정원 댓글 사건이다. 민간인도 아닌 국정원의 '대선 부정 댓글사건'은 정권의 발목을 죄고 있었으므로 박근혜 정권은 가시밭길을 걸어야 했던 것이다. 박근혜가 해외에 나가면 그곳에 있는 한인들이 엉터리 선거를 겨냥해서 늘 "박근혜 물러가라"는 피켓을 들었기 때문이다. 국정원의 '대선 부정 댓글사건'의 진상은 이렇다.

대선을 앞두고 국정원 SNS팀에서 박근혜의 당선을 돕는 내용의 글을 하루 24시간 동안 잠시도 쉬지 않고 두들겨 댔다. 그렇게 올라온 글이 무려 5만 5,689개였다. 이것은 국정원법에 명시된 '정치 중립'에 위배되는 헌법 위반행위였다. 국가헌법을 앞서 지켜야 할 국정원에서 이런 파렴치한 짓을 태연하게 저지른 것이다. 이 천인공로 할 위법행위를 한 사람은 말할 것도 없이 당시 국정원 원장이던 원세훈이었다. 이자는 노무현 전 대통령의 공적을 폄훼할 목적으로 난데없는 NLL에 관한 사초를 들추어내서 대한민국의 국기(國基)를 흔들어서 문란하게 했던 인물이다. 또 하나, 서울시 공무원의 간첩조작 사건도 그에 못지않은 사달이었다.

대선도, 총선도 아닌 지자체 단체장들을 뽑는 선거를 앞두고, 소위 말하는 '서울시 공무원 간첩조작사건'이 터진 것이다. 친일파 우익보수 단체들은 선거를 앞두면 의례적으로 전가의 보도처럼 써먹는 것이 늘 있어 왔다. 그것이 바로 '북풍(北風)'이다. 그들은 이번에도 그 전가의 보도를 쓰기로 한 것이다. 그들은 화교 출신으로서 탈북을 해서 남한으로 온 공무원 한 사람을 간첩으로 조작했다. 이 불행한 사건에 휘말린 사람이 유우성(柳宇成)이었다. 그는 화교 출신으로 먼저 북한으로 탈북을 했고, 북한에서 남한으로 온 사람이기 때문에 일단 간첩으로 몰기에 적당한 인물이었다. 그래 유우성에게 '북한 보위사령부 직파간첩' 이라는 누명을 씌운 것이다. 물론 증거가 있을 리 없었다. 일심에서 무죄판결을 받았다.

그러자 검찰은 사건을 조작하기로 한 것이다. 유씨의 '북한 출입경' 이라는 서류를 가짜로 만들었다. 어떻게 해서든 그에게 '국가보안법 위반혐의'를 씌워야 했기 때문이다. 그러나 변호사 측에서는 단호하게 그 사건이나 서류를 일절 부인했다. 그렇게 되면 '북한 출입경'이라는 서류가 진짜인지 가짜인지 밝혀져야 한다. 중국 정부에 그 서류를 의뢰했다. 그러나 중국 정부는 인장도, 서류도 자기들 것이 아니라며 위조라고 답변했다. 대한민국의 외교부와 국정원과 검찰은 이렇게 해서 국가적인 망신을 자초한 것이다.

국가와 국민을 위해서 공변된 일을 해야 하는 국가기관에서, 어떤 특정인과 어떤 특정기관을 위해서 법을 위반했다는 사실이 모두에게 적나라하게 드러나게 된 것이다. 황당하게도 이들에 의해서 대한민국은 갑자기 국가라는 실체가 증발하는 기분이었다. 국민의 생명과 재산을 보호하는 것이 국가라면, 대한민국은 국가의 자격을 포기한 것이나 진배가 없었기 때문이었다. 그렇더라도 어디 한 군데 책임을 돌릴 필요는 있었다. 그것이 정치라는 것이다. 멀쩡한 사람을 간첩으로 몰아가는 것도 정치지만, 세월호만한 사건에 책임지는 곳이 없다면, 국민들에게 우선 할 말이 없겠기 때문이다.

세월호사건[4]이 터지자 박근혜는 갑자기 해경(海警)을 해체하겠다고 나섰다. 그리고 연이어 국가개조론을 들고 나왔다. 국가를 개조하겠다

는 것이었다. 그러나 이것은 독재자의 위험한 발상일 뿐이다. 정권이
국가 위에 존재한다는 것은 국민을 무시한 오만하고 방자한 말에 지나
지 않아서다. 말하건대 정부가 정책의 노선이나 정책의 방향을 바꿀 수
는 있지만, 정권이 어떻게 국가를 고쳐내겠다는 말인가. 이것은 국민을
또 한 번 잘못된 길로 접어들게 하는 과대망상일 뿐, 진실한 통치자가
내세울 이야기는 전혀 아닌 것이다.

제대로 순서를 밟는 정책이었다면 먼저 내각에서 심도 있게 심의를
거친 다음, 사회적인 여러 가지 여론을 수렴했어야 했다. 그렇게 되었
다면 이런 졸속적 결정이 나왔을 리가 없을 것이다. 결국 박근혜 정권
은 제 아버지 박정희가 그랬던 것처럼 제왕적인 근성을 버리지 못하는
정권이고, 그래서 실패한 정권이다. 이런 정권이 제 임기를 채우지 못
한 것은 당연지사다. 나는 박근혜의 눈물이 악어의 눈물이 아니기를 진
심에서 바라는 사람이다.

두루 아는 대로 박근혜 정권은 성숙한 시민들의 촛불시위에 의해서
무너졌다. 서기 2016년 10월 끝 무렵부터 광화문 광장에 촛불이 모이기
시작했고, 그 촛불이 거세게 타올라 독재정권을 무너뜨린 것이다. 처음
에는 최순실이라는 박근혜의 껌딱지가 국정농단을 했다는 데서 시작이
되었다. 최순실은 최태민의 딸이다. 최태민은 박정희가 살아 있을 때부

***

4. 세월호 사건 : 텔레비전 뉴스를 보고 어떤 사건의 진상을 듣는 것은 일단 국민 된 도리에서 좋
은 태도일 수 있다. 그것 이상의 뉴스가 인터넷에 흘러다닌다는 것도 아는 사람들은 알고 있
다. 세월호는 학생들을 죽일 생각은 없었을 것이다. 단 어뢰를 맞고, 잠수함이 들이받고 했다
는 것은 세월호를 쏜 어뢰가 북한의 것이었다고 주장하려 했을 것이라는 의견이 지배적이다.
그리하여 북한을 미워하는 성난 심정들을 국민으로 하여금 갖게 하여 한때의 제 위기를 모면
하려 했을 것이다. 그런데 일이 잘못되느라고 학생들을 구제하지 못하고 운 사납게 기회를 놓
진 것으로 보인다는 여론이 지배적이다.

터 수상한 사이비교 교주로 알려졌었다. 사이비교주다운 사교술과 미래를 예언하는 특별한 감성을 가진 인물로 청와대에 접근하여 박근혜를 낚아 올렸던 것이다. 그 최태민을 박정희가 마뜩찮게 여겼다는 것도 아는 사람들은 알고 있는 일이다.

최순실과 박근혜는 거의 한몸처럼 붙어다니면서 네 것 내 것이 없는 사이였다. 박근혜가 대통령이 되면서부터였으니까, 국민들은 하늘에 있는 궁정처럼 어렵게 아는 청와대를 그만은 제 안방처럼 드나들었다. 하긴 최태민이 박근혜를 장차 나라의 여왕으로 만들어 놓겠다고 예언을 했고, 그적부터 공작을 했다니, 최순실이가 볼 때 박근혜는 자기 아버지의 작품쯤으로 여겼을지도 모를 일이다.

최순실이가 국정을 농단한다는 말은 진작부터 있었다. 그런 소문이 국민들 사이에는 파다해서 청와대가 들썩거리게 되자 드디어 박근혜가 텔레비전에 나타났다. 진짜 대통령은 최순실이고 박근혜는 그림자라는 말이 나돌 무렵이었다. 그런 '찌라시 소문'에 휘청거리는 나라가 되어서야 쓰겠느냐고 입을 열었다. 그러나 불 안 땐 굴뚝에서 연기가 날 리는 없었고, 모든 것은 사실이었다. 최순실이가 제 입맛대로 박근혜를 주무르면서 대한민국의 국정을 농단했다는 사실이, 마침내 횃불처럼 드러난 것이다.

한 국가를 움직이는 국정에는 엄정하게 서 있는 정치체계가 있고, 엄연한 관료사회가 수반된다. 그것들이 일사분란한 계획 아래 움직이면서 정치를 풀어가는 법이다. 그런데 그것을 무시하고 무슨 동네 단체를 움직여 가는 식으로, 계산되지 않은 주먹구구식의 생각을 움직이면서 뇌물을 받고, 사정을 들어주고 거래를 했던 것이다. 분노한 촛불들은 매주 토요일 밤이면 점차로 수를 더해 가서, 전국적으로 1천만을 넘기면서 그 해를 마감한다. 그리고 그 이듬해인 서기 2017년 2월에는 그 숫자가 무려 1,700만에 이르렀다.

광화문 광장에는 촛불만 모이지 않았다. 촛불집회를 좌익 빨갱이로 모는 또 하나의 세력이 있었다. 엄연히 국민의 투표를 통해서 뽑은 대통령이 국가체제를 무시하고 제멋대로 정치를 농단했는데, 그런 박근혜가 무죄라고 주장하는 소위 우익보수라는 사람들이었다. 그들은 촛불보다 큰 태극기를 들고 모였다. 그들 세력도 만만치는 않았다. 한 장소에서 두 개의 집회가 벌어지고 있었으니, 자칫 충돌이라도 생기는 날에는 참사가 불을 보듯 뻔했다. 사세가 그런 판이었으니, 양쪽 세력에 끼어서 질서를 챙기는 경찰 병력만 죽어나는 형세였다. 그러나 그런 이야기가 아니다.

홍익인세가 피로 흐르는 민족인데도 이런 엉터리 짓거리는 성리학을 하던 이조시절에 이미 있었던 일이었다. 이렇게 거대한 군중이 모이는 데모까지는 아니었지만, 하루 벌어서 하루 먹는 백성들의 살림하고는 아무 상관도 없는, 헛된 명분 싸움이 그들 정치꾼들끼리 볼 만하게 벌어졌던 것이다. 윤휴(尹鑴)와 송시열(宋時烈) 사이에 있은 예송논쟁(禮訟論爭)이 그것이다.

때에 인조 임금의 아내였던 자의대비(慈懿大妃)가 죽자, 인조의 아들인 효종(孝宗)이 어머니의 초상을 치르면서 입을 상복이 문제가 되었던 것이다. 일반 백성이라면 애초에 그럴 일이 없으나 효종이 된 호(淏)는 임금이었으므로 그런 격(格)을 따져야 했다. 여기서 잠시 그들 성리학의 허례허식을 들여다보자. 인조의 아들인 효종에게는 본시 소현세자라는 형님이 있었다. 그들이 함께 청나라에 볼모로 잡혀간 적이 있다.

그런데 볼모였던 소현세자가 심양에서 귀국을 해서 두 달 만에 독살이 된다. 왕위는 자연스럽게 차자인 호에게로 내려간다. 어머니의 상례에 입을 상복이 문제가 되는데, 왕가의 예법으로는 맏이는 3년을 입어야 했고, 맏이가 아니면 1년이면 되었다. 이것은 성리학을 창시한 주희(朱熹)가 『주자가례(朱子家禮)』에다 정해 놓은 예법이었다. 그런데 가통으로 치면 차자지만 왕통으로 따지게 되면 임금을 하고 있으므로, 죽은 소현세자를 대신해서 맏이가 되는 셈이다. 그래서 윤휴는 3년이라 했고, 송시열은 1년을 고집했다. 당쟁이 심하던 때였으므로 상복문제가 그들 정치를 좌우하게 된 것은 물론이다. 이 싸움에서 송시열의 1년이 이겼고, 윤휴의 3년이 졌다. 남인이 지고 서인이 이긴 것이다.

송시열의 서인세력은 득세를 했지만, 예송에서 진 윤휴의 남인은 몰락의 길을 걸었다. 이 예송논쟁은 그 후에도 벌어져 그것이 정권으로 직결되는, 어찌 보면 정권의 좌표가 된다 할 만큼 심각한 것이었다. 말이 나온 김에 한번 따져 보자. 사람의 살림에 있어서 사람이 살고 죽는 일은 언제라도 중차대한 문제다. 짐승이 아니므로 예법을 세우는 것은 사람의 본분상 소홀히 할 수 없다는 건 지극히 당연하다. 그러나 그것도 지나쳐서는 안 된다. 이제 어머니 상례에 상복을 한 번 입는 것이면 되었지, 그것을 장자와 차자를 나누어 이런 복잡한 법령을 만들 필요까지는 없는 것이다.

정작 정치가 눈을 대서 살필 것은, 저들 백성이 어떻게 밥을 벌고 옷을 버는지에 관심을 갖는 일이다. 어떻게 돈을 벌고 무엇을 경영해서 살림살이를 튼튼하게 해줄 것인지가 정치의 일차적인 목표라는 말이다. 그러나 성리학은 살펴본 대로 헛된 명분에만 관심이 많았다. 제사에서도 포(鮑)를 엎어 놓을지 뒤집어 놓을지가 늘 문제였다. 그것이 파당(派黨)을 짓는 원인이었던 것이다. 조(대추), 율(栗), 이(梨), 시(柿), 홍(紅), 동(東), 백(白), 서(西) 따위의 제상예법이 성리학의 당쟁유산이다.

대추는 씨가 하나뿐이라 임금을 뜻했고, 밤은 세 개가 들어 있으므로 삼정승을 가리키고, 감은 씨가 여섯 개라서 육판서를 의미한다는 것이다. 그러나 모든 제사에서 밤과 곶감과 대추를 빠뜨리지 않는 것은 그것들이 가지고 있는 본래의 우주적인 성품 때문이다. 이를 테면 밤나무는 첫 열매가 달리기 전까지는 뿌리가 썩지 않고 기어이 견뎌 낸다. 그래서 조상은 자손을 기억한다는 의미가 있고, 자손은 제 뿌리인 조상을 잊지 않겠다는, 이를테면 그런 서로 간의 약속에서다. 감은 고욤나무 뿌리에다 접을 붙여서 얻는 열매다. 그래서 인간의 혼인예법은 반드시 타성바지끼리 한다는 원칙이 있다. 이 원칙을 지금 제사에서 바야흐로 강조하는 중이다. 대추는 열매가 많이 달린다. 대추처럼 자손을 많이 두겠으니, 그렇게 천지신명이나 조상님은 제사 지내는 우리를 도와 달라는 의미를 머금는다. 붉은색은 해를 상징하므로 동쪽에 놓고, 하얀색은 달을 상징하여서 서쪽에 놓고 제사상을 차리는 것이다.

이야기가 길어졌지만, 제사에는 이런 절차상의 예법이 있다. 그것이 성리학의 유산인 것은 틀림없지만, 그러나 송시열과 윤휴가 벌인 예법 논쟁에는 아무래도 지나쳤다는 감이 있다. 그것이 도를 넘어 정치의 목적으로 굳어졌기 때문에 하는 말이다. 이렇게 홍익인세로 살아온 사람들의 자손이 하는 짓에는 동시적으로 이런 엉터리가 있었다는 말을 하는 중이다. 그리고 이런 엉터리 정치는 지나간 성리학 시절에서만 있었던 것이 아니라, 시절이 달라진 지금도 우리는 그 시절의 오류를 되풀이 하느라고 남들이 쉽게 하는 민주주의도 제대로 못 한다는 이야기다.

왜 이웃들은 잘해 가는 민주주의를 우리는 실수를 되풀이하면서 해가는 것일까? 박근혜 정권의 국정농단은 가부장적인 유교의 숨결이 바닥에 깔린 것을 이해할 때 그 전모가 드러난다. 거듭 말하면 삼강오륜의 유교정신이 진하게 피 속에 흐른다는 이야기다. 삼강(三綱)은 수직 윤리다. 부부 사이라 하여도 요새처럼 남녀 평등의 윤리가 있는 것이 아니라, 남편에 의해 아내는 끌려간다는 수직식이다. 부자지간도 그렇다. 아들은 아비의 뒤를 따르는 것이지, 함께 나란히 걷는 수평의 평등이 아니다. 군신(君臣)도 그런 상하의 관계다.

요새 군대가 그런 질서로 움직인다. 무조건 상명하복이다. 상관이란 사람이 명령하면 좋거나 싫거나 하급자는 따라야 한다. 수평 윤리를 내세워 따진다면 그건 명령에 불복종하는 것이요, 심하면 하극상(下剋上) 죄목에 해당한다. 유교의 윤리가 원래 그런 것인데, 성리학은 더 심하다고 할 수 있다. 그런 피가 우리한테는 흐른다는 이야기다. 그래서 자칫 민주주의가 어려울 수밖에 없다.

율려와 홍익인세로
숨을 쉬는 민족

『부도지』라는 책이 있다. 앞의 '음악에서 시작된 민족'에서 잠깐 인용했던 책이다.

신라 초기 박제상이 저술한 배달민족의 혼과 뿌리를 전하는 가장 오래된 우리 역사의 고전이다. 『삼국유사』보다 정확히 860년을 앞서는 이 『부도지』에는 『삼국유사』에 없는 개벽 소식이 들어 있다. 그런데 이 개벽이 다름 아닌 음악에서 비롯되었다는 것이다.

그 부분만 다시 보기로 하자.

선천(先天)의 처음에는 햇볕만이 따뜻하게 내려쪼일 뿐 아무것도 없었다. 오직 팔려(八呂)의 음(音)이 하늘에서 들려오니, 실달성(實達城)과 허달성(虛達城)이 모두 이 음에서 나왔으며, 마고대성(麻姑大城)과 마고(麻姑) 또한 이 음에서 나왔다. 마고성은 지상에서 가장 높은 성으로 실달성 위에 허달성과 나란히 있었다. 이것이 짐세

(朕世)다. 짐세 이전에 율려(律呂)가 몇 번 부활하여 별들이 출현하였
다…….

그러니까 팔려의 음인 율려에서 먼저 별들이 출현하였고, 실달성과
허달성 그리고 마고대성과 마고신(神) 역시 모두 율려에서 태어났다고
말하고 있다. 율려는 육율(六律)[1]과 육려(六呂)[2]의 음악 조건을 말한다.
음악에서 천지가 개벽되었다고 말하는 민족은 인류사 전체를 놓고 볼
때 우리밖에는 없다. 율려의 숨결은 천지 안에 펼쳐진 삼라만상을 모두
일으켰고 동시적으로 간수한다. 일찍이 『황극경세(皇極經世)』[3]의 저자
소옹(邵雍)이 음악의 가락과 소리가 우주 변화의 근본 원리라고 주장한
것이 까닭이 있는 것이다. 그렇다면 공자가 자기의 중심 사상인 인(仁)
을 말하여 예(禮)로 일으키고 악(樂)으로 완성한다고 말한 것도 아울러
서 새겨볼 대목이다.

그렇게 보기로 들면 하늘이 덮어주고 땅이 실어주어서 존재하는 일
체의 만물은 율려의 호흡으로 지고 새는 것들일 뿐 어느 것 한 가지도
예외가 될 수는 없는 일이다. 거기에는 인간의 숨, 가쁜 호흡이 끼어들
지 못하는 세상, 곧 무위(無爲)로 되어가는 세상이다. 그렇다면 우리는

***
1. 육율(六律) : 정통적인 동양의 음악은 1년 12개월을 상징하는 12율이 있는데, 이 중에서 양성
   (陽聲)에 속하는 여섯 가지의 음(音)을 말한다.
2. 육려(六呂) : 12율 중에 음성(陰聲)에 속하는 여섯 가지의 음이다.
3. 황극경세(皇極經世) : 북송시대의 소옹(邵雍)이 주역의 이치를 응용해서 우주 만물의 생성변
   화를 설명 한 책. 그는 12진(辰)을 1일, 30일을 1개월, 12개월을 1년, 30년을 1세(世), 12세를 1
   운(運), 30운을 1회(會), 12회를 1원(元)으로 정하는 정밀한 상수학(象數學) 체계를 세워 1元인
   12만 9,600년을 주기로 세계가 생성·지속·멸망하며, 인간 사회는 이미 성장이 극에 이르러 쇠
   퇴하고 있다는 주장을 폈다. 그는 이 광막한 우주가 생성하고 소멸하는 시간을 12만 9,600년으
   로 추산했는데, 이 엄청난 기간의 우주 역사를 하루 일기 보듯 했다는 것이다.

무위로 만들어지는 세상은, 곧 홍익인세(弘益人世)의 세상임을 자연스럽게 떠올릴 수가 있다. 우리의 홍익인간이나 홍익인세는 그렇게 무위로 만들어지는 세계였던 것이다. 일찍이 그런 세상이 있었음을 『삼국유사』가 전하는 우리 조상들의 음악적 감각에서 찾아보자.

신라 경덕왕 19년 4월 초하루에 하늘에 두 개의 태양이 나타나는 변고가 있었다. 이 변고는 무려 열흘 동안이나 계속되었다. 그때에 월명사(月明師)라는 중이 〈도솔가(兜率歌)〉를 불러서 열흘 동안의 이 변고를 다스린다. 그리고 이 월명이 또 피리를 잘 불었는데, 달밤에 피리를 불자 하늘에 달님이 차마 발걸음을 못 옮기고 하늘 복판에 붙잡혔었다 했다. 이 비슷한 사건이 그보다 앞서 진평왕 때에도 있었다. 융천(融天)이란 중이 〈혜성가(彗星歌)〉를 지어 부르자 하늘에 성괴(星怪)가 없어지고, 국경을 침범하던 왜구가 물러갔던 것이다.

영재우적조(永才遇賊條)로 이름이 알려진 영재는 나이가 90세에 장차 중이 되고자 하여 지리산으로 향하던 중 산중에서 60명의 도적 떼와 맞닥뜨리게 되었다. 그런데 이 도적들이 영재에게 노래를 불러보라고 했다는 것이다. 그때 영재가 즉석에서 지어 부른 노래가 바로 도적을 만났다는 〈우적조가(遇賊條歌)〉였는데, 도적들이 감화되어 영재와 함께 출가하여 모두가 중이 되었다 했다. 제 마누라의 간통 현장을 잡고도 도끼를 찾는 대신 노래를 불렀다는 처용(處容)도 음악으로 어지러운 심사를 평정했던 사람이다. 그러자 역신(疫神)이 본 모습을 드러내어 "이 지경을 당하고도 노여움을 나타내지 않으시니 앞으로는 당신의 형상만 본대도 그 집에는 들어가지 않겠습니다." 했다는 처용의 이야기. 마치 영화의 한 장면처럼 세트가 미리 준비된 것처럼 보이는 〈공무도하가

(公無渡河歌)〉. 모든 천재지변을 천존고(天尊鼓)에 넣어둔 피리를 불면 그 천재지변이 자연스럽게 해결되었다는 〈만파식적(萬波息笛)〉…….

이러한 이야기들은 어쩌다가 붓 끝에 걸려서 남은 소수일 것이다. 이보다 훨씬 많은 이야기가 있었을 터로되, 그중에서 운 좋게 전해지는 것은 늘 그중에서도 얼마 안 되는 것이다. 기록이란 어차피 전체를 적는 것이 아니라 부분에 해당되는 것만 적는 운명이어서다. 그렇게 보면 우리 배달민족이야말로 율려의 피가 몸에 흐르는 것이며, 그래서『천부경(天符經)』이나『주역(周易)』같은 도고한 학문을 전하는 민족일 것이다. 뿐이랴? 그런 사상의 바탕 위에서 홍익인간이니 홍익인세니 하는 우수한 학문적 근거를 마련했던 민족이라는 말이다.

중간에 잘못된 유교의 유입과 특히 성리학으로 인한 폐해가 골수에 사무치다 보니 섬나라 왜놈에게 국토를 송두리째 내어주고, 거기서 친일파가 생기고, 서양의 기독교가 또 한 차례 민족의 정신을 뒤흔드는 폐단이 생기고 했지만, 우리의 핏대 밑에는 여전하게 바이칼 정신이 흐르고 있는 것이다. 바이칼 시절을 전후해서 생겨난 민족의 특질은 워낙이 뿌리가 깊고, 유교의 성리학과 기독교가 유입해서 시끄러움을 만든 것은, 그리된 세월이 오래지 않은 탓이로다.

물론 유교의 역사가 1,000년이었고 성리학 역시 500년이었으니 결코 짧은 세월은 아니다. 더군다나 국가가 제도적으로 하늘이 싫어하고 노여워할 짓을 일삼아서 했으니, 그 폐해는 고스란히 바닥기층의 백성들 몫이 될 수밖에 없었다. 백성들 신분을 사·농·공·상(士農工商)으로 나눈 것도 모자라서 양반과 상놈으로 나누었으며, 적서(嫡庶)의 차별을 특별히 심하게 한 것이 다 백성이 망하는 길로 가는 법이었다.

첩의 자식으로서는 아버지를 아버지로 부르지 못했고, 형을 형이라 부르지 못하는 사회, 남편이 죽으면 평생을 생과부로 살면서 재혼을 부끄럽게 여기는 풍토 사회가 바로 성리학의 사회였다. 그런 잘난 것이 아예 국가법령으로 정해져서 사람을 구속했던 것이다. 그런데 그 구속 중에도 상벌이 있어서 어린 과부가 수절을 하면 열녀로 칭송되었고, 열녀문이 세워지면 그것을 가문의 영예로 알았을 뿐 아니라, 국가에서 벼슬을 내리고 녹봉으로 갚다 보니, 생사람을 억지로 수절시키는 일도 허다했다.

이런 억지스런 세월이 500년이었다면 따져보지 않아도 그 사회는 실속보다 허례허식이 판을 치는 사회였다는 건 알 만한 일이다. 그것은 겉으로는 멀쩡해도 속은 형편없이 곪아서 속빈 강정 같은 꼴이었을 터이다. 거기에 정치의 횡포가 끼어들어서 바닥층의 국민을 온갖 속임 수와 협잡으로 분탕질을 쳤으니 그 참혹한 정황은 다시 말해 무엇하랴.

김춘추의 모화(慕華)사상 수입부터 차례로 꼽아보자면, 그로부터 국토는 병이 들고 국토의 국민은 중국을 향해 헛눈을 팔게 된다. 다시 말해 삼신을 부정하고 무조건 중국을 높이는 풍조가 생기기 시작했던 것이다. 그 후 안향의 주자학 수입은 거기에 한술을 더 떠서 백성을 양반과 상놈으로 구분을 짓고, 양반은 높고 위대한 것이고 상놈은 무조건 양반 앞에 엎드리는 것으로 국가체제를 정비했다. 양반은 배 속에서부터 양반의 종자이니 농사 따위를 몰라도 백성을 수탈해 먹을 권리가 주어졌고, 상민(常民)은 종자가 천한 것이어서 그들 위에 양반을 잘 받들어 모시는 것을 원칙삼은 것이다.

역사가 자라는 것은 언제라도 그 자체 바탕에서 올라오는 숨결이 다음에 올 역사의 장을 만드는 법이다. 그런데 아무 내력도 없고 근본도 없는 것을 국가가 법령으로 정해놓고, 그 법령이 국가를 운영했던 것이다. 그러니 조화가 무너진 자리에 서는 것은 피차가 서로 못할 상극의 윤리였을 수밖에 없다. 상민과 양반의 질서가 서로 상극을 향해서 치닫고, 적서(嫡庶)가 역시 화목을 모를 수밖에 없도록 판이 짜여진 사회다. 그 사회가 무너질 것은 너무 당연하다. 우리는 그렇게 이조 500년을 지나온 국민이다. 그 내용은 사색당쟁이었고, 사색당쟁의 결과는 섬나라 왜놈에게 온 국토를 내주는 것으로 끝이었다.

그러나 그 끝은 끝이 아니라 새로운 시작이었다. 거기서 배 속의 벌레 같은 친일파가 생겨난 것이다. 이것은 몹쓸 성리학이 불러온 결과였지만, 더 한끗 역사를 내리 굴리는 좀벌레들의 행위가 되어서 나타난다. 작게는 밀정(密偵)에서 크게는 고관대작에 이르기까지 모두가 삼신의 정신을 갉아먹고 동족의 살을 뜯어먹는 패륜행위가 되어서 나타났음에랴. 이것은 성리학보다도 더 파렴치한 행위였고, 바이칼의 혼과 정신을 좀먹는 더할 나위 없이 나쁜 막된 짓거리였다.

생각해보라. 과거 성리학은 그래도 민족의 잘못된 감각에서 빚어진, 그것이 결과적으로 민족의 혼에 상처를 입히는 정도의 해로운 것이었을 수가 있다. 길게 말하자면 같은 공통분모를 가진 사람들이 한때의 실수로 점(點)을 잘못 때린 것으로 여겨 눙칠 수가 있다는 뜻이다. 그러나 친일파들의 행위에 대한 싸가지는 그렇게 여유롭고 한가한 것이 아니다. 그들은 민족의 '피의 둥지'를 송두리째 헐어 없애는 망발(妄發)을 일삼은, 그래서 그 죄를 끝까지 캐고 들어서 물어야 할 중대 범죄에 해당한다.

그런 것의 결과가 이승만의 반민특위의 해체와 함께 시작된 반공이었고, 박정희의 친일노선에 의한 친일파 정부였고, 노태우와 전두환의 썩은 반공국가였고, 이천박의 사자방(四資防) 정부였다가 다시 박근혜의 세월호정부인 것이다. 모두가 친일을 기반으로 삼는 등신머저리의 국가였다. 무려 천년의 세월을 이쯤 했으면 국가고 민족이고 다 없어졌어야 옳다. 그런데도 이 민족은 아직 여전히 남아 있고, 비록 거지꼴이지만 그래도 국가라는 것을 운영하고 있는 것이다. 여기 아시아의 동쪽 물가에 새우등으로 꼬부려 붙은 반도나마 지키고 있다는 말이다.

여름 장마가 지나치게 길어지면 영원히 햇빛을 잃어버릴 것 같지만 그러나 그 기간이 지나서 장마가 걷히면 푸른 하늘은 드러나기 마련이고 햇볕도 쪼이기 마련인 것처럼, 이 민족은 인고의 세월을 견뎌 가는 중이다. 아직도 우리는 홍익인세를 기억하고 있고 기다리는 민족이다. 그래서 아리랑을 부르면서 춤을 추고 더 나은 미래가 올 거라 믿으면서 서로가 서로를 위로한다. 한없이 가엾은 몸짓들이고 풀기 없는 짓들이지만, 그러나 결코 희망을 포기하지 않는 민족인 것이다.

전해 오는 옛말에 "강한 이빨은 마침내 빠지는 날이 오지만 부드러운 혀는 끝까지 남는다."고 했다. 지금 기득권을 갖고 온갖 못된 짓을 다하는 친일세력들은 마침내 그 운세가 다하는 날이 오겠지만, 이리 치이고 저리 치이면서 힘없이 살아온 민초들의 앞날은 반드시 희망적일 것이다. 그것이 홍익인간을 말하면서 하늘의 법칙을 믿고 따른 우리 민족의 남은 영화일 것이기 때문이다. 나는 그 싹을 증산상제(甑山上帝)에게서 읽는다. 앞에서 주(註)를 달면서 잠깐 강증산(姜甑山)에 대해서 언급은 했지만 그것으로는 부족하다. 차제에 이 어른이 누구인지를 짚어보자.

먼저, 이 특별한 경우의 한 사람을 내세운다는 것이 얼핏 전체적으로는 잘 안 맞는 것일 수도 있다. 그러나 하늘이 하는 일은 매양 그런 법이다. 여름날 갑자기 소나기가 몰려오는 것을 보라. 맑은 하늘에 태양만 붉게 타오를 뿐 기다리는 비의 조짐은 어디에도 없는 날이 있다. 그저 답답하고 성근 생각으로 가슴을 태우는데, 그러는 중에도 문득 바람 줄기가 달라지게 일거나, 갑작스럽게 검은 구름이 하늘에 번지면 마침내 소나기가 되어 천하의 창생을 살려 내는 것이다. 그때 쏟아지는 소나기를 막을 외짝 손은 하늘 아래 아무 데도 없는 법이다. 증산의 출현은 이 국토에서 준비된 소나기 같은 존재다.

그는 단기 4204(서기 1871)년 전라도 고부에서 출생했고, 4243년에 화천(化天)했다. 서른아홉 해를 이 세상에 머물다 간 것이지만 그가 남긴 족적은 가히 경세적(經世的)인 것이었다. 『대순전경(大巡典經)』이라는 증산도의 교전이 전하는데, 그에 의하면 그는 전대미문의 천지공사(天地公事)를 주재했던 인물이었다. 천지공사란 하늘과 땅 그리고 물속에 있는 신명(神明)까지를 입회시킨 다음 장차 되어갈 이 세상 일을 미리 구획(區劃)하고 결정하여 정리하는 것을 말한다. 그러니까 시쳇말로 '하느님'이 아니고는 안 될 일을 과감하게 해낸 것이다.

『대순전경』에 의하면 증산은 스스로 말하기를 수운재(水雲齋) 최제우(崔濟愚)한테 천지도수를 붙여 놓고 30년을 기다렸는데, 최수운이 일을 잘못 시행하여 내가 직접 나서기로 했다는 것이다. 어디에서 30년을 기다렸느냐고 제자가 묻자, 금산사 미륵전에서 기다렸다고 대답했다. 그 후 증산은 화천한 뒤에도 "장차 나를 보려거든 금산사 미륵전을 참배하라."고 해서 그가 왜 증산(甑山)인지를 알게 하는 대문이 나온다.

금산사 미륵전의 미륵 부처님은 무쇠솥 위에 서 있다. 그 전말은 이렇다. 신라시절에 '진표(眞表)'라는 중이 있었다. 그는 열두 살에 금산사로 출가하여 구족계를(具足戒)를 받는다. 부안 변산에 있는 부사의방(不思議房)에서 3년간 수도하고 마침내 미륵보살과 지장보살로부터 인가(認可)를 얻어 금산사로 돌아온다. 그런데 진표가 보기에 금산사 옆에 있는 소(沼)가 천하의 길지였다. 그 길지에 법당을 짓고 미륵불을 보신다면 중생의 더할 수 없는 복전이 되겠는데, 문제는 그 소를 어떻게 메우느냐였다. 그것도 흙이 아닌 숯으로 메꾸어야 발복이 되겠던 것이다.

도통한 중 진표는 생각에 생각을 거듭하다가 그 인근 마을에 안질을 퍼뜨렸다. 그러고는 이번 안질에는 금산사 소(沼)에 숯을 갖다 넣어야 낳으리라고 소문을 내었다. 당시만 해도 병이 들면은 귀신이 병을 넣었다고 생각했고, 병이 나으면 그 귀신이 병을 내보냈다고 믿는 시절이었다. ─그래서 지금도 '병 들었다', '병 나았다'고 한다.─ 도대체 약하고는 상관이 없는 이 안질은 아무리 굿을 해도 영험이 없었는데, 소문에 떠도는 대로 금산사 소에 숯만 한 소쿠리씩 갖다 넣으면 거짓말 같이 병이 낫곤 했던 것이다. 그렇게 해서 소는 메꾸어졌다.

진표는 발복(發福)을 위해 숯 위에 가마솥을 걸고 그 가마솥 위에다가 미륵부처님을 모셨던 것이다. 지금도 금산사 미륵전에 미륵부처님은 가마솥 위에 서 계시는 것이 그 까닭이다. 그런데 중년에 미륵전에 기와를 바꾸느라고 미륵전을 온통 에워쌌던 적이 있는데, 그때 쇠말뚝을 박았던 자리에서 숯이 나왔었다고 한다. 그러니까 금산사 미륵전의 전설은 사실임이 증명되었던 셈이다. 그러니까 무슨 말이냐? 무쇠 솥 위에 있는 것은 결국 시루라야 하고, 증산(甑山)상제가 이 국토에 와서

30년을 기다렸다는 미륵전의 미륵부처님은, 곧 증산상제를 기다린 진표의 미래를 위한 작업이었다는 이야기다.

시루는 천지신명께 제사를 모실 때 희생을 넣는 제기(祭器)였다는 점을 지나치지 말 일이다. 옛날 중국의 순(舜)임금이 황하 언저리에서 질그릇을 구워 판 적이 있었다. 때가 제정일치(祭政一致) 시절이었으므로 그릇을 굽기 전에 먼저 천지신명의 몫으로 시루를 만들어 시루 안에 희생을 넣어서 제사부터 지내고 생활에 필요한 그릇들을 구웠다는 데서 시루는 제기였음이 증명된다. 그런데 그 제기가 지금 증산상제에서 나타나고 있는 것이다. 그러니까 증산은 인간사에서 가장 중요한 제사의 몫을 감당해야 되는 어른인 것이 직접적으로 표현되었다고나 할까?

이쯤에서 그분의 천지공사가 무엇이었는지 내용을 한번 들여다보자. 천지공사는 말뜻에서 내비치듯 천지간의 신명들을 필요한 대로 입회시키고 그들과 더불어 장차의 일을 매듭짓는 것을 말한다. 하룻날은 '뜨레질' 공사를 할 요량으로 종도들에게 옹배기와 바가지를 준비하라고 일렀다. 모악산 아래 구릿골에서 있은 일이었다. 때는 초저녁, 증산은 옹배기와 바가지를 든 사람들을 하나씩 마을로 흩어 보내면서 그 마을에 있는 샘물을 한 바가지씩 길어오라 일렀다. 가까운 마을로 간 사람도 있고, 먼 마을로 간 사람도 있기 마련이다. 그들이 물을 한 바가지씩 길어왔을 때는 거의 밤중이 가까워서였다.

그는 그렇게 길어온 물을 마당귀에 있는 샘에 몽땅 떨어 붓더니 바가지를 넣어 휘휘 저어서 빈 옹배기에 한 바가지씩 넣고는 그 마을로 가서 그 샘에다가 다시 물을 부으라고 했다. 그 공사가 끝났을 때는 날이 희뿌옇게 새던 새벽녘이었다. 누구 한 사람 나서서 이 부질없는 짓이 무슨 짓거리냐거나, 힘이 들게 한 일의 내용이 무엇이냐는 투로 궁금히 여기는 사람도 없었다. 저 해 온 버릇대로 '아마 무슨 뜻이 있겠지' 하는 심정으로 묵묵히 다음 일의 채비를 할 뿐이던 것이다.

이튿날 구릿골을 떠나 태인으로 가는데, 중간의 구이(九耳)에 운암강(雲岩江) 물줄기와 만났다.

"이 물을 무엇이라 하는가?"

"운암강이라 합니다."

"이 물줄기가 장차 만경들판을 적실 것이다."

그제서야 그들은 어제 저녁에 뜨레질 공사가 무엇이라는 것을 알 수 있었다. 한참을 더 가다가 이번에는 섬진강 줄기와 만났다.

"이 물은 앞으로 계화도를 씻게 될 것이다."

만약 그들 일행이 아닌 딴 사람이 이들의 대화를 들었다면 그 맹랑한 말에 웃음을 터뜨렸을 것이다. 운암리에서 만경이라면 험난한 돌밭이 100리가 넘는 길이요, 계화도라면 부안 앞바다에 떠 있는 섬이니 더욱 먼 길이다. 억새와 돌밭이 가로 누워 있는 그 엄청난 거리에 무슨 천지개벽할 힘이 있다고 물길을 낸다는 것일까? 그러나 제자들은 숙연히 듣고만 있었다.

그 뒤 일본 사람들이 칠보에 수력 발전소를 챙겨 세우고 물길을 내뚫자 운암 강물은 자연스럽게 김제 들로 흘러들었다. 좀 늦게 되리라던 계화도 일은 박정희 대통령 때 계화도 간척사업과 함께 동진강 수로사업이 열려서 이루어졌다. 그 물줄기를 따라 황무지가 옥토가 되면서 서민들의 살림이피고, 차츰 보릿고개가 없어졌다.

남녀평등을 넘어 여성상위가 되는 작금의 세태도 증산상제의 천지공사와 무관하지가 않다. 어느 날 증산은 당신 허리에 차고 다니던 은장도를 마누라에게 주고는 허리를 방바닥에 대고 반듯하게 누웠다. 누운 배 위에 걸터타게 하고는 목에다 칼을 들이대고 "권리 내놓으시오. 이제는 여자 권리를 내놓으시오." 하게 했다. 당시만 해도 여자는 '칠거지악(七去之惡)'이니 '삼종지도(三從之道)'니 하는 사회적 그물에 얽매어서 사람축에도 못 끼는 존재였던 것이다. 그래서 그랬을까? 이제는 서방이란 사람들이 힘들게 번 돈을 제 아내에게 맡기고 용돈을 얻어 쓰는 시절이 되었다. 새겨보면 알 일이지만 천지신명과 함께 맞잡고 해내는 증산의 천지공사는 이렇듯 일이 맺힌 데가 없이 저절로 풀리게 하는 무위이치(無爲而治)의 일이었을 뿐이다.

여기에는 인간의 성급한 의지가 섞여들거나 뜻을 앞세운 헐떡거림이 있을 이유가 전혀 없다. 그저 바람을 따라 풀이 눕듯이 아니면 흐르는 물이 구덩이를 메우듯이 저절로 풀리는 자연스런 조화가 있을 뿐이다. 이것은 적어도 붉달나라의 풍습이거나 바이칼 시절의 호흡에서 있던 일일 것이다. 그 법속을 증산은 세월을 거슬러서 빌려왔다고 보인다.

그렇다면 혹자의 생각에 이렇듯 낡아버린 우리들의 시대에서 그런 무위이치의 세상을 감히 꿈이나 꿀 일이냐고, 그게 당키나 하냐고 할지도 모른다. 그러니까 유교가 들어와서 망치기 시작한 시절의 법속이 성리학을 살림살이 삼으면서 더욱 모질게 피폐해진 것을 어떻게 복구할 것이냐고 물을 수 있다는 말이다. 거기에 왜놈한테 붙어서 밀정 노릇을 하고 고관대작을 했던 기가 막히는 역사가 엄연히 있는데, 지금도 당장 그들이 보수를 자칭하면서 끊임없이 횡포를 부리는데, 그 앙금을 어떻게 할 것이냐고 내댈 것 같다는 이야기다.

그러나 풀무간에 쇠는 담금질을 당하고 망치에 얻어맞을 때 단련이 되는 것이고, 그런 절차가 반복되면서 본래로 섞여 있던 찌꺼기가 빠지고 불순물을 버릴 때 비로소 강철로 거듭나는 법이다. 그래서 말하건대 통 안에서는 통을 다 보지 못하는 법이다. 지금 우리는 통 안에 갇혀서 통을 헤아리는 사람들일 수가 있다. 지나간 천년 동안의 흠집이 실로 큰 것은 사실이다. 그것이 민족의 바탈에 어지간히 영향을 미치는 것도 사실일 터이다. 그러나 아직도 우리는 아리랑을 부르고 있다. 바이칼에서부터 줄기차게 불러온 아리랑을 지금도 부른다는 것은 바탈이 아직 청청하게 살아 있다는 증표인 것이다.

일찍이 그 증산상제가 이런 말씀을 남긴 적이 있다. "환부역조(換父易祖)하는 자는 죽으리라." 이 말씀은 얼핏 제 조상을 부정하여 제사를 모시지 않는 기독교를 겨냥한 것처럼 보일 수 있다. 그러나 넓은 의미에서는 우리 시절의 친일파나 친미파를 다 아우르는 의미가 어렵지 않게 드러난다. 제 형제를 배반하고 제 조상이 살아온 국토의 숨줄을 배신한 것이야말로 보다 본질적인 환부역조에 다름 아니기 때문이다. 아리랑 한 수가 빠질 수 없는 대목이다.

아리아리 스리스리 아라리요 아리랑 고개고개로 날 넘겨주소./ 청천에 뜨는 해도 궂은 장마 만나면, 하루 이틀 한 달 두 달이 구름장에 가리지./ 아리아리 스리스리 아라리요 아리아리 고개고개로 날 넘겨주소/ 아주까리 동백기름에 길이 든 내 머리, 시전 서전 외우다가 멍청바보 되었네./ 그 후에 성리학은 더욱이나 얄궂어, 동인 서인 남인 북인 편 가르기 바쁘네./ 아리아리 스리스리 아라리요 아리랑 고개고개로 날 넘겨주게. / 망했다 망했다. 배달민족 망했다. 장승벅수 찾던 민족이 거덜나게 망했다. / 아리라리 스리스리 아라리요 아리라리 고개고개로 나만 넘겨주시게. / 거기에 보태진 것이 친일 친미 세력들, 곯은 씹에 젖 국 치듯 철저하게 망치네. / 아리아리 스리스리 아라리요 아리아리 고개고개로 나를 넘겨주소. / 그러나 초승달은 차차 보름 되듯, 바닥을 친 민족역사도 점차 그리 되리라. / 아리아리 스리스리 아라리요 아리랑 고개로 날 넘겨주소. / 중년에 증산상제가 이 국토에 와서, 구 년 동안 천지공 사로 민족혼을 살렸네. / 아리아리 스리스리 아라리요 아리아리 고개고개로 날 넘겨주게. / 환부역조 친일파들 차제에 걸러서, 붉달나라 바이칼로 곧장 가보세. / 아리아리 스리스리 아라리요 아리랑 고개로 나를 넘겨주시게.

영원한 천손들의
노래 '아리랑'

아리랑은 조선민족만 부르는 노래가 아니다. 그렇지 않다는 것이 여러 곳에서 확인되었기 때문이다. 몽골인들도 자기들 노래로 알고 있고, 바이칼에 붙어사는 부랴트(브리야트) 민족들도 아리랑을 부른다는 것이다. 우리 민족만이 부르는 노래가 아니라 세계의 여러 민족이 함께 부르고 있다면, 이 노래는 그렇게 된 동기가 있을 것이다. 그렇게 공통분모를 가진다면 그 공통분모를 갖게 된 원인이 설명되지 않으면 안 될 터이다.

조선족과 부랴트 민족과 몽골 민족에게서 먼저 한 가지 공통점을 찾는다면, 그들은 언어에서 일체성을 보인다는 점을 들 수 있다. 모두가 알타이어계의 언어를 쓰기 때문이다. 알타이어는 존칭어와 비칭어가 많이 섞이는데, 이것은 제사에서 비롯되었다는 점도 설명했을 것이다. 그중에서도 조선족이 가장 첫손을 꼽을 정도로 제사가 풍성하고 격을 갖추었다는 것도 이 자리에서 말해 둔다.

그것은 조선족에게서 옛 무덤을 상징하는 고인돌이 가장 많다는 것으로도 말해질 수가 있다. 몽골과 부랴트에서도 고인돌이 발견되기는 하지만 그 개체수가 우리에 비할 수는 없을 만큼 적기 때문이다. 그리고 신석기문화에서 대표적으로 치는 빗살무늬 토기와 무문 토기를 들 수 있다. 그런 문화가 같다는 것은 그들이 한 형질의 사람임을 나타낸다.

그랬을 것이다. 그들은 파미르고원에서 해혹복본(解惑復本)에 큰 원력을 세우고 조건이 가장 나쁜 천산주로 길을 잡아서 떠난 황궁씨의 자손들이다. 같이 천산산맥을 타고 알타이산맥을 넘으면서 바이칼에 닿을 때까지 함께 고생을 했던 사람들이다. 그래서 그 험산을 넘을 때 어느 산자락에서부터인지 아리랑은 피어났고, 함께 불렀을 것이다. 그렇게 수천 년 아니 수만 년을 함께 부른 아리랑이었기에 지금도 국토가 전혀 다른 지역에 살면서도 아리랑 맥을 잇는다고 설명되어져야 한다.

그러나 그런 중에서도 첫손을 꼽을 것은 역시 조선족이다. 그래서 조선족의 고인돌문화가 가장 뚜렷한 것이고, 제사가 또한 뚜렷한 것이고, 아리랑만이 아닌 노래에서도 가장 뛰어난 것이다. 오늘 케이팝이 젊은 이들 세계에서 각광을 받는다는 이야기가 아니다. 물론 오늘의 한국문화를 말하면서, 특히 놀이문화를 말하면서 케이팝을 뺄 수는 없다. 단지 그 케이팝이 서양인의 격(格)을 깨고 나오는 것은 단순한 우연에서가 아니라 우리의 옛 문화인 영고(迎鼓)[1]와 무천(舞天)을 돌아볼 적에

***

1. 영고(迎鼓) : 옛 부여에서 국가적으로 실시했던 제천행사 이름. 마을 사람들이 모두 모여서 함께 술 마시고 노래 부르면서 날을 계속했다고 기록되어 있다. 물론 엄숙한 제사의식이었다. 근래에 가산사에서 이 영고제가 매년 벌어지고 있다. 10월 중 둘째 주나 셋째 주의 토요일 오후 6시에 굿판을 열고, 이튿날 해맞이굿을 치면 판을 닫는다. 가산사의 주지가 술 마시는 명분을 만들어 놓자고 하여 자기의 개인적인 취향으로 판을 만들었으나, 연일불휴(連日不休)는 경제적 사정으로 못하고, 겨우 하룻밤 행사로 막을 내린다.

갈 데 없이 그 혼들에서 내림했다는 것을 기억하자는 말이다.

서양의 놀이문화는 본래 연출을 하는 배우와 구경하는 관객이 혼연일체(渾然一切)가 안 되는 문화다. 그래서 노래하는 가수와 청중이 따로 있어서, 가수가 아무리 열창을 해도 거기에 추임새가 들어가는 법이 없다. 그저 조용하게 듣고 있다가 노래가 끝나면 박수나 쳐대는 것이 고작이요, 그게 매너다. 그러나 우리의 판소리*²판이나 탈놀이판에는 관객과 청중이 얼마든지 끼어들어서 혼연일체가 되어서 흥을 돋우게 되어 있다.

그것은 영고나 무천의 놀이판에서 이어진 우리의 가락이다. 이제 영고나 무천은 거의 멸절해서 이제 맥을 잇는 데가 드물지만은, 그리고 판소리나 탈춤판도 없어지고 있지만은, 그 흥과 가락만은 여전하게 간직하는 민족이다. 그 가락과 분위기가 오늘날 케이팝에서 갑작스럽게 터져 나오는 것은 전혀 이상한 풍경이 아니라는 말이다.

하필 노래만이 아니다. 본래 노는 데는 가락을 타고난 민족이 바로 조선족일 것이다. 세계의 어느 곳에 가도 조선족은 노는 데에서 탁월한 감각을 가지고 있는 민족이다. 노는 것의 기본은 역시 가무다. 노래하고 춤추는 것이 기본 가락이라는 말이다. 그래서 그런지 조선족은 오락시간을 정하면 으레 노래부터 시작하기 마련이다. 도대체 노래가 없는 오락시간은 없을 정도다.

조선족은 노래와 가깝고 노래와 친숙하다. 봄날-, 나이 지긋한 할머

***
2. 판소리 : 우선 판소리라는 어원이 어디서 시작되었는가를 지적할 일이다. 하나의 이야기를 말과 노래와 몸짓을 섞어서 부르는 이 마당놀이의 판소리는, 관객이나 청중이 함께 취해서 녹아드는 특성에서 유래했을 것이다. 그래서 '마당판'이나 '현장판'이라는 정서가 강하다. 그래서 판소리를 세는 단위로 '마당'을 쓴다. 혹 '바탕'을 주장하기도 하지만, 현장판이나 마당판의 정서에서 생겼다고 보면 도긴 개긴으로 칠 수 있을 것이다.

니나 어머니들이 진달래 색깔이 도는 치마저고리를 챙겨 입고 화전놀이라도 나왔다가 노는 가락을 보면, 우리 민족이 얼마나 노래에 탁월한 소질과 식견을 가졌는지가 바로 보인다. 도대체가 노래를 못하는 사람이 없는 것이다. 노래는 반드시 가수가 하는 것으로 알고 있는 서양인들한테는 가히 경이적일 수밖에 없을 일이다. 그리고 즉흥적으로 가사를 만들어내고 곡조를 만들어 붙인다. 그날 그때의 정서에 알맞은 가사와 곡을 지어내는 것을 보면 혀를 내두를 정도다.

그런 민족이기 때문에 해마다 신춘문예철이 되면 수천 편씩의 응모가 가능하다는 생각이 어쩔 수 없이 드는 것이다. 이렇게 즉흥적으로 가사와 곡을 만들어 내는 민족은 세계를 둘러보아도 조선민족밖에는 없다는 생각이다. 이 창의성은 노래에서만이 아니라 생활의 모든 부분에서 어김없이 나타난다.

우선 말할 것이 조선족의 솜씨를 들 수 있다. 자타가 공인하는 것으로는 기능올림픽에서 보여 주는 한국인의 솜씨다. 우리가 처음 기능올림픽을 석권할 때만 해도 세계는 대수롭지 않게 여겼다. 솜씨를 부려서 먹고사는 후진국의 문명 수준이라고 얕잡아 평가를 했던 것이다.

그러니까 어쩌다가 그런 결과를 얻었으리라는 낮은 평가였다는 말이다. 그러나 해를 거듭하고 한국이 제법 선진국대열에 진입을 하면서도 여전히 같은 효과를 내자 비로소 세계는 고쳐 생각하게 되었다. 도대체 손으로 솜씨를 부리는 것으로는 한국인을 당할 나라가 없던 탓이다.

이것은 파미르를 출발해서 같이 바이칼에 닿았던 황궁씨의 자손 중에서도 유독 흔인씨(桓因氏)의 자손인 조선족이 선택을 받았다는 증표로 말해져야 옳을 대목이다. 이렇게 타고난 것은 솜씨만이 아니다. 솜씨 속에는 다른 민족이 감히 막아설 수 없는 독창적인 창의성이 내재되어 있었다. 그런 생각으로 세계에 자랑거리가 되고 있는 한국인의 문화유물을 면면히 살피어볼 일이다.

측우기, 금속활자, 고려청자 등을 놓고 생각해보자. 나는 이런 모든 것을 뭉뚱그려서 말한다면, 고려청자를 빚은 그 감각이 단서가 될 수 있다 여긴다. 그토록 아름다운 선과 하늘빛 색상을 빚어낸 솜씨가, 그 솜씨의 감각이, 바로 민족의 혈관 밑을 흐르기 때문에 우수하고 독창적인 문화를 창출했다고 믿어지는 것이다.

살펴온 바지만 우리는 천지개벽도 음악으로 했다는 민족이다. 일찍이 마고대성과 마고라는 천신이 율려(律呂)에서 생겨났다는 신화가 그것이다. 이 율려는 우주의 개벽을 시작하는 음악이니 만치, 오음계나 칠음계로 음악을 이해하는 오늘 우리들의 음악적 감각으로는 도시 이해할 수가 없는 거창하고 큰 음악이다.

일찍이 『황극경세(皇極經世)』에도 율려에 대한 내용이 담겨 있다. 소옹은 주역의 이치인 수리(數理)로서, 이 광막한 우주가 생성되고 변화하는 이치를 통쾌하게 설명한 사람이다. 그가 말하는 율려라면 우리는 들을 준비를 해야 한다. 그런데 소옹이 율려에 대해서 뭐라고 했는가 하면, 율려의 길고 짧은 가락과 높고 낮은 소리가 세상 만물을 일으키고 소멸시키는 호흡이라고 했다.

그는 하루를 12진(12辰)[3]으로 나누었는데, 12진을 1일, 30일을 1개

***

3. 12진(12辰) : 자 축 인 묘 진 사 오 미 신 유 술 해의 12時를 하루로 쳐온 것이 동양의 하루의 시간법이다. 그런데 왜 하필 辰을 대표적인 시간으로 꼽는가. 그것은 북두성이 시간을 정하는 까닭이다. 그래서 진위천강(辰爲天綱)이라고 일러 온다. 하늘 그물ー天綱ー은 하늘에 널린 12시를 말한다. 그중에서도 시간을 정하게 되는 북두성을 대표격으로 친 것이다.

월, 12개월을 1년, 30년을 1세(世), 12세를 1운(運), 30운을 1회(會), 12회를 1원(元)으로 정하는 정밀한 상수학(象數學)을 세우고, 1원(元)을 129,600년으로 하여, 세계가 성쇠(盛衰)를 되풀이한다고 보았다.

우리가 알든 모르든 사람의 몸뚱이는 이런 율려의 리듬으로 구성되어 있다. 그래서 율려로 숨을 쉬고 율려의 호흡으로 생활을 하는 것이며, 따라서 모든 문명과 문화를 창출해 낸다고 할 수 있는 것이다. 그러니까 만물이 생겨나고 소멸하는 것이나, 사람의 일거수일투족도 모두가 율려의 가락, 곧 하늘이 빚어내는 음양의 호흡으로 그렇게 되고 있음이다.

다시 풀어서 말한다면, 조선족의 문화가 뛰어나고 솜씨가 좋은 것은 우리는 바로 율려의 자식이요, 아들이기 때문이다. 율려의 자손이므로 그 몸뚱이에 자체의 율려가 흐르고 그 정신에 율려의 리듬이 흐른다는 것은 말할 것도 없다. 문화만 그랬던 것이 아니라 정치와 경제, 그리고 사회적인 모든 제도를 율려로 정비하고 율려로 이끌어왔던 민족이 조선민족이다. 그것의 증표가 단군왕검(檀君王儉)이란 이름에서 나타나고 있다.

아는 대로 '단군왕검'은 제정이 일치하던 시절에 종교와 정치를 아울렀던 '무당군주'를 말한다. 무당은 하늘에 제사를 지내는 직분이 첫째요, 정치는 그 다음이다. 지금도 우리는 무당을 '당골레'라고 부르는데, 어원을 더듬어가면 만주어에 '텡그리'에서 나온 말이다. 그는 하늘의 신명들을 받들고 섬기는 직분의 사람이다. 몸에도 마음에도 한 점 부끄럼이나 무슨 양심의 가책 같은 것이 있어서는 안 된다.

그런 흠결이 있으면 천지신명이 감응을 안 할 수밖에 없다. 천지신명이 감응을 않는다면 제사장으로서는 자격 미달이다. 아니 쓸모가 없다는 것이 옳다. 그렇게 안 되기 위해서는 그는 부지런히 몸과 마음을 재계하고 닦는 수뿐이다. 말하자면 그는 엄격한 수행자가 될 수밖에 없다는 이야기다. 옛 글에 "수신제가 치국평천하(修身齊家治國平天下)"라고 했다. 자기의 수행으로 천하의 인류를 다 먹여서 기를 만큼 큰 수행자가 되는 것이 제정일치 시절의 임검의 덕목(德目)이었다.

그렇다! 제정일치 시대의 임검은 그렇게 큰 사람이었다. 그리고 임검뿐만이 아니라 그 시절의 선각자는 모두가 당골레요, 무당이었던 사람들이다. 그들이 민중을 앞서는 민중의 지도자였다는 뜻이다. 그 지도자가 조선민족만이 아니라 몽골민족과 부랴트민족에게도 마찬가지였던 것이다. 아니 천하의 인민이 모두 그런 정서와 생각에 잠겨 있을 때였다.

그러나 그중에서도 가장 두드러지게 빼어난 민족은 단연 조선족이다. 말한 대로 단군왕검이 무리를 이끄는 우두머리인 탓이다. 단군이 바라보는 목표는 언제나 어디서나 홍익인간이었고, 홍익인세였다. 다시 말해 율려의 숨결로 천하의 인민을 이끌고 다스렸다는 이야기다. 거기에는 인간의 숨가쁜 의지가 섞여들지 않는다. 모든 것을 자연 그대로 되어지는 형편대로 따랐던 것이다. 그것을 말하는 것이 재세이화(在世理化)다.

인간의 억지가 섞이지 않았으므로 어떤 것도 인위(人爲)적인 노력이나 억지를 부린 합리(合理)가 없을 것은 당연하다. 심지어 훨씬 뒤에 오는 세상에까지 이런 법속이 전해져서 외래문화가 흘러들어도, 그것에다 인문의 호흡을 보태지 않고 자연의 숨결로 맞아들였던 것이다. 그것의 하나가 불교다.

알다시피 불교는 인도에서 들어온 외래문화요, 또 외래종교다. 거기에는 당연히 인도의 토속적인 숨결이 스며들게 마련이다. 그 호흡들이 부딪히면 소리가 나고 뒤틀릴 수도 있는 일이다. 그러나 우리에게는 그런 마찰이 없었던 것이다. 그 증거를 불교의 가람배치와 평소의 불교의식에서 찾을 수 있다. 먼저 가람배치부터 살피자.

가장 중요한 것은 대웅전(大雄殿)이 차지하는 위치다. 이 대웅전은 사찰의 중심부에 놓인다. 당연하다. 불교는 깨닫는 인간의 권위를 가장 높이 치는 종교이므로 깨달음을 얻은 석가모니를 귀하게 여겨서 석가모니가 앉아 있는 곳을 중심으로 다른 건물들이 들어선다. 대웅전이란 '대장부의 집'이란 뜻이다. 삶과 죽음을 초월하여 삼계(三界)의 큰 스승이 된 석가모니는 진정한 대장부인 것이다.

이 대장부는 그때까지 인간이 의지하고 섬겼던 모든 신들의 권위를 부정하고, 오직 수행에 의하여 깨달을 것을 주장한 사람이다. 그는 오직 깨달음만을 최고의 가치로 쳤다. 이것은 인류사 전체를 놓고 볼 적에도 그때까지 없었던 전대미문의 혁명적인 사건이다. 따라서 자신이 신이 된다거나 우상이 되는 것을 극도로 피했고, 오직 깨달은 붓다로서만 대우되기를 바랐던 사람이다. 그러나 한국불교는 석가모니를 끝내 우상으로 만들고 신으로 만들어버렸다. 아이러니하게도 바로 여기에 한국불교의 강한 점이 있는 것이다.

법당 안에서 행하는 의식에서도 그렇다. 아침저녁으로 모시는 예불의식에서도 '지심귀명례(至心歸命禮)'가 맨 먼저 들어간다. "지극한 마음으로 내 생명이 다할 때까지 예를 올린다."는 맹세인 것이다. 물론 깨달은 자에게 귀의하고, 그 깨달음에 신명(身命)을 바쳐서 귀의한다는 것은 옳은 태도일 수밖에 없다.

그것을 폄하하자는 것이 아니다. 그러나 지심귀명례라는 낱말 속에는 아무래도 천지신명을 떠받들던 본래의 정서가 묻어나기 마련이다. 특히 제사를 모시고 구병시식(救病施食)을 할 때의 분위기는, 제사를 모시고 무당굿을 하던 때의 본래적 감각이 완연하게 일어설 수밖에 없다. 이렇게 본다면 한국불교는 귀신을 섬기던 자리에서 일어서지 못하고 있는, 가장 야만의 불교를 면할 수 없을 것이다.

그러나 정말 그럴까? 한국불교는 참선을 하는 세계에서 유래를 찾아보기 어려운 최고의 불교로 자타가 공인하는 불교다. 참선은 인간의 내면을 들여다보고, 내면의 마음을 닦아서 구경에 깨달음을 얻는 최상의 불교다. 한국불교는 복을 비는 기복(祈福)에서부터 참선까지를 아우르는, 세계 어디에서도 유래를 찾아보기 힘든 유일한 불교인 것이다.

이것은 삼신이 뿌리가 되고 그 위에 불교를 접목한 것으로 말해질 수가 있다. 비유하자면 고욤나무에 감을 접붙인 것과 같다. 무슨 말이냐? 고욤이란 것은 열매가 작아서 별로 쓸데가 없고 소용에도 닿지 않는 물건이다. 그러나 그 나무의 생명력은 질기고 건강해서 알아줄 만한 것이다. 반대로 감은 열매가 크고 먹음직해서 사랑을 받지만, 그 나무는 수명이 형편없이 짧은 탓에 그 좋은 감을 오래 딸 수가 없는 폐단이 있다.

그래서 사람들은 고욤나무에다가 감나무를 접붙인다. 그러면 고욤나무의 생명을 가진 감나무가 오래도록 감을 생산해 내기 때문이다. 한국불교는 삼신을 뿌리로 해서 자란 무속불교여서 그 생명력도 길고, 참선이란 열매를 따는 세계 최고의 불교가 될 수 있었던 것이다. 이것은 외래문화를 습합하는 방식에서 한 예를 든 것이지만 단군왕검에서 찾아보는 민족의 형질은 이처럼 우수하다고 할까?

절집의 가람배치를 말하다가 이야기가 흘러졌다. 대웅전을 중심으로 다른 전각들은 흩어지는데, 유독 산신각은 대웅전보다 높은 대웅전 뒤에 터를 잡는다. 이유가 뭘까? 그것은 절의 주인인 석가모니보다 격(格)이 높다는 것을 말한다. 석가모니가 한 가정의 가장이요 세대주라면, 산신은 할아버지에 해당한다는 뜻이다.

그래서 산신각에는 일체의 불교 그림자가 어른거리지 않는다. 할아버지 살림은 아버지가 관여하는 살림이 아니다. 오히려 그 집 세대주의 살림에 관여하고 간섭하는 것이 그 집의 늙은 할아버지라는 점을 떠올리면 이해가 쉽고 빠르다. 따라서 산신각이 법당 뒤에 있는 것은 자연의 질서를 따른 지극히 순리적인 현상이다. 왜냐하면 산은 동시에 생명의 풀무간이어서다.

다시 비유를 든다면 제 껍질 하나를 다 채우지 않고 비워두는 계란의 빈 공간에 비길 수가 있을 것이다. 그 빈 공간이 있음으로써 계란은 숨을 쉬고, 또 거기서 병아리가 나오는 법이다. 석가모니도 깨닫기 위해서 산으로 들어갔고, 그 산에서 도를 이루었다는 것을 생각하라. 이처럼 한국불교는 내용면이나 가람배치에서도 흠을 발견할 수 없는 완벽한 모습으로 서 있다.

당골임검의 자손인 우리에게는 이렇듯 일체를 자연의 호흡으로 수렴하고 이해하는 감각이 충분하고 풍성하다. 판소리 가락도 말하자면 그런 것이다. 가장 느린 호흡으로 부르는 진양조가 있는가 하면, 인간의 호흡에 가장 알맞은 가락으로 맞추어 내는 중모리가 있다. 거기에 흥이

나면 곡조의 북 가락이 달라지는 중중몰이가 있고, 감정이 점차 격해지는 자진몰이가 있는가 하면, 아예 숨을 몰아쉬면서 부르는 휘몰이까지, 그 변화의 과정은 끝이 없을 정도다. 그것은 차라리 비요, 바람이요, 달빛으로 말해지는 것이 옳지 않을까?

이렇게 어려운 판소리는 대중음악이 되기에는 그 경지가 너무 높다. 그 소리는 많은 사람을 감동시키기에는 충분하지만, 막상 노래를 하는 것은 소수의 전문가들뿐이라는 데에 문제가 있다는 말이다. 거기에 비하면 아리랑은 훨씬 대중적이고 보편적이다. 누구나 쉽게 부를 수가 있고, 웬만하면 즉석에서 따라 부를 만큼 가락이 쉽다. 이것은 아리랑을 장차 세계화하는 데도 좋은 조건이 아닐 수가 없는 일이다. 이제 아리랑 한 수를 얹으면서 긴 이야기를 닫자.

아리랑 아리랑 아라리요 아리랑 고개를 넘어간다. / 파미르고원을 나설 때 거푸거푸 나설 때. 흰옷입은 백성들이 바이칼로 나설때. / 아리랑 아리랑 아라리요 아리랑 고개를 넘어간다. / 하늘에 솟은 태양을 등불로 여길 때 그 적부터 아리랑은 촉을 틔웠지. / 아리랑 아리랑 아라리요 아리 아리 고개 고개로 날 넘겨 주게. / 천산산맥 알타이산맥을 넘든 그 시절 힘들고 지칠 때마다 불렀던 아리랑. / 아리 아리 고개 고개로 날 넘겨주시게. / 민족의 혼이 되고 뼈가 된 아리랑, 어느새 아리랑은 점점점 번져서. / 아리 아리 스리 스리 아라리가 났네 아리랑 고개로 넘어간다. / 동북 아시아 민족들이 아리랑을 부르네, 오늘의 한류는 세계적인 한류는. / 아리 아리 스리 스리 아라리가 났네 아리랑 고개를 넘어간다. / 바이칼 민족혼이 세계화가 된 증거, 부르자 아리랑 민족의 노래를. / 아리 아리랑 스리 스리랑 아라리가 났네 아리랑 음음음 아라리가 났네,/ 지구촌 온천지로 아리랑이 번지게, 지구촌 한 마을이 아리랑촌 되게 / 아리랑 아리랑 아라리요 아리랑 고개를 넘어가네.